汽车营销技术

陈文华　叶志斌　编著
姚钟华　主审

ZHEJIANG UNIVERSITY PRESS
浙江大学出版社

内容提要

本教材采用项目为载体,任务为驱动的编写方式,以汽车展厅销售、汽车营销市场分析、汽车营销策划三大项目为载体来承载汽车营销技术课程的相关知识与技能,每个项目又由若干个工作任务来完成。

教材的内容包括基本知识与基本技能两部分。基本知识包括汽车市场与市场营销基本知识、汽车展厅销售流程与技巧、汽车展厅销售礼仪、汽车用户购买行为分析、汽车市场营销调研、汽车营销市场分析、汽车市场细分、目标市场营销与市场定位、汽车市场营销 4P 理论等。基本技能包括汽车展厅销售技能、汽车营销市场分析技能、汽车市场营销策划技能等。教材以引导文的形式,通过若干个典型学习情景来实施任务,让学生在任务实施的过程中习得汽车营销基本技能,掌握基本知识。为巩固学生的学习效果,教材为每个项目编写了实训项目,每个项目还提供了学习评价的内容。

本书可作为高职高专院校汽车专业汽车营销技术及相关课程的教材使用,亦可作为汽车营销人员的参考书。

图书在版编目(CIP)数据

汽车营销技术 / 陈文华,叶志斌编著. —杭州:
浙江大学出版社,2011.11(2015.2 重印)
ISBN 978-7-308-09310-1

Ⅰ.①汽… Ⅱ.①陈… ②叶… Ⅲ.①汽车－市场营销学－基本知识 Ⅳ.①F766

中国版本图书馆 CIP 数据核字(2011)第 231502 号

汽车营销技术

陈文华　叶志斌　编著

责任编辑	王　波	
封面设计	十木米	
出版发行	浙江大学出版社	
	(杭州市天目山路 148 号　邮政编码 310007)	
	(网址:http://www.zjupress.com)	
排　　版	杭州中大图文设计有限公司	
印　　刷	浙江云广印业有限公司	
开　　本	787mm×1092mm　1/16	
印　　张	15	
字　　数	365 千	
版 印 次	2011 年 11 月第 1 版　2015 年 2 月第 2 次印刷	
书　　号	ISBN 978-7-308-09310-1	
定　　价	27.00 元	

PREFACE

　　近年来,我国汽车市场对汽车市场营销人才的需求量不断增长,对汽车市场营销人才的要求也越来越高,汽车销售与服务企业对汽车营销人才求贤若渴。作为培养汽车后市场人才的一部分,汽车市场营销人员的培养成为各大高职高专院校汽车专业的主要专业培养方向。汽车营销技术(有些院校开设汽车营销实务、汽车营销等)课程也就成为培养这方面人才的核心课程之一。为了能更好地培养适合汽车营销岗位的高职人才,在高等职业教育大力开展校企合作、工学结合、任务驱动、项目导向等教育教学改革的大背景下,编写能满足汽车营销技术课程项目化教学需要的教材就成为当务之急。本教材正是在这样的背景下编著而成的。

　　本教材以职业能力培养为主线,以项目为载体,突出工作岗位技能的培养,适应高等职业教育课程项目化教学的需要。教材遵循汽车营销职业能力培养的基本规律,以真实工作任务及其工作过程为依据,科学设计教学项目,并以典型学习情景为基本学习内容,教、学、做结合,让学生在真实的项目工作过程中掌握知识并习得技能。教材在形式和语言表述上贴近高职学生认知特点,使学生爱读、易懂、好用。

　　本教材以汽车展厅销售、汽车营销市场分析、汽车营销策划三大项目为载体来承载汽车营销技术的相关知识与技能。三大项目涵盖了顾客接洽、新车推介、新车交易、汽车营销市场调研、汽车市场营销环境分析、汽车市场定位分析、汽车营销活动策划案的编写和汽车营销活动策划案的实施八个学习任务。每个项目下包括项目学习目标、项目描述、学习任务、项目实训和项目评价五个部分。

　　教材按照高等职业教育的学生认知特点选取知识点,在知识必需和够用的前提下,兼顾考虑知识的系统性、逻辑性和先进性。在体例设计上,采用引导文的形式引导学生一步一步完成项目中的任务,这种体例形式不仅新颖,而且有利于学生自主学习,有利于教学做一体教学。

　　本教材由浙江交通职业技术学院陈文华、叶志斌担任主编,浙江交通职业技术学院姚钟华教授主审,浙江交通职业技术学院鲍婷婷、王芳担任副主编,参加编写的还有浙江交通职业技术学院金加龙、王强、陈建良,杭州和诚八下里丰田汽车销售服务有限公司钱前,浙江金恒德国际物流集团有限公司杭州德奥汽车有限公司刘枝桢。全书最后由陈文

华、叶志斌统稿。

本教材编写过程中参考了国内外有关的著作及论文,借鉴了其中不少有价值的成果,在此谨向原作者表示由衷的感谢!向在本书编写过程中给予大力支持的各汽车销售服务企业表示诚挚的谢意!对支持本教材编写的领导和专家表示衷心感谢!在此,还要感谢浙江大学出版社责任编辑王波的大力支持。

由于水平有限,时间仓促,书中的不足之处在所难免,恳请各位专家、学者、同行及广大读者批评指正。

编　者

2011 年 11 月于杭州

目 录

CONTENTS

项目一
汽车展厅销售

 学习目标

1. 会正确接待客户,建立客户信任;
2. 会根据客户情况,与客户进行洽谈,分析客户需求;
3. 会使用各种销售工具为客户介绍新车;
4. 能为客户办理新车交易的主要手续。

 项目描述

本项目以汽车经销店展厅销售工作过程为载体,培养学生掌握销售顾问岗位基础知识,习得该岗位工作所需的基本技能,了解汽车营销的基础知识与工作内容。

本项目的主要学习内容包括:

1. 市场及市场营销;
2. 汽车销售基本礼仪规范;
3. 汽车客户购买行为分析;
4. 汽车展厅销售流程;
5. 汽车展厅销售基础知识与技能;
6. 展厅接待与客户需求分析;
7. 车辆展示的方法与技巧;
8. 报价及异议处理;
9. 汽车消费信贷业务办理知识;
10. 汽车营销相关法律法规的规定;
11. 新车办证业务;
12. 新车交车流程。

为了更好地达到教学目标,完成以上内容的教学,我们为本项目设计了三个学习任务,分别是:

任务一　客户接洽;
任务二　新车推介;
任务三　新车交易。

任务一   客户接洽

1.1.1   任务引入

小徐刚刚大学毕业,应聘到一家奥迪 4S 店从事汽车展厅销售工作,经过前段时间的强化培训,刚到展厅实习不久。小徐很珍惜这第一份工作,培训时很努力,决心把学到的东西在工作中好好表现。

又是一个阳光明媚的周末下午,今天刚好小徐值班。今天店内来访的客户并不多,三三两两,有的在看着样车,有的在与销售顾问商谈着,还有的在前台仔细阅读着一份车款、车型、新特色等的介绍手册。

此时,两位男士和一位女士一起向展厅走来。两位男士虽不是西装革履,但穿着都比较讲究。其中一人手里拿着一款时尚手机,另外一位腋下夹着一个考究的小皮包。再看那位女士,不过 30 出头,化着淡妆,穿着白领套装,拿着一个坤包,看上去很有气质。从距离上看,这位女士与夹皮包的男士似乎关系不一般。小徐初步判断,这是一个不错的潜在客户,眼看他们就要走进展厅了。

小徐该如何接待这组客户呢? 如何才能收集到客户各方面的信息? 又该如何能让客户信任自己呢? 小徐边思考边迎了上去……

在汽车展厅销售工作中,销售顾问的一项主要职责是接待客户并与客户进行洽谈,收集信息,在此基础上进行新车推介与交易活动。本任务的学习目标就是:

1. 学会正确接待客户,取得客户的初步信任;
2. 能正确运用各种工具进行客户需求分析与信息收集;
3. 了解相关营销的基础知识。

通过本任务的学习可以为后续的展厅销售工作打下良好的基础,对汽车营销的相关概念有个初步的认识。

1.1.2   知识准备

单元一   市场、营销与销售

一、市场的概念

市场是商品经济的产物,哪里有商品生产和商品交换,哪里就会有市场。随着商品经济的发展,关于市场的含义和理解也在不断地发展。

在市场营销者看来,市场是指某种产品的现实购买者与潜在购买者需求的总和。站在销售者市场营销的立场上,同行供给者即其他销售者都是竞争者,而不是市场。销售者构成行业,购买者构成市场。

市场包含三个主要因素,即:有某种需要的人、为满足这种需要的购买能力和购买欲望。用公式来表示就是:

$$市场＝人口＋购买力＋购买欲望$$

市场的这三个因素是相互制约、缺一不可的,只有三者结合起来才能构成现实的市场,才能决定市场的规模和容量。市场是指具有特定需要和欲望,而且愿意并能够通过交换来满足这种需要或欲望的全部潜在客户。因此,市场的大小,取决于那些有某种需要,并拥有使别人感兴趣的资源,同时愿意以这种资源来换取其需要的东西的人数。

另外,市场营销还经常在销售渠道意义上理解和运用"市场"这一概念。此时,市场是买方、卖方和中间交易机构(中间商)组成的有机整体。在这里,市场是指商品多边、多向流通的网络体系,是流通渠道的总称。它的起点是生产者,终点是消费者或最终客户,中间商则包括所有取得商品所有权和协助所有权转移的各类商业性机构(或个人)。

二、汽车市场的概念

汽车及其相关服务(劳务)在市场经济条件下自然就可能作为一种商品进行交换,围绕着这一特殊的商品运用市场概念就形成了汽车市场。汽车市场是将汽车作为商品进行交换的场所,是汽车的买方、卖方和中间商组成的一个有机的整体。它将原有市场概念中的商品局限于汽车及与汽车相关的商品,起点是汽车的生产者,终点是汽车及相关商品的消费者或最终客户。

作为汽车营销者,通常将汽车市场理解为现实的和潜在的具有汽车及相关商品购买能力的总需求。

三、市场营销的概念

市场营销是一个与市场紧密相关的概念。了解了市场的含义之后,我们就可以进一步来理解市场营销的含义。

关于市场营销的概念,很多学者从不同的角度对其作了定义,综合前人的观点,我们将市场营销的概念表述如下:

市场营销是与市场有关的人类活动,即以满足人类各种需要和欲望为目的,通过市场变潜在交换为现实交换的活动。

我们可以从以下几个方面去理解这一概念。

(1)市场营销的核心是交换。市场营销的含义不是固定不变的,它随着企业市场营销实践的发展而发展,但核心却是交换。

(2)市场营销是一种人类活动,是有目的、有意识的行为。对企业来说,这种活动非常重要。

(3)市场营销的研究对象是市场营销活动和营销管理。

(4)满足和引导消费者的需求是市场营销活动的出发点和中心。企业必须以消费者为中心,面对不断变化的环境,做出正确的反应,以适应消费者不断变化的需求。满足消费者的需求不仅包括现在的需求,还包括未来潜在的需求。现在的需求表现为对已有产品的购买倾向,潜在需求则表现为对尚未问世产品的某种功能的愿望。

(5)分析环境,选择目标市场,确定和开发产品,产品定价、分销、促销和提供服务以及它们间的协调配合,进行最佳组合,是市场营销活动的主要内容。

(6)实现企业目标是市场营销活动的目的。不同的企业有不同的经营环境,不同的企业也会处在不同的发展时期,不同的产品所处生命周期里的阶段亦不同,因此,企业的目标是多种多样的,利润、产值、产量、销售额、市场份额、生产增长率、社会责任等均可能成为企业的目标,但无论是什么样的目标,都必须通过有效的市场营销活动完成交换,与客户达成交易方能实现。

(7)市场营销与销售或促销的区别。市场营销不同于销售或促销。现代企业市场营销活动包括市场营销研究、市场需求预测、新产品开发、定价、分销、物流、广告、人员推销、销售促进、售后服务等。

促销只是一种手段,但营销是一种真正的战略,正如我国某著名企业家所概括的那样,营销意味着企业应该"先开市场,后开工厂"。

销售仅仅是现代企业市场营销活动的一部分而且不是最重要的部分,在下一部分内容中,我们以企业市场部与销售部的职能来谈谈营销与销售的关系。

四、销售与营销的区别

简单地说,市场部的职能可以分成两大块,一是产品定义,二是市场开发。市场部在产品定义的过程中,其主要责任是确定目标市场,通过对目标市场进行调查和有针对性的客户访问,以及二手资料分析,发现并掌握目标市场的动向和客户需求的变化趋势,对未来 2 至 3 年市场上需要什么样的产品和服务作出预测,对本企业的现有竞争对手和潜在竞争对手作出详细的分析,以便在市场营销这场互动的游戏中掌握竞争的主动权,这项工作类似军队的参谋部在打仗之前的战略规划与战术设计。市场开发通常是在产品问世前后的一段时间里按照预先选定的目标市场制订促销战略,以激发现有客户和潜在客户的需求,其中包括新产品推广,市场宣传与促销,重点客户开发等,目的是尽快地启动市场,为销售部的工作打好基础。

在产品定义的过程中,销售顾问有义务将其管辖区域内的市场状况、竞争状况和客户需求反馈给市场部,这样不同区域、不同市场的信息经过众多销售顾问的反馈,汇总到市场部,就完成了一个"由点到面"的市场信息收集与分析的过程。加上市场部门自己的市场分析、竞争分析和客户分析资料,就能把一个表面上看起来很模糊的市场需求具体化,为产品定义提供充实的依据。而在市场开发的过程中,市场部是为销售部提供服务的,包括提供销售工具,如产品定位,目标市场状况,目标客户群特征,竞争产品对比分析,产品销售技巧,疑难问题解答等。另外,在市场宣传与促销的过程中,还需要根据不同区域不同市场的具体情况,在与销售部达成一致意见的前提下为配合销售部门的工作而选择不同的宣传方式,如发布媒体广告,举办各种促销活动,直接邮寄宣传品等。有些产品重点客户的影响非常大,这时候就需要市场部配合销售顾问尽快完成重点客户的开发工作,让这些有影响的客户尝到甜头,成为口碑效应的传播者,进而产生辐射效应,成为其他客户的参照物。

如果我们从销售漏斗的角度来看,更便于理解市场与销售之间的关系。可以说市场部的职能是将漏斗上面填满,而销售部的职能是将市场部激发出来的潜在需求变成现实需求,也就是说将销售漏斗上面的潜在客户向下压,从销售漏斗下面出来的就是本企业得到的生意。所以要产生足够的潜在需求,市场部就要了解并掌握市场的行情,并通过有效的市场宣传与促销活动来激发市场。而销售部则侧重于潜在客户到客户的转化效率,即说服有需求的潜在客户下订单,特别是那些摇摆不定没有明确偏爱的潜在客户。

如果一个企业没有市场部或市场部的职能不完善,销售就会非常盲目,既没有方向也没有目标,更谈不上战略,结果是整个企业的工作效率低下,不同区域不同市场的销售顾问不断重复同样的错误,企业的经营始终处于救火的状态。当然没有销售部企业同样无法生存,再好的市场战略也无法实施,只能是纸上谈兵。

五、汽车市场营销的含义

汽车市场营销就是汽车企业为了更好更大限度地满足市场需求,为达到企业经营目标而进行的一系列活动。其基本任务有两个:一是寻找市场需求;二是实施一系列更好地满足市场需求的活动(营销活动)。本书所称的汽车营销是汽车市场营销的简称。

在汽车市场营销产生的一个较长的时间内,很多人都认为汽车市场营销主要是指汽车推销。在我国,甚至在汽车市场营销十分发达的美国,仍有很多人持有这种看法。其实,汽车市场营销早已不是汽车推销的同义语了,汽车市场营销最主要的不是推销,推销只是营销的一个职能(并且常常不是最重要的)。其研究的对象和主要内容是识别目前未满足的需求和欲望,估量和确定需求量的大小,选择和确定企业能最好地为之服务的目标市场,并且决定适当的产品、劳务和计划(或方案),以便为目标市场服务。这就是说,汽车市场营销主要是汽车企业在动态市场上如何有效地管理其汽车商品的交换过程和交换关系,以提高经营效果,实现企业目标。或者换句话说,汽车市场营销的目的,就在于了解消费者的需要,按照消费者的需要来设计和生产适销对路的产品,同时选择销售渠道,做好定价、促销等工作,从而使这些产品可以轻而易举地销售出去,甚至使推销成为多余。汽车市场营销活动应从客户开始,而不是从生产过程开始,应由市场营销部门(而不是由生产部门)决定将要生产什么汽车产品,诸如产品开发、设计、包装的策略,定价、赊销及收账的政策,产品的销售地点以及如何做广告和如何推销等问题,都应由营销部门来决定。

汽车市场营销是一种从汽车市场需求出发的管理过程。它的核心思想是交换,是一种买卖双方互利的交换,即买卖方得到满足,双方各得其所。汽车市场营销是一门经济学方面的、具有综合性和边缘性特点的应用学科,是一门将汽车与市场营销结合起来的"软科学"。在某种意义上说,它不仅是一门学科,而更是一门艺术。其研究对象是汽车企业的市场营销活动和营销管理,即如何在最适当的时间和地点,以最合理的价格和最灵活的方式,把适销对路的汽车产品送到客户手中。因此,汽车企业必须面向汽车市场,并善于适应复杂多变的汽车市场营销环境。汽车企业的营销管理过程,也就是汽车企业同营销环境相适应的过程。

六、汽车营销观念

汽车营销观念是汽车企业在开展市场营销活动过程中,在处理企业、客户需求和社会利益三者之间关系时所持的根本态度、思想和观念。在许多情况下,这些利益是相互矛盾的,也是相辅相成的。汽车企业必须在全面分析汽车市场环境的基础上,正确处理三者关系,确定本企业的原则和基本价值取向,并将其用于指导营销实践,以实现企业经营目标。

汽车营销观念是经营者对于汽车市场的根本态度和看法,是一切汽车经营活动的出发点。汽车营销观念的核心问题是,以什么为中心来开展汽车企业的生产经营活动。所以,汽车营销观念的正确与否,对汽车企业的兴衰具有决定性作用。

现代汽车企业的营销观念是随着汽车市场的产生而产生,并随其发展而演进、变化。汽车营销观念的发展变化大体上经历了五个阶段,即生产观念、产品观念、推销(销售)观念、市场营销观念及社会营销观念。其中,生产观念、产品观念和推销观念合称为传统营销观念,是"以企业为中心的观念",这种汽车营销观念是以汽车企业利益为根本取向和最高目标来处理营销问题。而后两种观念则合称为现代汽车营销观念,分别是"以客户为中心的观念"和"以社会长远利益为中心的观念"。

1. 生产观念

生产观念也称为生产导向。这种观念是西方国家在20世纪20年代以前主要流行的经营思想,它的基本特征是"以产定销",企业能生产什么就卖什么,生产多少就卖多少。

在这一经营观念指导下,汽车企业经营的中心是生产,表现就是如何提高生产效率,扩大生产规模。规模一扩大,产品成本和价格就会下降,客户就能买得到和买得起,从而又有利于产量进一步扩大,并形成良性循环。这种观念是在汽车市场处于卖方市场的条件下产生的。生产观念能够作为汽车企业经营的指导思想的主要原因在于当时生产力水平还不够高,社会普遍存在物质短缺现象,这种观念可以达到以低价为竞争手段的市场扩张的策略目的。20世纪初期,美国福特汽车公司总裁亨利·福特决定只制造经济实惠的单一品种——黑色的T型车,不管消费者需要什么样的汽车。这就是典型的生产观念的具体表现。应当看到的是,随着现代社会生产力的提高,作为传统产业的汽车工业,其企业间的实力越来越接近,世界汽车市场竞争日益加剧,汽车企业在规模和成本上的竞争空间已越来越小(受最小极限成本制约),因而以这种生产观念作为指导汽车企业经营的普遍观念已逐步退出历史舞台,客户对汽车产品质量产生了不同层次的要求,汽车企业就必须运用新的营销观念来指导自己的竞争。

2. 产品观念

生产观念注重以量、低成本取胜,而产品观念则表现为以质取胜。其基本理念是:当社会物质短缺、市场供不应求的局面得到缓和后,只要企业生产的汽车产品质量过硬,经久耐用,就一定会有良好的市场反应,受到客户的欢迎,企业就会立于不败之地。这种观念在商品经济不很发达的社会有一定的合理性,在现代市场经济高度发达的条件下,这种生产观念也是不适宜的。因为现代汽车市场上卖方竞争激烈,而且客户需求的层次不断提高,质量再好的老的汽车产品,如不能及时得到更新以满足汽车市场的更高要求,也就不能保证企业市场长青。

上述两种生产观念都已不能很好地满足现代汽车市场营销的要求,但并不是说汽车企业就可以不重视提高生产效率,降低成本,狠抓产品质量等基本工作,而是说仅仅做好了这些工作还很不够,还不能保证企业达到自己的经营目标。因此需要更新、更符合现代市场发展的营销观念。

3. 推销观念

推销观念或销售观念产生于20世纪30年代初期。当时由于资本主义世界经济大危机,包括汽车在内的大批产品供过于求,销售困难,卖方竞争加剧,资本主义经济从卖方市场逐渐转向买方市场。在激烈的市场竞争中,许多企业的经营思想发生改变,不仅是重视生产问题,也开始逐渐重视产品的销路问题,各种促销技术在企业得到运用,并逐步形成了一种推销经营哲学。其基本理念是:企业经营的中心工作从生产领域转向流通领域。以销售为中心就必须大力施展推销和促销技术,达到引导客户的需求、培养需求和创造需求,努力扩大销售。促销的基本手段就是广告和人员推销。

推销观念是以推销为重点,通过开拓市场,扩大销售来获利。这种观念的产生是企业经营思想的一大进步,但它仍没有脱离以生产为中心、"以产定销"的局限。因为它只是注重对现有产品的推销,至于客户需要什么,购买产品后是否满意等问题,则未给予足够的重视。因此,在经济进一步发展、产品更加丰富、竞争更加激烈的条件下,只是针对现有的产品的推销,其效果越来越有限,推销观念也就不合时宜了。但推销观念为市场营销观念的形成奠定了基础。

4.市场营销观念

市场营销观念或市场主导观念,是一种以汽车客户需求为导向、"一切从汽车客户出发"的观念,通过整体的营销手段满足客户的需求,从而获得利润。它把企业的生产经营活动看作是一个努力理解和不断满足客户需要的过程,而不仅仅是生产或销售产品的过程;是"发现需要并设法满足之",而不是"将产品制造出来并设法推销之"的过程;是"制造适销对路的产品",而不是"推销已经制造出来的产品"的过程。"客户至上"、"客户是上帝"、"客户永远正确"等口号是其营销观念的反映。

市场营销观念是汽车企业经营思想上的一次根本性的变革。市场营销观念与传统营销观念相比,根本区别有四点:①起点不同。传统营销观念是在产品生产出来之后才开始经营活动,而市场营销观念则是以市场为出发点来组织生产经营活动。②中心不同。传统观念是以生产或卖方的需求为中心,以产定销;而市场营销观念则是以客户或买方需求为中心,以销定产。③手段不同。传统观念主要采用推销及促销手段,而市场营销观念则主张通过整体营销(营销组合)的手段来满足客户的需求。④终点不同。传统观念以将产品售出获取利润为终点,而市场营销观念则将利润看作是客户需要得到满足后愿意给出的回报。

市场营销观念有四个主要支柱,即:客户需求、目标市场、整体营销、通过满足客户需求达到赢利率。这一观念使得客户与公司的关系趋向双赢,即在满足客户需求的同时也实现了企业自身的目标。

5.社会营销观念

市场营销观念自其产生后的几十年里得到企业界的广泛接受,但随着社会经济的发展,这种观念的局限性逐渐表现出来,主要表现为:一个企业在市场观念的指导下,其最大利益的获取是建立在极大地满足自己客户的基础上,该企业在满足自己的客户和追求自己最大利益的同时却不能满足客户总体需求以及损害社会的利益。比如,在这种观念下,企业只从客户需要出发,产品适销对路,达到自己的赢利率,而极少考虑大量不可再生资源日益枯竭、生态环境的破坏、社会效益等,这样就严重威胁着社会公众的利益和消费者的长远利益。20世纪70年代,作为市场营销观念的补充又出现了社会营销观念。

社会营销观念认为,企业的任务在于确定目标市场的需要、欲望和利益,比竞争者更有效地使客户满意,同时维护与增进社会福利。

社会营销观念与市场营销观念并不矛盾,前者不是对后者的否定,而是一种补充和完善。这种观念要求企业将自己的经营活动与满足客户需求、维护社会公众利益和长远利益作为一个整体对待,不急功近利,自觉限制和纠正营销活动的副作用,并以此为企业的根本责任。

社会营销观念的决策主要有四个组成部分：客户的需求、客户利益、企业利益和社会利益。它要求企业用系统方法把这四个方面的因素适当协调起来，拟出最佳营销策略。

现代营销观念的确立与发展固然是资本主义经济发展的产物，但也是市场经济条件下企业经营经验的总结和积累。按照传统的营销观念，企业仅仅生产价廉物美的产品，仅仅靠生产出产品后再千方百计地去推销。这种是以企业为中心的市场营销观念，是以企业利益为根本取向和最高目标来处理营销问题的观念，这种营销观念在现代经济环境下，并不能保证商品价值的实现。而只有深入地理解和适应消费者的需要，以消费者为中心组织营销活动，同时维护公众长远利益，保持经济的可持续发展才是真正的经营之道。这就是促使营销观念变化发展的综合因素。

单元二　汽车展厅销售流程

一、展厅销售规范流程简介

（一）流程的作用与意义

1.流程的作用

流程的作用可以用图1.1所示形象地表达，即销售流程就是将复杂的销售过程分解为易于理解和清晰的阶段目标和步骤。

将复杂的销售过程分解为易于理解和清晰的阶段目标和步骤

图1.1　流程的作用

2.流程的意义

①提高销售成功率；

②提升品牌形象；

③便于网络、团队内互相借鉴、经验共享；

④利于自我检查工作质量；

⑤便于规范记录和团队合作；

⑥使管理层和销售顾问之间的沟通更准确、清楚。

3.实际工作与流程的联系与区别

实际工作与流程的联系与区别可以用图1.2所示树干与枝繁叶茂的树进行形象对比表达。

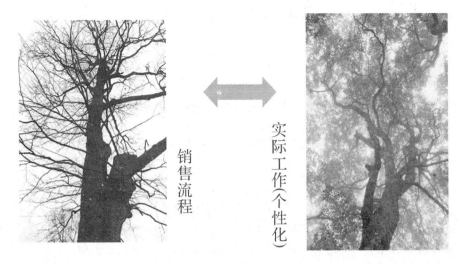

销售流程

实际工作(个性化)

图 1.2 实际工作与流程的联系与区别

(二)规范的销售流程简介

我们这里的汽车销售指的是整车销售。整车销售是指当客户在选购汽车产品时,帮助客户购买到汽车所进行的所有服务性工作。在整个销售过程中,销售顾问应遵循一定的服务规范,为客户提供全方位、全过程的服务,在销售工作中满足客户要求,确保客户有较高的满意度,提高客户对所销售的产品的品牌忠诚度,而不能不负责任地把产品推给客户,甚至欺骗客户。一般来说,汽车展厅销售的规范流程可以用图 1.3 来表示。

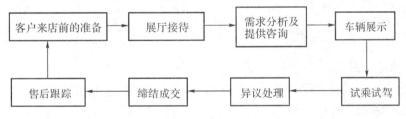

图 1.3 汽车展厅销售流程

虽然各汽车品牌(经销商一般都执行整车厂的标准流程)的汽车销售流程不尽相同,但是大同小异,一般都囊括了上面所述的八个步骤。

二、展厅接待

销售流程的接待步骤是给客户建立一个第一印象。通常情况下,客户对购买汽车的过程都有一个先入为主的负面想法,因此,专业人员周到礼貌的接待将会消除客户消极的思想情绪,并为客户未来购买设计愉快而满意的经历,同时也提高了客户的满意度。

(一)展厅接待目的与要求

1.展厅接待的目的

潜在客户进入展厅总会有很多顾虑,有很多期待,通过接待可以了解客户,并为后续销售工作打好基础。具体来说,展厅接待的目的表现在以下几个方面:

①让客户感受到你及公司的热情,形成一种温暖的感觉。

②让客户感到舒适。

③消除客户的疑虑。

④建立客户的信心。

⑤让客户喜欢在展厅逗留,走了以后还想回来,以便能进行持续的沟通。

2. 展厅接待的基本要求

①仪容仪表要整洁规范,穿职业装,礼仪要周到得体,对待客户要热情。

②所有员工遇到客户时应热情地问候致意。

③首先请客户自由参观,不要尾随客户。

④用亲切、平易近人的态度和方式对客户说话,避免说话时态度恶劣。

⑤电话应对客户时应热情、礼貌、周到,不能草率应对。

⑥随身携带名片。

⑦倾听客户说话。

⑧客户优先。

（二）展厅接待的流程

展厅接待从客户来店到离店的整个过程,销售顾问大致要做如下一些工作,这些工作就形成了展厅接待流程。

1. 客户来店前的接待准备工作

这些准备工作主要包括:销售顾问穿着指定的职业制服,随时保持整洁,佩戴名牌;每日早会要检查仪容仪表和着装规范。每位销售顾问都要配备销售工具夹,与客户商谈时随身携带;每日早会销售顾问自行检查销售工具夹内的资料,及时更新。另外还要准备好展车、资料及其他接待用工具等。

2. 客户来店时的接待

客户来店时,值班销售顾问至展厅门外迎接,点头、微笑,主动招呼客户。销售顾问随身携带名片夹,第一时间介绍自己,并递上名片,请教客户的称谓。注意不要给客户太多压力,尤其是第一次来店的客户。

3. 让客户自由参观

除非客户有其他要求,否则应让客户在店内自由参观,尤其是初次来访客户。让客户自由参观时,要明确告知销售顾问在旁随时候教。客户自由参观时,与客户保持 5 米左右的距离,在客户目光所及的范围内关注客户动向和兴趣点,客户表示想问问题时,销售顾问主动趋前询问。

4. 请客户入座

当客户表示想问问题时,销售顾问可主动邀请客户就近入座,座位朝向客户可观赏感兴趣的车辆。此时销售顾问向客户提供可选择的免费饮料(3 种以上),征求客户同意后入座于客户右侧,保持适当的身体距离;客户若有同伴前来,应关注客户的同伴(不要忽略"影响者")。

5. 送客户离开

若客户要离去,销售顾问应主动送客户离开。此时要注意以下几个问题:

①提醒客户清点随身携带的物品；

②销售顾问送客户至展厅门外,感谢客户惠顾,热情欢迎再次来店；

③微笑、目送客户离去(至少5秒钟时间)。

(三)展厅接待中的应对方法

来店客户,尤其是初次来店的客户,往往会感到担心、疑虑、紧张和感到不舒适。他们希望在自己需要的时候能够及时得到帮助。客户在看车时不希望被打扰,而在需要帮助的时候又希望能够立刻得到帮助。我们把客户的这种心理状态称为进入了不舒适区。

舒适区最早是心理学上的一个概念。顾名思义,舒适区就是一个使你感到非常舒服的社会环境,人在这种习以为常的环境内,会感到舒适、安全、温暖、轻松、愉悦。在这个区域里,你会感觉很舒服,但是一旦离开了这个区域就会感觉不舒服。舒适区是由你的习惯构成的。客户一旦进入舒适区,就容易对你产生信任。因此,在展厅销售中,销售顾问应通过接待尽快把客户从不舒适区中引导到舒适区,下面介绍一下应对的方法。

1.客户进门时的应对

(1)心理分析。从心理学角度讲,客户进门之前肯定是愉快的,因为他要购买的商品一定是他所需要的。一旦进入大门,发现销售顾问迎过来的时候,他的心情就会紧张。紧张的因素有很多,其心理状态是很微妙的,尤其是在购买价值很高的贵重商品的时候。此时,销售顾问的言行不应该是去加重客户的这种紧张心理,而是设法缓和其紧张情绪。如果客户一直保持着紧张情绪,对未来的销售是不利的,会增加对你的不信任感。只有客户感觉到对自己的威胁消失了,他重新回到了进店之前的那种舒适放松的状态,他才会从容不迫地在那看车、订车。

(2)迎接客户。随时注意有没有客户进入展厅。销售顾问应随身携带名片和笔记本,以便随时记下客户的信息。

客户一进门口,销售顾问要面带微笑、双眼注视客户、稍稍鞠躬并说"欢迎光临"之类的话。不要给客户造成心理上的紧张和压力。若是两人以上同行,则不可忽略对其他人的照顾。客户经过任何工作人员旁边时,工作人员即使忙于其他工作,也应面带微笑点头致意。

值班的销售顾问要马上微笑前迎,并道"您好,来看车吗?"之类的寒暄,同时一边递上名片一边自我介绍。自我介绍完后应让客户自由参观,除非客户有其他的要求,并告之你自己等待招呼的位置。

在客户不需要协助时,要让客户轻松自在地活动,但你仍应随时注意观察客户的动态,比如,客户在看什么、关心什么、在意什么,以便及时地调整自己的销售方案；若发现客户有疑问或需要服务的迹象时,应立即上前服务,最好将客户引入到洽谈区(桌)坐下。

若同时有两三批人来看车,要及时请求支援,不可以让任何人受到冷落。

若有儿童随行,则接待人员或其他销售顾问应负责接待。若儿童愿意到儿童游乐区玩,则引导他们前往,并保证儿童的安全。

2.客户看车时的应对

(1)从业务角度来观察。销售顾问要观察客户围着汽车看什么,是看车头还是看驾驶座旁的仪表盘。只有了解客户所关心、所重视的东西,才能在脑子里准备好应对策略。一般客户都喜欢货比三家,也许他来你店之前,已经去过其他的店了。他这个时候来,可能只是进行一些细节上的比较。销售顾问观察到这种现象之后，就可以有的放矢地准备营销策略了。

（2）从专业化的角度来观察。销售顾问观察客户的行为，了解客户喜欢什么、关心什么，这不仅可以很快地直接进入主题，而且客户会认为你十分专业，从而赢得客户的信任。对于一般客户来讲，汽车被认为是一个很复杂的产品，由很多部件构成，涉及很多的专业知识。他买车只是为了使用，可能对保养、维修常识一窍不通。此时他与你接触后发现你是这方面的专家，从心理上讲，客户就信服你一大半了，他认为你对他是有用的，以后的服务交给你是可以放心的。

现在，很多4S店的销售顾问不懂专业，不懂维修，不懂技术，客户的维修保养事务还得去找售后服务，这中间又隔了一层，使客户的购买欲望大打折扣。所以，销售顾问的专业化对于赢得客户是非常关键的。

3.缓解客户的紧张心理状态

与客户接触，应主动缩短与客户之间的距离，恰到好处地了解客户来店的真实动机，以尽快取得客户的信任为目的。否则，客户不会与你会谈，更谈不上买你的车了。

怎样才能缩短与客户之间的距离，了解客户来店的真实目的呢？从客户心理学的角度来看，一般情况下客户进入展厅时大都存在这么几种情况。期待：以最少的钱买最好的车；担心：希望、想法、要求不能得到满足甚至被骗、挨宰。由于这种期待和担心常常交织在一起，故表现为本能上的自我保护——对立意识，行为上常常是一种怀疑或逃避的态度。堂而皇之的理由是他不认识你；他不信任你；他对你没有好感。客户尤其害怕进入实质阶段，特别是在付款的时候，担心这个是否属实、那个有没有想到，等等。

为了消除客户的这些疑虑，你要想方设法"营造"一个舒适、温馨的客户购车环境，并在和客户的整个接触过程中针对不同的情况注意使用以下方法来消除客户的疑虑。

（1）认同客户的观点，承认他讲的道理；

（2）不诋毁同行或竞争对手；

（3）尽量展示出你的专业能力；

（4）努力表现出你的素质与修养；

（5）通过灵活地运用方法和技巧，让客户情绪放松，逐渐取消对立情绪；

（6）向客户了解购买动机和真实的需求；

（7）以客户为中心，从客户的角度来帮助解决客户的疑难问题。

我们可以用以下方法来迎接客户：

（1）微笑，并保持眼神接触。争取让客户主动交谈。

（2）与客户同来的每一个人都要打招呼，奉上茶水、咖啡、点心、糖果等。

（3）业务上表现出不外行。

（4）不以貌取人。

（5）自然放松，和蔼可亲。

细节之处不可忽视，如宜人的环境布置和温馨的展位布置，播放背景音乐，甚至可以在车里根据事先了解到的客户喜好的不同准备不同的CD音乐，如此，客户肯定会眼前一亮，被这小小的真实一刻所打动。

在接待客户的过程中，针对不同的情况，要不同对待。比如当确认客户来店的目的不是买车而是来找人时，应先确认被访人员是否在。若在，则请客户在客户休息区坐下后，马上通知被访者会客。奉上茶水并说："请用茶,请稍候,××马上就到。"并能随时提供帮助。如果被访者不在,可以请其到客户休息区休息等待,并马上帮助联络被访者。同时奉上茶水,询问客户的需求,根据情况主动关心和提供服务。

在展厅接待过程中,客户的情况会有各种各样,处理的具体方法也会有所不同,但以下三点对于每一个销售顾问来说都是必须共同遵循的。

一是重视来店的每一位客户。对每位客户都要做到一视同仁,不能有好恶之分,不要以貌取人。

二是运用心理学知识,巧妙地解开客户心中的"结"。这个指的是运用心理学上的技巧去影响客户最初的观点。

当客户在下决心购买之前,一定是会货比三家的。客户最初观点的形成最容易受到"先入为主"的影响。遇到这样的客户,当他拿竞争对手的车型、销售政策等来打压你的时候,你千万不要与他对着干,不要诋毁别人的产品,特别是在没有弄清楚事实真相的前提下,更不要擅自做主仓促应战,随意承诺你做不到的事情。

你可以这样说:"哦,您说的那款车,确实不错,品牌也好,质量也不差。可就是……唉,它那个地方如果这样设计就好了,就更安全了……要不,我也给您介绍一下,我们这款车的安全特点,您也可以比较一下……"

因为绝大多数购车的客户都是非常在意安全问题的,你从安全的角度去影响他,往往效果会不错。一般来说,关键是要说自己车的比较优势。

三是同事间相互配合,协同作战。专营店的销售顾问不能以单兵作战的形式进行销售,而以团队的形式,讲究团队合作精神,尽早、尽快地将客户带进"舒适区"里去,以缩短距离,取得信任。

最后,在客户离开展厅时,应送客户到门外,如果可能,要一直把客户送到车上,并欢迎他下次光临,目送客户的车辆开出 30 米远,或车辆已转弯方可回店。客户离去后,要及时整理、分析并将有关资料记录到来店(电)的客户管理表、意向客户级别状况表、销售活动日报表、意向客户管理卡或其他公司规定的表格中,以方便后续追踪。这些工作也是接待工作的一部分,称为意向客户的管理工作。

（四）来店（电）意向客户的管理

取得客户的信任、缩短了与客户的距离之后,销售顾问接下来就要做好对来店、来电客户等意向客户的管理工作。一般规范一点的 4S 店都有这方面的工具,将与客户交流的过程,包括客户的想法和要求、客户的意向级别等,都详细地记录下来,最好还能把这些信息用计算机信息管理系统进行管理。这方面的管理工作,丰田公司的做法很值得其他公司学习。

1. 设定客户意向级别

客户的意向级别一般是根据客户的意向程度来确定的,一般可设为 A、B、C、D 四个级别。A 级是指已交纳购车订金;B 级是指品牌、车型、价格、交车期等主要因素都已确定,只是对诸如颜色等非主要因素还要进行商量和确认的,一般情况下能够在一周内付款、订车的;C 级是指品牌、车型、价格、交车期等主要因素中有部分认定,如对购车的价格范围已经确定,但却不知具体购买哪个品牌、哪种型号等等,还需再了解、再咨询的,一般情况下在一个月内可以决定付款、订车的;D 级是指已有购车愿望,可能尚在等待一笔钱到账或者先行对汽车的品牌、车型、价格、颜色、付款方式等问题作调查、咨询和了解的,一般情况下需在一个月以上才能够付款订车的。当然,意向客户级别的确定,是指一般情况下的常例,由于会受到不确定性的多种因素的影响,其变动系数是很大的。比如,有的客户虽然已经交付了购车订金,但也随时存在着客户退订的可能;再如,原本要一个月才能决定的C级客户,也有可能在一周内决定付款购车。另外,不同的公司对意向客户的分级标准和名称也会有所不同。

2.客户级别分类的意义

把客户分为四个等级后,可按照意向级别把他们分别填在表上,以后就可以根据客户意向级别,按照设定的时间追踪方法对其进行追踪联系。虽然客户是处在不断的变化之中的,但与客户联系的时候还是应有一个先后顺序,最好能从概率论的角度做出科学的安排。客户级别分类的意义主要表现在以下两个方面。

第一,对于销售经理来说,可以及时了解到很多的信息,便于日常工作的掌控和管理,合理有效地安排工作和资源。

例如,可以了解来店、来电客户的购车意向级别,了解各时段来店的客户情况,了解客户留下资料的比例,了解来店成交率,了解来店客户的喜好车型,了解值班销售顾问的销售能力等。

因此,需要不断地联系和管理客户,不断地重新认定客户的购车级别,这样才能在变动中更准确地把握公司的意向客户,把握住各阶段的市场信息,从而提高客户管理的能力。

第二,对于销售顾问来说,便于其改进工作质量,提高工作水平;便于保留和登录来电、来店的客户资料;便于作为其继续联系客户和判断客户级别的依据;便于了解个人值班销售的能力;便于通过与其他销售顾问的业绩对比来增强自己提高销售业绩的动力;也便于获得同事的援助。

3.来店意向客户管理的重点和基本内容

(1)意向客户管理的重点

①根据各时段客户来店情况判断值班人员的密度是否恰当;

②根据来店客户留下的资料数量及成交比例来评估销售顾问的值班能力;

③根据来店客户的喜好车型来作为促销活动的依据;

④根据这些信息来作为向生产厂家订车的依据。

(2)意向客户管理的基本内容

客户姓名、联系电话、身份证号、拟购车型、意向级别、接待人员、接待日期、来店(电)时间、离去时间、经过情形、失败原因、公司名称、现在地址、电话、邮编、网址、行业、介绍人、信息来源、下次访问日期、实际访问日期、再次确认的意向级别、经过情形、销售经理审核等。

三、需求分析

有人会说,我卖车还管那么多干吗。其实你不管的这些地方正是顾问式销售和传统销售区别的地方。我们今天的销售是以客户为中心的顾问式销售,这是在当今市场竞争非常激烈的情况下被逼出来的,所以我们不能够再像以前那样"黄瓜敲锣——一锤子买卖",我们要给客户提供一款适合他的个性化需要的车型。正因为如此,我们要了解客户的购买动机,对他的需求进行分析。也正因为如此,需求分析就成为各汽车公司标准销售流程中的核心和关键一步。

（一）需求分析的目的与要求

1.需求分析的目的

通过需求分析,来评定应该如何接待客户以满足他的需求,达成销售目标。

2.需求分析的要求

①销售顾问应该仔细倾听客户的需求,让他(她)随意发表自己的意见;

②通过与客户的充分沟通,确认客户的需求和期望;

③不要试图说服客户去买某辆车;

④销售顾问应该了解客户的需求和愿望,并用自己的话重复一遍客户所说的内容,以使客户相信销售顾问已经理解他(她)所说的话;

⑤提供合适的解决方案。

（二）冰山理论——显性和隐性问题

这里涉及一个表面的问题和一个隐藏的问题,在我们的汽车销售流程理论有这么一种说法,表面的现象称之为显性,也叫显性动机;还有一种是隐藏的问题,叫做隐性的动机,冰山理论就是用来形象地解释这个显性和隐性的问题。如图1.4所示,冰山既有露在水面以上的部分,也有潜藏在水面以下的部分。水面以上的部分是显性的,就是客户自己知道的、能说出来的那一部分;水面以下的是隐藏的那一部分,这一部分比较复杂,可能有的客户自己都不知道自己的真正需求到底是什么。比如,某客户可能打算花十万元买车,这个时候销售顾问要解决他的问题,就要首先去了解他。既要了解他的显性问题,也要了解他的隐性问题,甚至隐性的问题更关键,更能体现你的顾问形象,这样才能真正分析客户的需要。

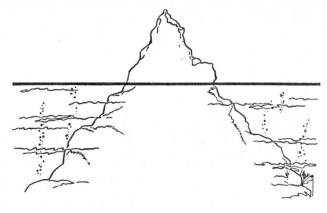

图 1.4　冰山一角

如果我们的销售顾问不懂得顾问式销售方式,还都像以前那样一锤子买卖,客户可能当时晕头把车买了,回去以后发现不对,当然他不会怪你,但是客户最起码不再信任你了,朋友关系没了,花了这么大的工夫把这个车卖出去了,结果除了卖一台车以外其他什么收获都没有。所以我们讲汽车销售流程,讲规范,目的就是要解决这些问题,就是要把握住客户的满意度,要跟客户成为朋友,拉近客户与销售顾问的距离,取得客户的信任,然后客户在买车的时候就会主动来找你,而且还会带动他周围的人来找你。我们很快就会像国外经常出现的情形那样,客户第二年、第三年、第四年,又再次找你进行二次购车,还会不断有朋友的朋友

过来。这才是销售顾问所追求、所期望出现的局面。

(三)需求分析的技巧

在分析客户购车需求细节时,首先必须明确其购买的动机、立场、偏好以及对品牌认识的深度,尤其是使用汽车的用途与购买决定的关键点。有时,客户的期望比需要更为重要!

1.影响客户购车需求的因素

要了解客户的需求与真正的期望,就等于要在短短的数分钟内了解一个人的内心,所以经验老到的销售顾问容易成交,而一般新手就做不到。一般影响客户购车需求的因素主要有如下一些原因。

(1)经济原因。经济状况影响和决定了一个人的需求,但是,一个有10万元的人未必期望拥有10万元的车。经济原因只是一个基本条件,甚至只是一个不十分重要、准确的原因。

(2)社会原因。一个人的社会地位及社会上的一些主流思想也影响了一个人的期望和需求。某些购车人的攀比心理较强,一个人的选择往往会因可以对比的事物而发生变化。

(3)心理原因。心理偏好往往很难用规律总结。如某个销售顾问曾经联系过一个客户,结果他怎样努力都不能达成目标。后来他们成了朋友,但做不成销售。后来谈起这事,那个客户说,上大学时,他同宿舍的开玩笑说"你算老几? 开凯迪拉克啊?",因此这个客户就认定凯迪拉克就是最好的车,他就是要买凯迪拉克。

(4)其他原因。

2.提问的技巧

需求分析的一个关键技巧就是向客户提问,通过提问来挖掘客户的需求细节。

怎样提问才能获得最大的信息呢? 这里有一定的提问技巧,下面先看一个例子。

例如,汽车加油站的职员如果问客户:"你需要多少公斤汽油?"客户就会很随便地回答一个数字,这个数字常常是很小的。而如果这样问客户:"我为你把油加满吧?"这样的话,客户常常会回答"好"。油的销售量因此会增加很多。

这是一种问话使销售量增加的例子。如果销售员想获得更多的关于客户的信息,该采用什么样的问法呢?

我们先来探讨一下询问问题的几种方式,通过分析比较,孰优孰劣自然一目了然。

(1)开放式提问法。开放式提问法是指发问者提出一个问题后,回答者围绕这个问题要告诉发问者许多信息,不能简单地以"是"或者"不是"来回答发问者的问题。

销售顾问要想从客户那里获得较多信息,就需要采取开放式问法,使客户对你的问题有所思考,然后告诉你相关的信息。例如,销售员可以这样来提问客户:"你从事什么行业的"、"你以前开什么车"、"你什么时候要用车",以开放式问法询问客户并且耐心地等待,在客户说话之前不要插嘴,或者说出鼓励客户的语言,使客户大胆地告诉你有关信息,收效会很好。

客户对于开放式的问法也是乐于接受的。他们能认真思考你的问题,告诉你一些有价值的信息。甚至客户还会对你的销售工作提出一些建议,这将有利于你更好地进行销售工作。

(2)封闭式问法。封闭式提问是回答者在回答发问者的问题时,用"是"或者"不是"就使发问者了解其想法。

销售顾问以封闭式提问法可以控制谈话的主动权。如果你提出的问题都使客户以"是"

或者"否"来回答,你就可以控制谈话的主题,将主题转移到和销售产品有关的范围里面,而不至于把话题扯远。同时销售顾问为了节约时间,使客户做出简短而直截了当的回答,提高推销效率,也可以采用封闭式提问法。

一般来说,销售顾问在进行推销工作时,不宜采用封闭式问法。采用封闭式问法的销售顾问虽然掌握了谈话的主动权,但是并不能了解客户是否对谈话的主题感兴趣。

开放式提问法与封闭式提问法得到的回答截然不同。封闭式提问法的回答很简单,而开放式问法的回答所包含的信息量多,它的回答也常常出乎提问者的意料。两种问法的不同在于用词,如表1.1所示是两种问法的关键词对比。

表1.1　开放式提问法和封闭式提问法的关键词对比

开放式提问法	封闭式提问法	开放式提问法	封闭式提问法
何人	是否	何处	能否
何事	你是	为何	将会
何时	有无	如何	定会

另外需求分析开始时,可以使用各种"观人法"、"投石问路法"、"投其所好法"、"直接环境法"等技巧,以引起对方谈话的兴趣并讲出真正的心里话;谈话开始后,避免特定性问题,并要注意在适当的时候,要会转换话题。

3. 积极聆听技巧

为什么自古以来,关心表达技巧的人多,而关心聆听技巧的少?如表1.2所示。

表1.2　说与听在沟通特点上的对比情况

说	VS	听
主动	VS	被动
可见	VS	不可见
当场出丑	VS	事后诸葛

此表说明,主动出击比被动接受更能为传统销售理念所接受,同时作为表达则可以把销售顾问自认为可见的信息传达给客户,因为一般人都认为聆听是属于不可见的属性,很难形成效果。最后就是认为学习表达技巧可以避免当场出丑,而聆听技巧则是事后诸葛,因此多数人会选择学习表达技巧而忽视聆听的技巧。

那么聆听到底所指是什么?我们可概括如下:①泛指各种收集信息的行为。②除了使用耳朵听声音之外,还包括亲自使用眼睛看(阅读)、嗅、触等感官。③除了一己之力,也包括透过他人或他组织之助力而取得信息的行为。

聆听的行为本身传递了以下信息:①预备的具体行动。把沟通当一回事,慎重对待。②尊重沟通的对象,也就是尊重自己。每个人都喜欢被尊重,这也是一种人性的基本需求。③对沟通对象有兴趣,想多了解。④知己知彼,百战百胜。

聆听是高度主动的行为,包括:①信息接收。②诠释(含组织与分类)——赋予信息意义。③判断。④记忆。

我们这里讲的聆听指的是积极聆听,是主动的,它比说还要重要。积极聆听的技巧主要有以下一些:

(1)认识语言的本质:不逻辑、不精确、可多解。

(2)认识使用该语言的文化背景。

(3)"弦外之音"、"话中有话":人际沟通的信息经常也附带着信息,告诉我们应该如何解读该信息,不可不察。

(4)加强接收信息的能力(感官敏锐度、语言及非语言语汇及能力)。

(5)聆听时,辅以适当的行动语言。

(6)警戒"我以为"的陷阱。

(7)确认、求证。

(8)精神集中。

(9)一边听,一边记下重点。

(10)不宜一边听,一边批评/反驳/怀疑/陶醉。

(11)要能掌握说话的主题,了解讲者的立场、观点、论调(找关键词)。

(12)辨清讲者的论点、论据以及其他用做旁证的资料。

(13)明白讲者某些运用特别技巧的说话,如:双关语、双重否定句,措辞相近而意思相违的语句,运用修辞技巧如比喻、夸饰、排偶等。

(14)借上下文理,判断某些用语的含义。

(15)理解讲者言外之意。

(16)适应讲者的声调、语气、节奏以及说话的风格等。

(17)纵有一时不能明白的词语或有一时听不清的语句,领略整段说话的大意。

(18)根据讲者的言论作合理而有效的推断。

也有人把积极聆听的要点概括成以下几个方面:

● 目光凝视一点,不时与对方进行眼神交流;

● 面部表情尽量随对方的谈话内容转变;

● 手头不可兼做其他事,身体其他部位最好相对静止;

● 专注,保持思考状;

● 稍侧耳,正面与对方夹角 5°~10°;

● 身体前倾,与水平面夹角约 3°~5°;

● 适当探查,以示听懂或欲深入了解下去。

以下是影响聆听效果的九大障碍,我们在工作中一定要尽量克服。

①身体本身不适。太热、过冷、疲倦或者头痛都会影响一个人聆听的能力和他对说话者的注意程度。

②扰乱。电话铃声、打字机声、电扇转动的声音等其他一切来自物质环境的声音都可能是会打断沟通过程的声音。

③分心。惦记着其他的会议、文件或报告都会阻碍听力。

④事先已有问题的答案。对别人提出的问题自己已经形成了答案或者总是试图快点止住他们所要提的问题。这些都会影响你专注地去听。

⑤厌倦。对某人有厌倦感,因此在他有机会说话之前你已经决定不去听他说了些什么。

⑥总想着自己。心中总是先想着自己则必然破坏沟通。

⑦个人对照。总是认为别人在谈论自己,即使在并非如此的时候也这么认为。

⑧对他人的情感倾向。对某人的好恶会分散人的听力。

⑨有选择性地听。仅仅听取一个人所说的话中与谈及的问题有关的个人意见或与自己相异的观点。这样会影响内容,而且影响理解其话中所隐含的意义。可以用这样的方法,如说"你的意思是……"来重述别人的话,自我检测一下。

4.聆听练习

①聆听练习并不限于课堂上的训练,我们应该多接触不同的传播媒介,如:电台、电视、电影、录音和录像,还要参与辩论、研讨会、展览、演讲、朗诵、戏剧等活动,平日也要多与别人交谈。

②聆听要做到三到,即耳到(专心聆听)、手到(速记要点)、心到(强记及分析)。

③下列十项在做聆听时均要强记或速记:

● 讲题(或辩题)。

● 作者、讲者或辩论员(如有宣布)。

● 对题目(讲题或辩题)的界定(或解释)。

● 所提出的理论大纲(论点及先后次序)或各人发言的要点。

● 对每一论点所持有的独特见解。

● 所引述的各人话语、格言、名言或诗句。

● 特殊例子的引证。

● 一切专有名词及数据(人名、地名及数、统计等)。

● 特别留意总结陈词。

厂家推出一款新车必定自有用意,作为汽车销售顾问需要关注和了解的是客户有没有对车的需求,通过各种方法探求客户的内心,引导、帮助客户满足需求。

简单地说,人们的需求决定于经济原因、社会原因、心理原因及其他原因。其他原因是一个十分重要的原因,主要靠用心体会。

每一种销售都必须平等,在平等的前提下才有交流,在交流的基础上才能理解,在理解的条件里才能帮助。要学会聆听,学会用客户的各种表现探究其内心,这就是客户分析。

单元三　汽车展厅销售礼仪

汽车销售顾问的仪表礼仪不仅表现了销售顾问的外部形象,也反映了销售顾问的精神风貌。在展厅销售中,销售顾问能否赢得客户的尊重与好感,能否得到客户的承认与赞许,先入为主的"第一印象"非常关键,而礼仪正是构成第一印象的重要因素。

一、个人仪表美的三个层次

个人仪表美是一个综合概念,它应当包括以下三个层次的含义:

(1)人的容貌、形体、仪态的协调美是一种先天的仪表美。如体格健美匀称、五官端正、身体各部位比例协调、线条优美和谐,这些先天的生理因素是仪表美的第一要素。

(2)经过修饰打扮以及受后天环境的影响形成的美是仪表美的一种体现。天生丽质这种幸运并不是每个人都能够拥有的,而仪表美却是每个人都可以去追求和塑造的,而且即使天生丽质也需要用一定的形式去表现。无论一个人的先天条件如何,都可能通过化妆、服饰、外型设计等方式来表现自己的仪表美。

（3）淳朴高尚的内心世界和蓬勃向上的生命活力也是仪表美的一种体现,且是仪表美的本质。真正的仪表美是内在美与外在美的和谐统一,慧于中才能秀于外。一个人如果没有道德、情操、智慧、志向、风度等内在美作为基础,那么,再好的先天条件,再精心的打扮,也只能是一种肤浅的美、缺少丰富深刻内涵的美,不可能产生魅力。因此,一个人的仪表是内在美的一种自然展现。

二、个人着装的四个原则

1.整体性原则

着装要能与形体、容貌等形成一个和谐的整体美。服饰的整体美的构成因素是多方面的,包括:人的形体和内在气质,服装饰物的款式、色彩、质地,着装技巧乃至着装的环境,等等。

2.个性原则

着装的个性原则中的"个性"不单指通常意义上的个人的性格,还包括一个人的年龄、身材、气质、爱好、职业等因素在外表上的反映所形成的个人的特点。

因此,选择服装时要依据个人的特点来选,能与个性融为一体的服装才会使人自然生动,才能烘托个性、展示个性,保持自我以别于他人;只有当服饰与个性协调时,才能更好地通过服饰塑造出更佳形象,展现出良好的礼仪风范。

3.TPO原则

TPO原则指的是着装应与时间(Time)、地点(Place)、场合(Occasion)相配的原则。具体的内容这里就不详细叙述,读者可自行参阅相关文献。

4.整洁原则

在任何情况下,服饰都应该是干净整齐的。衣领和袖口处尤其要注意不能污渍斑斑。服装应该是平整的,扣子应齐全,不能有开线的地方,更不能有破洞,内衣亦应该勤换洗,特别是西服衬衫,应非常洁净。

皮鞋应该经常保持鞋面光亮,一旦落上灰尘要及时擦去(这事当然不要在人前做)。袜子要经常洗换,保持清洁。

在汽车展厅销售工作中,以上4个原则是我们要遵守的主要原则。

三、个人仪表规范

汽车销售顾问个人仪表注意点如表1.3所示。

表1.3 汽车销售顾问个人仪表注意点

部位	女性	男性	共同注意点
头发	发帘不要遮住眼睛;留长发的女性要用发夹盘起	干净有型,不留长发,不要用刺激气味的发胶	头发需要精心地梳洗和护理,不能留过于新潮或者前卫的发型
耳朵	女性的耳环与耳饰也不能过于夸张,应该保守一些,体现出端庄、大方的风格	不能佩戴任何耳环、耳饰	耳朵内须清洗干净
眼睛	化妆不能过于夸张,最好化淡妆	眼睛要有神	眼睛应该干净,注意不能有任何看着不干净的东西留在眼睛附近,眼镜也要保持干净

续　表

部位	女性	男性	共同注意点
鼻毛	—	抽烟的男性注意自己的鼻孔，如果明显能看出烟熏的痕迹，应该清洗一下	鼻毛不可以露出鼻孔
嘴巴	口红应该用淡雅的颜色	注意去除香烟等异味	牙齿要干净，口中不可留有异物
胡子	—	要刮干净	
颈部	不要带扎眼的项链		
手部	不要有扎眼的戒指、手镯；指甲不要过长，不要用鲜艳的指甲油	—	指甲要修剪整齐，双手保持清洁
衬衫领带	衬衫的袖口及领口无污垢；衬衣的第一个纽扣要扣好；不能使用太花哨的领带。领带的打法应严谨，既不要太长，也不要太短，以下摆正好达到皮带扣为好		
职业装	不同品牌展厅的职业装会有所不同，但目前一般都以西装为主。穿着时，西装的第一纽扣需要扣住；上衣口袋不要插着钢笔，两侧口袋最好不要放东西（特别是容易鼓起来的东西，如香烟和打火机等）。记住西装需要及时熨整齐，不要有污物。 在销售大厅接待访问时应穿着工作制服，佩带姓名卡且位置合适		
鞋袜	着接近肤色的丝袜，袜面无破损，鞋跟低于5厘米	穿着深色鞋袜	袜子不要破损或有臭味；鞋子上不要有污物，鞋跟不要有磨损

汽车展厅销售中男性销售顾问的仪表规范如图1.5所示。

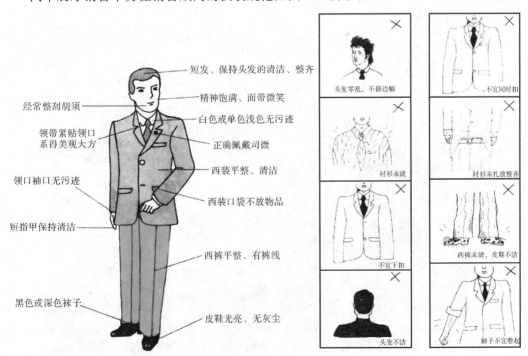

图1.5　男性销售顾问的仪表规范

汽车展厅销售中女性销售顾问的仪表规范如图1.6所示。

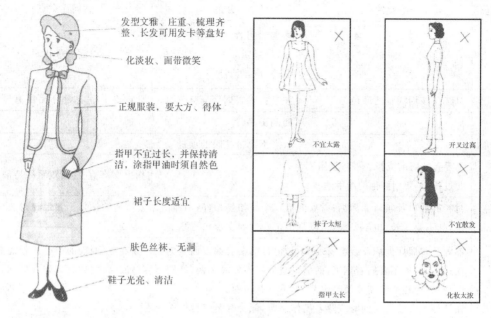

图 1.6　女性销售顾问的仪表规范

四、个人仪态规范

1. 站姿礼仪

正确的站姿如图1.7所示。

图 1.7　正确的站姿

站姿的要点如下：

(1)头正、颈挺直,双肩展开向下沉,人整体有向上的感觉。

(2)收腹、立腰、提臀。

(3)两腿并拢,膝盖挺直,小腿往后发力,人体的重心在前脚掌。

(4)女士四指并拢,虎口张开,双臂自然放松,将右手搭在左手上,拇指交叉,体现女性线条的流畅美。脚跟并拢,脚尖分开呈V字形。

(5)男士可将两脚分开与肩同宽,也可脚跟并拢、脚尖分开呈V字形,双手置于腹前(亦可双手背放到臀部上),塑造出男性轮廓的美。

(6)女士穿旗袍时,可站成丁字形,腹略收,双手交叉置于肚脐位置上。

(7)站立时应保持面带微笑。

2.坐姿礼仪

正确的坐姿如图1.8所示。

[坐姿规范]

说明：入座时要轻,至少要坐满椅子的2/3,后背轻靠椅背,双膝自然并拢(男性可略分开)。身体稍向前顷,则表示尊重和谦虚。

[男销售人员要点]

说明：可将双腿分开略向前伸,如长时间端坐,可双腿交叉重叠,但要注意将上面的腿向回收,脚尖向下。

[女销售人员要点]

说明：入座前应先将裙角向前收拢,两腿并拢,双脚同时向左或向右放,两手叠放于左右腿上。如长时间端坐可将两腿交叉重叠,但要注意上面的腿向回收,脚尖向下。

图1.8　正确的坐姿要点

坐姿要点如下：

(1)入座时要轻要稳,即走到座位前转身,轻稳地坐下。女士入座时,若是裙装,应用手将裙稍稍拢一下,不要坐下后再站起整理衣服。

(2)坐在椅子上,上身保持站姿的基本姿势。双膝并拢,两脚平行,鞋尖方向一致。

(3)根据所坐椅子的高低调整坐姿,双脚可正放或侧放,并拢或交叠,但必须切记:女士的双膝应并拢,任何时候都不能分开。

（4）双手可自然弯曲放在膝盖或大腿上。如果坐的是有扶手的沙发，男士可将双手分别搭在扶手上，而女士最好只搭一边扶手，以显示高雅。

（5）坐在椅子上时，一般坐满椅子的2/3。一般情况下不要靠椅背，休息时可轻轻靠背。

（6）起立时，双脚往回收半步，用小腿的力量将身体支起，不要用双手撑着腿站起，要保持上身的起立状态。

坐姿也有美与不美之分，图1.9所示为错误的坐姿。

图1.9　错误的坐姿

3.走姿礼仪

走姿的基本要求如下：

（1）以站姿为基础，面带微笑，眼睛平视。

（2）双肩平稳，有节奏地摆动，摆幅以30°～35°为宜，双肩、双臂都不应过于僵硬。

（3）重心稍前倾，行走时左右脚重心反复地前后交替，使身体向前移。

（4）行走的迹线应为一条直线。

（5）步幅要适当。一般应该是前脚的脚跟与后脚的脚尖相距为一脚掌长，但因性别、身高不同会有一定的差异。着装不同，步幅也不同。如女士穿裙装（特别是穿旗袍、西服裙、礼服）和穿高跟鞋时步幅应小些，穿长裤时步幅可大些。

（6）跨出的步子应是脚跟先着地，膝盖不能弯曲，脚腕和膝盖要灵活，富于弹性，不可过于僵直。

（7）走路时应有一事实上的节奏感，走出步韵来。

4.蹲姿礼仪

在展厅销售中，当客户坐在展车内听取介绍时，为了表示对客户的尊敬，销售顾问应该保持大方、端庄的蹲姿，如图1.10所示。

说明：左脚在前，右脚在后，两腿向下蹲去，前脚全着地，小腿基本垂直于地面后脚跟提起，脚掌着地，臀部向下。注意，女士着裙装时，下蹲前请事先整理裙摆，下蹲时的高度以双目保持与客户双目等高为宜。

5.手势礼仪

手势礼仪主要用来引导来宾、指示方向、介绍商品。其做法是以右手或左手抬至一定高度，五指并拢，掌心向上，以肘部为轴，朝一定方向伸出手臂，动作时亦可配合身体向指示方向前倾。如图1.11所示。

运用手势礼仪时应注意：手势的上界一般不应超过对方的视线，下界不低于自己的胸区，左右摆的范围不要太宽，应在人的胸前或右方进行。另外，在洽谈桌上与客户交流时手

图 1.10　销售顾问的正确蹲姿

图 1.11　手势礼仪示意

势不得出现"一阳指"等不规范姿势,且手势不能过快或过急,应温柔平稳,让客户感受到一种美感。

6.鞠躬礼仪

鞠躬也是表达敬意、尊重、感谢的常用礼节。鞠躬时应从心底发出对对方表示感谢、尊重的意念,从而体现于行动,给对方留下诚意、真实的印象。在行鞠躬礼时,我们标准站姿站立或按标准行姿行走时适当减缓速度,面带微笑,头自然下垂,并带动上身前倾 15 度,时间要持续 1~3 秒。鞠躬礼仪如图 1.12 所示。

鞠躬礼仪的要点:

(1)"问候礼"通常是 30 度;"告别礼"通常是 45 度。

图 1.12　鞠躬礼仪示意图

（2）鞠躬时眼睛直视对方是不礼貌的表现。

（3）地位低的人要先鞠躬，而且相对深一些。

（4）男士行礼时手放在身体的两侧；女士行礼时，双手握于体前。

（5）当别人向你行鞠躬礼时你一定要以鞠躬礼相还。

图 1.13 所示为不正确的六种鞠躬方式。

头部左右晃动的鞠躬　　　　只弯头的鞠躬　　　　不看对方的鞠躬

驼背式的鞠躬　　　　可以看到后背的鞠躬　　　　双腿没有并齐的鞠躬

图 1.13　不正确的六种鞠躬方式

7.注目礼

当客户离店时，应向远去的客户挥手、微笑、行注目礼，目送到客户或其车辆消失到视野之处为止。

五、汽车展厅交往礼仪规范

1.问候语(寒暄)

客户来时,应面带微笑主动上前打招呼,并致以问候语。可以使用:"您好!""早上好!""欢迎光临"等问候语。

如果熟悉的客户则在见面时常可采用寒暄方式进行问候,寒暄要点如下:

①自己主动:表现出对客户的敬意,提高效果。

②面带微笑:没有微笑的寒暄不会产生亲切感。

③明快的声音:比平时声音稍微放高一些,到句子结尾时要发音清楚。

2.对客户的称谓

要用尊称,常用"您"、"贵客户"、"贵先生"、"贵女士"等,最好是先了解对方的姓名和身份后用姓氏加身份称谓客户比较好,比如"陈主任"、"吴处长"等。

3.握手

握手是我们日常工作中最常使用的礼节之一。你知道握手的基本礼仪知识吗?握手时,伸手的先后顺序是上级在先、主人在先、长者在先、女性在先。握手时间一般在2、3秒或4、5秒之间为宜。握手力度不宜过猛或毫无力度。要注视对方并面带微笑。图1.14所示的各种做法是不合适的。

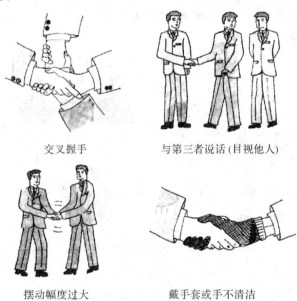

交叉握手　　　　　与第三者说话(目视他人)

摆动幅度过大　　　　　戴手套或手不清洁

图1.14 错误的握手方式

4.自我介绍

自我介绍的内容包括三项基本要素:本人的姓名、供职的单位以及具体部门、担任的职务和所从事的工作。进行自我介绍应先向对方点头致意,得到回应后再向对方介绍自己。

5.交换名片

名片是工作过程中重要的社交工具之一。交换名片时也应注重礼节。我们使用的名片通常包含两个方面的意义,一是标明你所在的单位,另一个是表明你的职务、姓名及承担的

责任。总之,名片是自己(或公司)的一种表现形式。因此,我们在使用名片时要格外注意。

(1)名片的准备

● 名片不要和钱包、笔记本等放在一起,原则上应该使用名片夹。

● 名片可放在上衣口袋(但不可放在裤兜里)。

● 要保持名片或名片夹的清洁、平整。

(2)接受名片

● 必须起身接收名片。

● 应用双手接收。

● 接收的名片不要在上面作标记或写字。

● 接收的名片不可来回摆弄。

● 接收名片时,要认真地看一遍。

● 不要将对方的名片遗忘在座位上,或存放时不注意落在地上。

(3)递名片

● 递名片的次序是由下级或访问方先递名片,如是介绍时,应由先被介绍方递名片。

● 递名片时,应说些"请多关照"、"请多指教"之类的寒暄语。

● 递名片时,应使名片上的字体正对对方。

● 互换名片时,应用右手拿着自己的名片,用左手接对方的名片后,用双手托住。

● 互换名片时,也要看一遍对方职务、姓名等。

● 遇到难认字,应事先询问。

● 在会议室如遇到多数人相互交换名片时,可按对方座次排列名片。如图 1.15 所示。

图 1.15　名片的递送与排列

6.距离

在接待客户时应根据情况保持适当的空间距离,人与人之间空间层次划分如表 1.4 所示。

表 1.4　人与人之间空间层次划分表

空间层次	距离	适用范围	与社交活动的关系
亲密空间	15～46cm	最亲密的人	社交不能侵犯这一区域
个人空间	46～120cm	亲朋好友之间	将社交活动按照适当的方式,适时地进入这一空间,会增进彼此之间的情感和友谊,取得社交的成功

空间层次	距离	适用范围	与社交活动的关系
社交空间	1.2～3.6m	凡有交往关系的人都可进入的空间	彼此保持一定的距离,会产生威严感、庄重感
公众空间	大于3.6m	任何人都可进入的空间	在此空间,看见曾有过联系的人,一般都要有礼节地打招呼;对不认识的人,不能长久地注视,否则会被视为不礼貌

7. 目光礼仪

(1)目光注视的区域

在与人交谈时,不要将目光长时间聚焦于对方脸上的某个部位或身体的其他部位。面对不同的场合和交往对象,目光所及之处也有区别,具体如下:

①公众注视:目光所及区域在额头至两眼之间。

②社交注视:目光所及区域在两眼到嘴之间。

③亲密注视:目光所及区域在两眼到胸之间。

(2)目光注视时间

①注视时间应占交谈时间的30%～60%,低于30%会被认为你对他的交谈不感兴趣,高于60%则会被认为你对他本人的兴趣高于对谈话内容的兴趣。

②凝视的时间不能超过5秒,因为长时间凝视对方会让对方感到紧张、难堪。如果面对熟人、朋友、同事,可以用从容的眼光来表达问候、征求意见,这时目光可以多停留一些时间,切忌迅速移开,这会给人留下冷漠、傲慢的印象。

(3)目光的不良表达方式

①在别人讲话时闭眼,给人的印象是傲慢或没教养。

②盯住对方的某一部位"用力"地看,这是愤怒的最直接的表示,有时也暗含挑衅之意。

③从上到下反复地打量别人,尤其是对陌生人,特别是异性,这种眼神很容易被理解为有意寻衅闹事。

④窥视别人,这是心中有鬼的表现。

⑤用眼角瞥人,这是一种公认的鄙视他人的表现。

⑥频繁地眨眼看人,这是心神不定的表现,且失之于稳重,显得轻浮。

⑦左顾右盼,东张西望,目光游离不定,会让对方觉得你用心不专。

8. 微笑礼仪

人与人相识,第一印象往往是在前几秒钟形成的,而要改变它,却需付出很长时间的努力。良好的第一印象来源于人的仪表谈吐,但更重要的是取决于他的表情。微笑则是表情中最能赋予人好感,增加友善和沟通,愉悦心情的表现方式。一个对人微笑的人,必能体现出他的热情、修养和他的魅力,从而得到别人的信任和尊重。图1.16所示为几种训练微笑的方式。

方式1：

①把手举到脸　　　　　　②双手按箭头方向做"拉"
　　　　　　　　　　　　　的动作，一边想象笑的形象，
　　　　　　　　　　　　　一边使嘴笑起来。

方式2：

①把手指放在嘴角并向　　②一边上提，一边使嘴
脸的上方轻轻上提。　　　充满笑意。

图 1.16　几种训练微笑的方式

六、电话礼仪

(一)接电话的四个基本原则

1.电话铃响在 3 声之内接起。

2.电话机旁准备好纸笔进行记录。

3.确认记录下的时间、地点、对象和事件等重要事项。

4.告知对方自己的姓名。

(二)接电话流程

接电话流程及各流程的基本用语、注意事项如表 1.5 所示。

表 1.5　接电话流程及各流程的基本用语、注意事项

顺序	基本用语	注意事项
1.拿起电话听筒，并告知自己的姓名	"您好，××(公司)××部×××"(直线)"您好××部×××"(内线)如上午10点以前可使用"早上好"电话铃响应3声以上时"让您久等了，我是××部×××"	• 电话铃响3声之内接起 • 在电话机旁准备好记录用的纸笔 • 接电话时，不使用"喂一"回答 • 音量适度，不要过高 • 告知对方自己的姓名
2.确认对方	"×先生，您好！""感谢您的关照"等	• 必须对对方进行确认 • 如是客户要表达感谢之意

顺序	基本用语	注意事项
3.听取对方来电用意	"是"、"好的"、"清楚"、"明白"等回答	• 必要时应进行记录 • 谈话时不要离题
4.进行确认	"请您再重复一遍"、"那么明天在××,9点钟见"等等	• 确认时间、地点、对象和事由 • 如是留言必须记录下电话时间和留言人
5.结束语	"清楚了"、"请放心……"、"我一定转达"、"谢谢"、"再见"等	
6.放回电话听筒		• 等对方放下电话后再轻轻放回电话机上

（三）接电话的重点总结

1.认真做好记录；

2.使用礼貌语言；

3.讲电话时要简洁、明了；

4.注意听取时间、地点、事由和数字等重要词语；

5.电话中应避免使用对方不能理解的专业术语或简略语；

6.注意讲话语速不宜过快；

7.打错电话要有礼貌地回答,让对方重新确认电话号码。

（四）拨打电话流程

拨打电话流程及各流程的基本用语、注意事项如表1.6所示。

表1.6　拨打电话流程及各流程的基本用语、注意事项

顺序	基本用语	注意事项
1.准备		• 确认拨打电话对方的姓名、电话号码 • 准备好要讲的内容、说话的顺序和所需要的资料、文件等 • 明确通话所要达到的目的
2.问候、告知自己的姓名	"您好！我是××公司××部的×××"	• 一定要报出自己的姓名 • 讲话时要有礼貌
3.确认电话对象	"请问××部的×××先生在吗?"、"麻烦您,我要打×××先生。"、"您好！我是××公司××部的×××"	• 必须要确认电话的对方 • 如与要找的人接通电话后,应重新问候
4.电话内容	"今天打电话是想向您咨询一下关于××事……"	• 应先将想要说的结果告诉对方 • 如是比较复杂的事情,请对方做记录 • 对时间、地点、数字等进行准确的传达 • 说完后可总结所说内容的要点
5.结束语	"谢谢"、"麻烦您了"、"那就拜托您了"等等	• 语气诚恳、态度和蔼
6.放回电话听筒		• 等对方放下电话后再轻轻放回电话机上

（五）打电话重点总结

1. 要考虑打电话的时间（对方此时是否有时间或者方便）；

2. 注意确认对方的电话号码、单位、姓名，以避免打错电话；

3. 准备好所需要用到的资料、文件等；

4. 讲话的内容要有次序，简洁、明了；

5. 注意通话时间，不宜过长；

6. 要使用礼貌语言；

7. 外界的杂音或私语不能传入电话内；

8. 避免私人电话。

注：讲电话时，如果发生掉线、中断等情况，应由打电话方重新拨打。

七、座位排次礼仪

销售顾问拜访客户或有客户来访时，座位排次有礼仪，不能乱坐。

1. 会谈时的座位安排

如果只有主人和主宾两人，则主宾坐在右侧，主人坐在左侧。如需译员、记录则分别安排坐在主宾和主人的身后。

如果会谈桌一端朝向正门，即纵向摆放，则以进门方向为准，右侧为客方，左侧为主方。

会谈通常用长方形、椭圆形或圆形桌子，宾主相对而坐，以正门为准，主人在背面一边，客人面向正门。主谈人居中而坐。其他人按礼宾顺序左右排列。记录员可安排在后面，如参加会议人数少，也可安排在会谈桌就座。

小范围的会谈，也有不用长桌，只设沙发，双方座位按会见座位安排。

2. 会客室的座位安排

一般会客室离门口最远的地方是主宾的位子。假设某会议室对着门口有一个一字形的座位席，这些位子就是主管们的位子，而与门口成斜角线的位子就是主宾的位子，旁边是主宾的随从或者直属人员的位子，离门口最近的位子安排给年龄辈分比较低的员工。

会客室座位的安排除了遵照一般的情况，也要兼顾特殊。有些人位居高职，却不喜欢坐在主位，如果他坚持一定要坐在靠近门口的位子时，你要顺着他的意思，让客户自己去挑选他喜欢的位置，接下来你只要做好其他位子的顺应调整就好。

3. 会议室的座位安排

门口的右侧为客人席，左侧为主人席，远离门口的为上席。如是圆形桌时远离门口的席位为上席。

4. 宴会时的座位安排

举办正式宴会，应当提前排定桌次和席次，或者只排定主桌席位，其他只排桌次。桌、席排次时，先定主桌主位，后排座位高低。

（1）中式宴会的桌次安排

中式宴会通常8～12人一桌，人数较多时也可以平均分成几桌。在宴会不止一桌时，要安排桌次。其具体原则是：

①以右为上。当餐桌分为左右时，以面门为据，居右之桌为上，如图1.17(a)所示。

②以远为上。当餐桌距离餐厅正门有远近之分时,以距门远者为上,如图1.17(b)所示。

③居中为上。多张餐桌并列时,以居于中央者为上,如图1.17(c)、(d)所示。

④在桌次较多的情况下,上述排列常规往往交叉使用,如图1.17(e)、(f)所示。

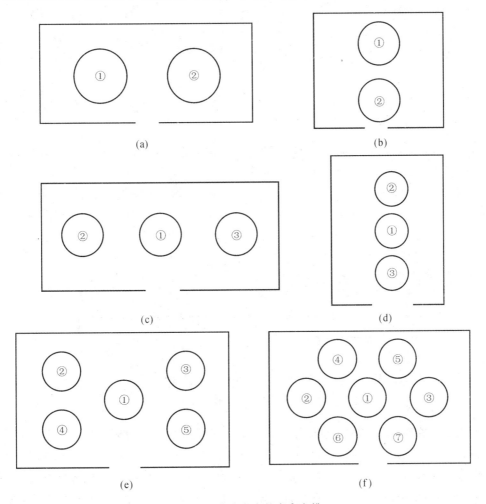

图1.17　中式宴会的桌次安排

(2)中式宴会的席次安排

席次,指同一餐桌上的席位高低。排列席次的原则是:

①面门为上,即主人面对餐厅正门。有多位主人时,双方可交叉排列,离主位越近地位越尊。

②主宾居右,即主宾在主位(第一主位)右侧。

③好事成双,即每张餐桌人数为双数,吉庆宴会尤其如此。

④各桌同向,即每张餐桌的排位均大体相似。

如图1.18所示。

(3)西式宴会的桌席排位

西式宴会的餐桌习惯用长桌,或是根据人数多少、场地大小自行设置,如图1.19所示。

同中式宴会一样,举办西式宴会也要排定桌次和席次。

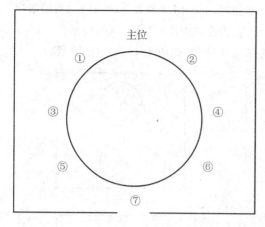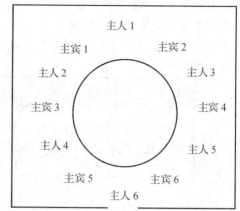

图 1.18　中式宴会的席次安排

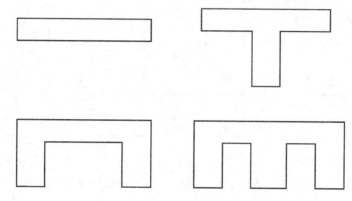

图 1.19　西式宴会的餐桌

西式宴会的席次排位也是讲究右高左低,同一桌上席位高低以距离主人座位远近而定。如果男、女主人并肩坐于一桌,则男左女右,尊女性坐于右席;如果男、女主人各居一桌,则尊女主人坐于右桌;如果男主人或女主人居于中央之席,面门而坐,则其右方之桌为尊,右手旁的客人为尊;如果男、女主人一桌对坐,则女主人之右为首席,男主人之右为次席,女主人之左为第三席,男主人之左为第四席,其余位次依序而分。

西式宴会的席次一般根据宾客地位安排,女宾席次依据丈夫地位而定。也可以按类别分坐,如男女分坐、夫妇分坐、华洋分坐等。在我国用西餐宴请客人,通常采用按职务高低男女分坐的方式。

(4)乘汽车时的座位安排

乘汽车时,遵循右为上,左为下,后为上,前为下的原则。一般情况下,司机后排右侧是上宾席。

特别注意的是:公务用车时,上座为后排右座;在平常的社交应酬中,上座为副驾驶座;接待重要客人时,上座为司机后面的座位,这是最基本的乘车礼仪。

(5)乘列车时的座位安排

列车行驶方向靠窗子的座位为上席,然后是其对面的座位;再后是行驶方向靠过路的座位,最后是其对面的座位。

八、访问客户礼仪

作为汽车销售顾问,访问时的礼节、礼仪是非常重要的,下面简单介绍如下。

1.访问前应与对方预约访问的时间、地点及目的,并将访问日程记录下来。

2.访问时,要注意遵时守约。

3.到访问单位前台时,应先自我介绍。

"我是同××先生预约过的××公司的×××,能否通知一下×先生"等。

4.如果没有前台,应向附近的人员询问。

5.如果被访问人繁忙时,或先去办理其他事情或改变其他时间再来访问。

"您现在很忙,那么我们约在明天 X 点再见面好吗?"等。

6.如需等候访问人时,可听从访问单位接待人员的安排。亦可在会客室等候或在沙发上边等候边准备使用的名片和资料文件等。

7.看见被访问人后,应起立(初次见面,递上名片)问候。

8.如遇到被访问人的上司,应主动起立(递上名片)问候,会谈重新开始。

9.会谈尽可能在预约时间内结束。

10.告辞时,要与被访问人打招呼道别。

11.会谈时,要注意谈话或发言不要声音过大。

单元四　汽车展厅销售沟通技巧

一、汽车销售沟通的原则

汽车销售沟通中应掌握如下一些原则:

1.明确沟通目的

所谓沟通目的就是要求销售顾问在与客户进行沟通时,想要达到的结果。一般来说,沟通的目的不外乎建立(或维系)关系和促成交易两种,但我们在绝大多数的情况下要牢记,建立(或维系)关系更重要。

2.善于发现需求

沟通能否有效进行或者是更深入地进行下去,很大程度上取决于销售顾问是否能及时准确地发现客户的需求。因此,销售顾问应善于在沟通中不断了解客户的消费行为,并根据其需要来不断调节自己的沟通方式与方法。"投其所好"在沟通中是非常重要的。

3.沟通要力求亲近易懂

汽车是一个复杂的新产品,即使是汽车机械方面的教授也无法清晰地将一辆汽车的方方面面流畅地描述出来。而有关汽车的机械知识、电路知识、油路知识、材料科技等方面就更加无法了解清楚了。因此,销售顾问不可能对所有的汽车专业知识都精通,也没必要把专业术语挂在嘴边,重要的是你应该强调产品的性能将给客户带来什么样的利益,并把这种强调用亲近易懂的语言表达出来,这才是客户最关心的。切忌在沟通中大量地使用晦涩难懂的专业术语,它不仅不能让你成为专家,反而会把客户赶跑。

4.提供个性化的沟通模式

销售顾问在沟通中要想赢得客户的信任与好感,那就必须做到非语言信息始终与其语言信息保持一致,而个性化的沟通模式相比于礼貌待客式和技巧推广式而言,在这方面是最有效的,所以我们应坚持采用个性化的沟通模式,事实证明这也是行之有效的一种沟通方式。

所谓语言信息是指沟通时用语言所表达出来的信息;非语言信息是指沟通时在用语言表达的同时,身体其他非语言(如体态等)所表达出来的信息。

在与人沟通时常有以下三种模式,即:礼貌待客式沟通模式、技巧推广式沟通模式与个性服务式沟通模式。

为了便于理解这三个模式,下面举一个简单的例子。

有一家汽车专卖店,里面有三个服务人员,小王、大王和老王。当您走进专卖店时,小王面带微笑,主动问长问短,与您寒暄天气,聊一些与汽车无关的事情,小王的方式就是礼貌待客式。大王呢,采取另外一种方式,他说,我能帮您吗? 您要哪种汽车? 我们的这款汽车是最新推出的产品,现在正在优惠促销。大王的方式是技巧推广式。老王的方式更加成熟老练,他和你谈论日常出行,询问家庭状况,提出三口之家购车的理财方案,总会找到一种最适合你的汽车,而且告诉您如何保养和驾驶、如何省油等。老王提供的是个性化的个性服务式沟通模式。

5.善于运用非语言沟通

语言是沟通的重要工具,但我们必须知道,行动胜于语言,因此必须确保两者相匹配。如果销售顾问的行为举止和言语发生冲突,人们就会相信您的行动语言,而不是你的口头语言。研究表明,声音、语调和外表等非语言占全部印象的90%以上。一个人的举止动作和表情,以及语速、语调等非语言,在沟通中的作用要超过语言本身,所以,销售顾问一定要善于运用非语言来与客户沟通。

二、正式沟通与非正式沟通

1.正式沟通

在管理活动中,正式沟通是指在一定的组织机构中,通过明文规定的渠道,进行信息的传递和交流。正式沟通是随正式组织的产生而产生的,所谓正式组织是指管理人员及员工之间由于授权和职责分配所建成的个人间的关系,由于这种较为固定的组织关系的存在,从而使这种沟通具有一定的模式性和规范性,习惯称之为正式沟通。它分为上行、下行和平行沟通三个方面,销售顾问与客户的正式沟通属于平行沟通。平行沟通大多发生于地位相当的人员之中,这种沟通弥补了其他沟通的不足,减少了单位之间的事权冲突,使各单位之间、各员工之间在工作上能密切配合,并增进了友谊。

在汽车销售中,所谓正式沟通是指销售员与客户间信息沟通与交流因为汽车这一商品的联系,而有一定的模式性和规范性。这种模式和规范性表现在,销售顾问依靠专业知识和专业特长,以与汽车商品有关的销售咨询为沟通主要内容。

2.非正式沟通

所谓非正式沟通是指在正式沟通渠道以外进行的信息传递与交流。非正式沟通是非正式组织的副产品,它一方面满足了员工的社会需求,另一方面弥补了正式沟通的不足,它带有一种随意性和灵活性,并没有一个固定的模式或方法。

在汽车销售中,那些没有固定的模式和规范,不是依靠专业知识和专业特长,而是通过与客户拉家常式的,与汽车没有关系的对话来进行信息交流,完全是为建立人际关系的沟通就属于非正式沟通。

3.结论

目前在中国,销售顾问与客户的沟通有50%的时间是在非正式沟通,而在西方,只有不到10%的时间是非正式沟通。西方社会的人际关系比较单纯,所以,他们建立信任的、亲近的方式就是依靠你的专业特长。如果你是销售汽车的,那么你对汽车懂得越多,他越信任你;如果你是销售《大英百科全书》的,那么你对《大英百科全书》不熟悉,他是无法信任你的。但在中国的社会里,陌生人之间建立信任关系很难,即使建立了,一般也不是依靠专业知识,而是依赖于人际关系能力。是否有足够的话题与潜在客户进行非正式沟通就是一个考验。

因此,在我国销售汽车,你必须用更多的时间与客户进行大量非正式沟通,你应该更加重视人际关系的培养。当然目前如此,并不意味着将来的我国也是如此,这就需要我们随着时间和环境的改变而不断调整我们的策略。

"正式沟通与非正式沟通"相关知识可以参见周三多、陈传明、鲁明泓编著,复旦大学出版社出版,1999年6月版的《管理学——原理与方法(第三版)》中相关章节内容。

三、汽车销售沟通中说和听的技巧

在销售沟通中说和听都是非常重要的沟通技巧,作为销售顾问必须掌握。作为一种特殊的商业活动,销售沟通中的听与说与日常生活中的听与说在技巧上又有所区别,下面就作一个简单的介绍。

1.汽车销售沟通中说的技巧

这里的"说",也就是我们常说的销售中语言的表达技巧。销售中说话的基本技巧包括如何控制自己说话的态度,如何控制自己说话的声音,不同场景下的说话技巧如何掌握等几个方面。

(1)控制自己说话的态度。作为一个销售顾问要牢固地树立一个观念:说话的态度比内容更重要。也就是说你怎么说比你说什么更重要。

一般来说,销售顾问正确的说话态度包括以下几个方面。

首先,要真诚。其实,每一个销售顾问都知道这个原则,只是在实践中往往就会忽略掉,而犯这样那样的错误。常见的错误主要表现在以下两个方面:

①自说自话。有些销售顾问面对客户的时候,想的只是怎么把自己知道的一些信息尽快传递给他们。在说的过程中,也不考虑客户的反应,不考虑客户对这个问题是不是有意见需要发表,只顾自己一口气把话说完,似乎就完成了任务。你的任务是完成了,但客户已经对你的态度起了反感。你说的什么,很可能他们根本就没有仔细听,在你说话的过程中,他们正在心里嘲笑你的自说自话呢。

②骄傲。有些销售顾问做得稍微好一点,自以为还不错,经常有意无意地在客户面前表现出自己能干,自己说的都是完全正确,自己的话客户应该认真听等神色。殊不知你的话需不需要认真听取,完全是由客户本人来决定。你这样骄傲,只能引起客户的反感。如果客户已经对你起了反感,你口才再好也没有用处了。

因此,千万不要在客户面前表现出骄傲的神色。

其次,要热情。热情与真诚几乎不可分开,如果没有真诚,你的热情肯定会显得虚伪,但是过于热情会让客户觉得不自在,有一些不习惯别人热情的客户,会因为你的过于热情而离你而去。

因此,你心里的热情一定要让客户感受得到,但又要掌握度,适可而止。

最后,要照顾对方的理解力。在这方面,我们销售顾问最容易犯的一个毛病就是经常会有意或无意都对客户说一些让客户听不懂的话,这些话主要是"行话",也就是我们常说的"黑话"。这也就是我们在前面已经强调的,销售顾问说的话一定要亲近易懂,让客户容易理解的表达方式才是最正确的表达方式。

为此,你有必要经常审视你与客户沟通时是不是容易让客户听不懂,或产生误解,如果是就说明你存在着"行话"问题,你必须改变这种状况。

(2)控制说话的声音。因为销售沟通中沟通对象与沟通场景都与日常沟通不同,所以销售顾问说话的声音也不同于日常沟通。一般来说,应注意以下几个方面。

首先是腔调的高低。

第一,要注意避免学生腔调和背书腔调;

第二,要注意客户对象的不同而调整自己说话的腔调;

第三,一般应以中音为最好,既不能让客户听不清楚你的话,又要避免高音喇叭。

要真正能做到以上三点不是一件容易的事,因此,要求销售顾问要不断进行自我训练。常用的训练方法一是把自己的声音录下来,反复纠正;二是让你的亲朋好友帮你纠正。

其次是方言与普通话的应用。从语言上来说,当然最好是讲普通话。但是,谈业务并非进行全国的演讲比赛,并不要求你一定要讲普通话。

如果你能够说与客户一致的语言,那最好了。

如果你就是本地人,在本地谈生意,如果你的客户讲方言,你完全没有必要讲普通话。

如果你受命去广东或者是上海或者其他地方开拓市场,你的客户大多是当地人,那么,对一个好的销售顾问来说,就有必要学会当地的方言。

(3)掌握不同场景下的说话技巧。不同场景下的说话技巧是一门艺术,因此,它需要销售员用心去体会去实践。不同的场景有这样一些:打电话、与客户初次接触、与老客户沟通、与不同的客户在不同的时间、地点和情景下的沟通等。下面介绍一下在沟通场景中具有销售力的词语。

美国销售专家汤姆总结了24个具有销售力量的词汇和24个妨碍销售的词汇。

具有销售力的24个词汇:客户的名字、了解、证实、健康、从容、保证、钱币、安全、节约、新的、亲爱、发现、正确、结果、真诚、价值、玩笑、真理、安慰、骄傲、利益、应得、快乐、重要。耶鲁大学在以上24个词的后面,又加上了5个词:您(或你)、担保、优点、明确、好处。

妨碍销售的24个词汇:应付、花费、付款、契约、签字、尝试、困扰、亏损、丧失、损害、购买、死亡、低劣、售出、出卖、代价、决心、费劲、困难、义务、责任、失败、不利、不履行。

另外,有专家总结了面对不同需要的客户时具有销售力的词汇有:

生理需要:芳香诱人的、新鲜整洁的、舒适方便的、柔软舒适的等。

安全需要:牢固的、保险的、有益健康的、经久耐用的、基础牢固的等。

爱和归宿的需要:赞扬、钦佩、忠告、慈爱、加入、赞成、联系、团体、关心、依赖、奉献、热情、爱心、家庭、喜爱、朋友、亲密、难得的机会、爱好、提供、组织、既得的、想要的等。

自尊的需要:高级的、获奖的、性能最佳或最优的、一流的、华美的、值得花钱的、独一无二的、高技术形象、领先潮流、精细加工的、尊敬、价值、获胜的、值得等。

自我实现:满意、建成、实现、鼓舞、全面的、控制、方便的、习惯、迅速、自由、容易、完结、增长、有助于你……魔力、奇迹、有组织的、成功等。

总之,凡是具有生动性、提示性、较强的穿透力和感染力的词汇一般都具有销售的力量,销售顾问应注意运用。而凡是具有贬义的、否定的、刺激的、暧昧的、夸张不实的等意味的词语,一般都会妨碍销售力,销售顾问在实践中应注意避免。

2.销售沟通中听的技巧

日本销售大王原一平曾说过:"对销售而言,善听比善辩更重要。"销售顾问通过听能够获得客户更多的认同,所以说,如果能把80%的时间留给客户,成功的机会可能超过80%。由此可见倾听在销售沟通中的重要性。

听,有消极的听和积极的听两种,显然,积极的倾听是很重要的,对销售有积极的促进作用,而消极的倾听于事无补,我们应坚决摒弃。

(1)积极的倾听的三个原则

首先,应站在对方的立场,仔细地倾听。每个人都有他的立场及价值观,因此,你必须站在对方的立场仔细地倾听他所说的每一句话,不要用自己的价值观去指责或评判对方的想法,要与对方保持相同的态度,更不要轻易打断对方的谈话。

其次,要确认自己所理解的是否就是对方所说的。你必须重点式地复述对方所讲过的内容,以确认自己所理解的意思和对方一致。你可以通过以下提问来确认你的理解是否与对方一致,如"你刚才所讲的意思是不是指……"、"我不知道我听得对不对,你的意思是……"等。

另外,要表现诚恳、专注的态度倾听对方的话语。销售顾问倾听客户谈话时,最常出现的毛病就是他只摆出倾听客户谈话的样子,内心却迫不及待地等待机会,想要讲他自己的话,老处在一种"说话紧张状态",唯恐失去说话就好像失去了生意似的。如果这样,无疑是销售员自己将"倾听"这个重要的武器舍弃了。实际上是你听不出客户的意图和期望,你才会真正失去客户。

(2)倾听的技巧

首先,你应该培养良好的积极的倾听技巧。

接着,你应该秉持客观、开阔的胸怀,不要心存偏见,以己之心度他人之腹。

第三,你在沟通时,一定要让客户把话说完,并记下重点,并且可以不断地给客户以肯定,鼓励其把话题继续下去。

第四,切忌对客户所说的话表现出防卫的态度,即使是不同意见也不宜即刻反驳。

最后,你应该真正掌握客户内心的真正想法。虽然这不容易,但你也应尽可能全面地分析你所倾听到的全部内容。

你若能随时注意以上五点,相信你一定是一个成功的倾听者,它将对你的销售工作起到很大的帮助。

另外,无论是说还是听的过程中,都涉及一个重要的方面,那就是如何去提问题。善于提问对于沟通来说犹如画龙点睛,因此在沟通过程中也应非常注意它的技巧的运用。

四、沟通的四个基本技巧

汽车销售顾问在展厅销售工作中需要掌握以下四个沟通的基本技巧。

1. 主导

所谓主导就是指在与其他人对话交谈中,如何不知不觉地控制谈话的主题内容,以及谈话的发展趋势和方向。

掌握销售对话中的主题,通过主题来赢得对话的主导权。

2. 迎合

承接对方的话语的语意,形成顺应的语言背景,赢得宽容的交谈氛围。

3. 垫子

在回答客户的问题时,有效应用对问题的评价来延缓其对问题的关注。

4. 制约

预测客户后面的话,并主动说出方法,制约客户的思考思路。

五、汽车销售顾问的七项核心技能

(一)行业知识

行业知识指的是销售顾问对客户所在的行业在使用汽车上的了解。如,面对的潜在客户是一个礼品制造商,而且经常需要用车带着样品给他的客户展示,那么,他对汽车的要求将集中在储藏空间、驾驶时的平顺等。客户来自各行各业,如何做到对不同行业用车的了解呢?其实,这个技能基于你对要销售的汽车的了解。比如,客户属于服装制造业,那么也许会用到汽车空间中可以悬挂西服而不会导致皱褶的功能。许多销售顾问对客户用车习惯的注意及了解都是从注意观察开始的。

行业知识不仅表现在对客户所在行业用车的了解上,还表现在对客户所在行业的关注上。当你了解到客户是从事教育行业的时候,你也许可以表现得好奇地问:听说,现在的孩子越来越不好教育了吧?其实不过是一句问话,对客户来说,这是一种获得认同的好方法。当客户开始介绍他的行业特点的时候,你已经赢得了客户的好感,仅仅是好感,已经大大缩短了人与人之间的距离。汽车销售中这样的例子非常多,但并不是容易掌握的,关键是要学会培养自己的好奇心,当你有了对客户行业的好奇心之后,关切地提出你的问题就是你销售技能的一种表现了。

(二)客户利益

在本项目任务二的知识准备中,我们将学习产品利益的陈述方法(FAB介绍法)。所有的产品都有其独到的特征,是其他的竞争对手的产品无法比拟的,但是如何用利益的陈述方法让客户印象深刻是关键。在特征、优点以及利益的陈述方法中,只有利益的陈述方法是需要双向沟通来建立的。利益的陈述方法要求陈述出产品的某个特征以及优点是如何满足客户表达出来的需求的。首先需要确认你理解的客户对汽车的需求,然后,有针对性地介绍汽车的各个方面。如果客户有跑长途的需要,那么你不仅要有针对性地介绍发动机的省油特征,还要介绍座位的舒适性,方向盘的高低可控,以及高速路上超车的轻易感觉等。

　　确保客户采购的汽车可以为客户带来他需要的利益是一种销售技能,也是深入获得客户信任的一个有效方法。从获得客户好感入手,逐步建立客户对你的信任,直到建立一种可靠的关系才是销售的终极目标。

（三）顾问形象

　　顾问形象意味着什么?它意味着销售顾问不仅要对客户的行业有所关注和关心,而且还要理解客户的利益,完全从为客户提供建议的角度来介绍汽车。"如果您的驾龄不长,我建议您安装倒车雷达,虽然又需要一笔费用,但是,相比你在倒车时由于没有经验导致的刮碰之后的维修费用还是小钱,更何况,崭新的车刮碰了也会很心疼。根据对中国驾车者的研究,只有一年驾龄的司机倒车刮碰的机会高达67%,所以,你看有一个倒车雷达是多么有帮助呀。"再比如:"如果您的驾龄时间长一定可以理解四轮驱动对较差路面的通过性是如何体现的吧。"注意,这里提到的对中国驾车者研究的结果等信息都是在体现销售顾问的顾问形象,体现作为销售顾问的你对相关知识的了解是如何支持你对客户来提供帮助的,提供信息供参考的作用是作为顾问的一个非常重要的功能。而对于驾驶经验较丰富的司机介绍四轮驱动的作用的时候,表面上是介绍汽车的性能——四驱,实际上是透露着你对此类司机的了解,也是一种顾问形象的展示。

　　有一个更为形象的例子可以帮助你更好地理解如何才能在别人的眼里成为一个理想的、合格的顾问。你可以回忆一下,当遇到一些难以解决的问题的时候,你一般都会向谁请教,找到这个人后,仔细回忆你为什么在心里将他作为问题请教的对象呢?找到其中的具体原因,你就可以从这些地方开始模仿起,除了模仿以外,自己还需要不断地增加各种丰富的知识,尤其是汽车方面的知识,以及中国汽车行业的各种变化,如果对于这些变化再有自己的分析,从而形成自己的看法,那么你在未来的潜在客户面前的顾问形象就非常容易形成了。

（四）行业权威

　　前三个核心技能应更多地表现在层次、素质较高的潜在客户面前。后面将解释的三个核心技能主要用在层次、素质相对较低的客户的销售过程中。

　　现在要谈到的行业权威是一个中立的技能,因为无论潜在客户的素质、层次在什么水平上,都容易受到行业权威的影响。如果一个销售顾问具有他所销售的产品中的行业权威的称号,那么,这个销售顾问在影响客户的采购决策方面相比没有这个称号的销售顾问就容易得多。这也是为什么在西方国家的车行通常都会授予一些优秀销售顾问一些称号的原因,如汽车应用知识专家、客户服务专家等。当客户获知为自己服务的销售顾问是客户服务专家的时候,更容易倾向信任这个销售顾问,因为有称号的销售顾问不仅仅是一个具体的人,他还带有自己的荣誉称号,这是一个客观的评价,所以有荣誉称号的人在推进销售过程中普遍地容易获得潜在客户的信任。

　　行业权威不一定是整个行业授予的,当然,如果是整个行业的一个国家级别的资质会更加有效。但在国家还没有这个资质的时候,完全可以首先在自己的车行公司集团内展开,并逐渐形成和推进国家标准。总之,受益的是销售顾问,更加受益的将是采取这个行动的企业。

在澳大利亚，最知名的汽车销售集团对于内部优秀的销售顾问有常规的汽车知识竞赛，获奖者会得到非常高的荣誉，而这些获奖者之后的销售业绩也非常出色。这类型的知识竞赛包括如下几个部分：与汽车相关的术语解释（如 ABS、EBD、ESP 等）；汽车产品（包括竞争对手的产品）的价格细节（如任何附加配置的详细价格和增加保修期的不同条款下的不同价格等）；详细技术性能（如材料、性能数据，规格，行业标准等）；熟知所销售汽车的与众不同之处等等。该集团每年通过全公司的销售顾问的竞赛授予 5 个卓越销售顾问的称号，此举不仅确立了自己公司在行业内的声誉，进而影响客户更加信任该集团的销售队伍。

（五）赞扬技能

任何销售都非常重视沟通技能，比察言观色、口才和倾听更加重要以及更加优先的应该是在沟通中对人的赞扬。

在展厅销售工作中，有以下三个基本的赞扬客户的方法。

第一个基本方法，就是首先赞扬客户的提问，赞扬客户的观点，赞扬客户的专业性等。如："您说的真专业，一听就知道您是行家。""你说的真地道，就知道您来之前做了充分的准备。""您的话真像设计师说的话，您怎么这么了解我们的车呀？"

第二个基本方法就是承认客户的观点、看法或者问题的合理性。如："如果我是您，我也会这样问的。""许多人都这么问，这也是大多数消费者都关心的问题。""你这一问，让我想起了水均益，他也是这么问的。"这最后一句话特别好，不仅说明了客户的问题是合理的，也暗示了水均益都是从我这里买的车。

第三个基本方法就是重组客户的问题，重组客户的问题可以增加对客户问题的理解，尤其是客户会认为你在回答他问题的时候比较慎重。如："这个车的内饰颜色选择好像不是很多呀？"销售顾问的回答应该是这样的："您说的是内饰颜色没有偏重的深色，还是更看重浅色呢？"这个回答重新组织了客户的问题，在客户看来，销售顾问的这个反问似乎是为了更好地回答客户的问题才确认一下是否理解清楚了，而不是匆匆忙忙地回避客户的问题。

以上三个基本方法可以混合起来使用，但是在使用过程中最容易出的问题就是表达不娴熟，而且没有理解这种沟通的表面现象背后的原理性的实质，所以有时候会令客户感觉你是在吹捧他，或者是在溜须拍马。其实客户永远不会反感你的赞扬能力，他们反感的是你在运用时表现出来的形式，如果用得不自然，则是会让客户产生反感的。因此，销售顾问在使用赞扬技巧的时候一定要注意以下两点：

一是赞扬要真诚。在赞扬客户的时候一定要真诚。而真诚的表现形式就是眼睛，用眼睛看着对方的眼睛说你要说的话，用庄重的态度、稳重的语调及缓慢的语气来说。第二就是要有事实依据，不能在赞扬客户的时候言之无物，那样当然会让那些有防范心理准备的客户看透你，因此要有事实为后盾。如当你说：你问的这个问题真专业之后，如果客户有疑惑，或者你没有把握客户接受了你的赞扬，你可以追加这样的话，上次有一个学汽车专业的研究生问的就是这个问题。我当时还不知道如何回答，后来查找了许多资料，还请教了这个行业的老师傅，才知道答案的。这样来说就构成了事实依据。

（六）客户关系

这里谈到的客户关系，主要是如何有效促进以销售为目的的客户关系，如何通过掌控客户关系来完成销售,或者有效地通过客户关系来影响客户的采购决策。

努力完成销售过程的客户关系包括三个层次,第一个层次是客户的亲朋好友。来车行看车的基本上没有单独来的,多数都是全家或朋友陪同来的。陪同来的朋友通常是购车者的朋友,或者是公司同事。我们的销售顾问通常只注重购车者,而忽视与客户同来的其他人,而他们的意见对于购车者是有一定的影响的,所以一定要重视客户的亲朋好友。第二层次就是客户周围的同事。第三个层次就是客户的商业合作伙伴,或者说是客户业务的上游或者是下游业务。

像采购汽车这样较贵重的物品,任何一个消费者都不会单独做最后的决策。他通常是首先请教他认为懂车的朋友,然后才会咨询家庭成员的意见。有的时候,如果不是自己开车,还会征求给自己开车的司机的意见。在这种情况下,如果销售顾问只是简单地将全部的销售技能都用在购车者身上,实际上是忽视了这些对客户的购车行为有影响的周围人,而对于客户来说这些人的建议比销售顾问的更容易被采纳,因此,如果你可以成功地让决策者周围的人,尤其是当你不在场,他们私下协商的时候,可以帮助你为你销售的产品说话,那么你成功地取得订单将是易如反掌的。

(七)压力推销

所谓压力推销就是运用强有力的语言,让客户感觉到购买才是唯一出路的推销方法。要理解压力推销是什么,必须要了解人性的弱点,因为所谓专业销售技能的理论发展完全是建立在对人性的透彻了解之上的。常见人性的弱点有如下一些:

①所有人最担心的事情是被拒绝;

②所有人最需要的是被接受;

③为有效管理他人,你必须以能够保护或者强化其自尊的方式行事;

④任何行事之前都会问:此事与我有何相干;

⑤任何人都喜欢讨论对他们自己非常重要的事情;

⑥人们只能听到和听从他们理解的话;

⑦人们喜欢、相信和信任与他们一样的人;

⑧人们经常按照不那么显而易见的理由行事;

⑨哪怕是高素质的人,也有可能而且经常心胸狭隘;

⑩任何人都有社会面罩。

销售顾问充分利用客户的心理状态有的时候对某一类型的客户是非常奏效的。如:免费赠送的优惠活动这个星期就结束了;您开这个车绝对体现您高贵的品质等。这些都是压力推销的使用技巧。

1.1.3 任务实施

下面我们就结合任务引入中的情景,按工作流程来进行任务实施,通过完成任务来进一步学习达到项目目标所需的知识与技能。

从任务引入的情况来看,来的这一组客户应该是初次来店客户,小徐首先要做的工作就是接待客户,在初步取得客户信任基础上对客户购车需求进行详细分析,为接下来向客户推

介新车直至完成新车交易工作做好沟通准备。本任务从潜在客户到店开始至客户离店结束都会涉及。在实训室进行模拟演练时，可以设计成客户来店接待、让客户自由参观、引导客户到洽谈桌及上茶水、在洽谈桌上进行需求分析等几个场景进行演练。

下面根据典型的工作过程总结三个典型学习情景，供同学在实施任务时学习用。

典型学习情境一：初次来店客户的接待准备

小徐对于初次来店的客户应从客户各方面信息来判断是不是属于潜在客户，然后根据潜在客户特点采取相应的接待策略。接待之前，小徐应先从以下几个方面做好接待的准备工作。

1.请罗列出接待客户的目的和要求。

2.请按表 1.7 所示要求，为你所销售的车型描述一下对应目标客户群特征及接待关键点。

表 1.7　目标客户群特征及接待关键点

车型	目标客户群特征	接待关键点	备注

3.请检查一下你接待客户的准备工作做好了吗？
- 个人仪表仪容
- 名片
- 销售工具夹
- 茶水、饮料
- 各种资料
- 小礼物
- 接待客户用语
- 其他

4.请在心理上做好接待客户的准备。

5.假设有客户初次来店,情景如表 1.8 所示,正好是你接待,你准备如何做?

表 1.8　客户来店情景假设

情景	接待流程	接待关键点	备注
年轻客户,独自一人,打出租车来店,晴天			
年轻客户,一男一女,打出租车来店,恰逢下雨			
年轻客户,两人以上,开着车来,恰逢下雨			
中年客户,独自一人,自驾车来店,晴天			
中年客户,一男一女,自驾车来店,恰逢下雨			
中年客户,两人以上,开着车来,恰逢下雨			

典型学习情境二:接待客户

客户到店后,根据前面知识准备中所讲接待的目的、要求与技巧,销售顾问可以按以下流程进行接待工作。

6.出门热情迎接客户的到来,并为客户开门,留给客户一个好的第一印象。

如果你是小徐,你打算如何做?

7.进店后第一时间做自我介绍,并分名片,让客户了解你的身份,知道怎么称呼你。

你会做吗? 演练一下试试吧,请写下你的演练体会:

8.询问客户称呼,方便时向客户索要名片。

9.了解客户来店目的,如无特殊要求,尽可能让客户先自由参观一下展厅。

10.在客户需求服务时,及时趋前招呼。

11.尽可能引导客户到洽谈桌上坐下,及时茶水跟进,尽量让客户感到舒适。

典型学习情境三:为客户提供咨询

12.洽谈桌入座后,请判断你所接待的客户是否进入舒适区?

请写可以说明客户进入舒适区的具体表现:

14.进行需求分析前,我们可以从公共话题开始寒暄,然后采用提问与倾听的技巧详细了解客户需求细节。

请记录下你会问的问题:

15.请写出客户购车的主要需求细节有哪些?并把它们转化成你要问的问题。

16.为了尽可能多地收集客户的信息,你可以采用哪些方法?请罗列出你需要获得的信息是哪些?

17.如果有客户调查表,此时可以使用,你会如何使用?

18.用收集到的信息为客户建档。

19.在适当的时机总结客户谈话的主要内容,寻求客户的确认,然后根据客户需求主动推荐合适的商品,并适当说明。

1.1.4 任务评价

任务完成后,需要通过自我评价与反馈,看是否达到了预定要求,如果未达到既定学习目标,请调整学习计划进行自我完善。本学习任务可根据以下几个方面进行评价与反馈。

1.你在实施任务前做好准备工作了吗?

2.你对接待工作的要求与目的清楚了吗?

3.你在与客户接触的第一时间作自我介绍了吗?

4.你知道客户的称呼与联系方式了吗?

5.你让客户感到舒适并愿意回答你的问题了吗?

6.你了解客户购车的用途了吗?

7.你知道客户购车的预算是多少?

8.你知道客户购车的主要关注点及主要竞品是什么?

9.你向客户推荐过具体的车型了吗?所推荐的车型客户能接受吗?

10.通过做复习题,你基本掌握本任务的主要知识点了吗?

如果自我评价未通过,请从以下几个方面进行调整学习计划再改进:

1.结合本任务的复习思考题进行知识点的学习。

2.通过展厅接待与需求分析流程的模拟演练进行技能操作训练。

3.到汽车 4S 店进行观摩学习。

复习思考题

1.市场三要素是什么？市场营销者如何理解市场的概念？

2.什么是市场营销？营销与销售有何联系与区别？

3.简述展厅销售需要注意的礼仪。

4.如何赞扬客户？

5.试叙述汽车展厅销售的基本流程。

6.什么叫舒适区？

7.试用冰山理论叙述客户购车需求的特点？

8.叙述展厅销售中个人的礼仪规范有哪些？

9.汽车销售沟通的基本原则有哪些？

10.沟通的四个基本技巧指的是什么？

任务二 新车推介

1.2.1 任务引入

小徐经过前面接待客户以后,对客户的情况有了一定的了解,原来这一组客户的情况是:拿手机的男士叫田小平,另外一个男士叫朱鹏,那位女士叫王琳。女士是朱鹏的妻子,田小平是朱鹏的秘书,朱鹏是一家私企的老总。

通过深入的需求分析,小徐对客户想购买的车也基本心里有数了,因此向客户推荐了一款新上市的奥迪 A4 3.0 四驱轿车。

那么接下来,小徐该如何向客户推介这款轿车呢？如何让客户更加信任自己进而做出购买决定呢？

在汽车展厅销售工作中,向客户推介新车自然是销售顾问的主要职责之一,这也是客户来看车的主要目的之一。本任务的学习目标就是:

1.学会正确使用工具向客户介绍新车,深入取得客户的信任;

2.能正确运用环绕介绍法引导客户看车;

3.能正确使用 FAB 等句型陈述汽车特性的话术;

4.熟悉汽车商品知识并能合理运用。

通过本任务的学习可以为后续的展厅销售工作打下良好的基础,对客户的购车心理能较好地把握。

1.2.2 知识准备

单元一 客户购买行为分析

所谓客户购买行为分析,就是对客户的购买需求、动机进行分析,并且分析这些需求和动机是如何影响客户的购买行为,在此基础上指出客户购买行为的模式,分析影响客户购买行为的因素,从而为汽车营销寻找营销机会提供帮助。展厅销售主要以消费者客户为主,故本教材重点介绍消费者的购买行为分析。

一、汽车客户购买行为概述

1.汽车客户及其分类

汽车客户常可分为以下几种类型:

(1)私人消费客户(简称"消费客户"),指将购买的汽车作为个人或家庭消费使用,解决私人交通的客户,他们构成汽车的消费客户市场。从世界范围来看,此类消费者分布最为广泛,需求最为强劲,占据了每年世界汽车客户的绝大部分。目前,消费客户市场是我国汽车市场增长最快的一个细分市场,其重要性已经越来越引起各汽车厂商的关注。

(2)集团消费客户,指将汽车作为集团消费性物品使用,维持集团事业运转的集团客户,我国通常称为"机关团体、企事业单位",他们构成汽车的集团消费市场。这一市场是我国汽车市场比较重要的一个细分市场,其重要性不仅表现在具有一定的需求规模,还常常对全社会的汽车消费起着示范性作用。这类客户主要包括各类企业单位、事业单位、政府机构、司法机关、各种社团组织以及军队等。

(3)产业客户,亦称为运输营运者,指将汽车作为生产资料使用,满足生产、经营需要的组织和个人,他们构成汽车的生产客户市场。这类客户主要包括具有自备运输机构的各类企业单位、将汽车作为必要设施装备的各种建设型单位、各种专业的汽车运输单位和个人等。目前,这一市场在我国汽车市场上也占有重要位置,特别是对某些车型而言,它是这些车型的主要市场。

(4)其他直接或间接客户,指以上客户以外的各种汽车客户及其代表,主要包括以进一步生产为目的的各种再生产型购买者,以进一步转卖为目的的各种汽车中间商,他们都是间接客户。由这类购买者构成的市场,对于汽车零部件企业或以中间性产品(如汽车的二、三、四类底盘)为主的企业而言,是非常重要的。

以上各类汽车客户,从总体上也可以大体分为消费者个人和集团组织两大类。前者构成汽车的消费客户市场,后者构成汽车的组织客户市场。

各类不同的汽车客户,对汽车的需求及其购买行为有着不同的表现。这里主要分析汽车消费客户的购买行为。

2.汽车产品的使用特点

汽车本身是一种有形商品,但其使用特点又明显不同于一般生产资料和消费资料等有形商品。这种使用上的特殊性体现在以下两个方面:

(1)汽车既是一种生产资料,又是一种消费资料。

①作为生产资料使用。例如,各类生产型企业和经营单位为生产经营而购买各种车辆。它所涉及的部门和单位很多,既有工业、农业、建筑等生产部门,也有贸易、金融、保险、商业等经营服务单位。由于这类部门和单位拥有的车辆都构成他们生产、经营或服务活动的一部分,因而汽车属于一种生产资料。另外还有单位和个人以汽车作为资本,通过汽车运营赢利,汽车是运输服务的物质载体,像这种作为经营资料使用的汽车,亦可看作生产资料。这类用车主要有城镇交通中的公共汽车、出租车、长途与中短途公路客货运输用车,以及为旅游者提供服务的旅游用车等。

②作为消费资料使用。汽车用作消费资料的一种表现是它属于一种集团消费资料。例如,用于满足国家权力机关、职能部门、科研事业单位和各种社会团体等开展活动为主要功能的用车具有非营利的特征,都属于集团消费资料。汽车用作消费资料的另一种表现是它作为一种生活耐用消费品,进入到广大居民家庭消费领域。此时,汽车(轿车、微型客车等)作为消费资料,主要作为私人交通工具,满足消费者个人出行的需要。

(2)汽车是一种最终商品。从产品的加工程度看,汽车本身属于产成品。无论是作为生产资料使用的汽车,还是作为消费资料使用的汽车,都是最终可以直接使用的产品。在这一意义上,汽车与那些作为原材料、中间产品、生产协作等形态的生产资料存在差别。

汽车的上述使用特点,决定了汽车客户的广泛性,也决定了汽车的购买行为既有与一般消费资料和生产资料等商品相似的一面,又有不同的一面,对此需要加以分析、研究。

3.客户购买行为一般过程

客户购买行为是一种满足需求的行为,其购买过程是经由客观刺激引起的,在客户心理产生复杂的思维活动,形成和产生购买行为,最后达到需求的满足。因此,一个完整的购买行为过程,可以看成是一个刺激、决策、购后感受的过程,这也是客户的一般购买行为过程。这一过程如图1.20所示。

图1.20 客户购买行为过程

(1)刺激。客户的购买行为过程都是客户对客观现实刺激的反应,客户接受了客观事物的刺激,才能产生各种需求,形成决策,最后导致购买行为的发生。客观事物的信息刺激,既可能由客户的内部刺激引起,也可能由外界因素刺激产生。例如,企业要搞运输,就必须有一定数量的汽车。内部的刺激一般比较简单,而外界的刺激则要复杂得多,这是因为客户作为一个社会组成单位,它的行为不仅要受到自身因素的影响,而且还受到社会环境的制约,家庭及相关群体的消费时尚与风俗习惯等方面,都会从不同方面对客户的购买行为产生影响。另外,客户购买的对象——商品,也会从它的质量、款式、包装、商标及服务水平等方面对客户的购买行为产生影响。

(2)决策过程(又称黑箱)。不论是内部刺激还是外部刺激,它们的作用仅仅是引起客户的购买欲望。客户是否实施购买行为,购买具体的对象是什么,在什么地方购买等,就需要客户进行决策。由于决策过程极其复杂,并且对于营销者来说又难以掌握,因此又称作黑箱。对消费客户来说,实质上就是一种心理活动过程,具体可概括为产生需求、形成动机、收集信息、评价方案和形成决策等过程。

(3)购后感受。客户购买行为的目标是选购一定的商品或服务,使自己的需要得到满足。客户实施购买行为之后,购买行为过程并没有结束,还要在具体使用中去检验、评价,以判断需要满足的程度,形成购后感受。它对客户的重复购买行为或停止购买行为会产生重要影响。

二、汽车消费客户购买行为分析

汽车消费客户,是指为了消费而购买和使用汽车商品的人。它包括个体消费客户和家庭消费客户两类,具体表现为个人消费,故也称作汽车消费者。从这个角度来说,这里的汽车商品是最终消费品,它不用于再生产。

我们把汽车消费客户所组成的市场称之为汽车消费客户市场,它是汽车最后消费者市场。我国的汽车消费者市场的主要特点有:

①我国的汽车消费者市场在不断壮大,市场容量极大。无论是从发达国家的发展历史来看,还是从我国近几年的国家政策及汽车销售数量的增长来看,我国的私人汽车消费市场在不断地壮大,而且将成为我国汽车消费的主体市场。

②汽车消费品属耐用的选购品。消费者在挑选和购买此类商品的过程中要特别比较其适用性、质量、价格、式样等特性,因此,消费者在购买汽车产品时,往往会跑多家商店去比较其品质、价格或式样。

③消费者的购买,绝大多数属小型购买。

④消费者市场差异性大。因为消费者市场包括每一个居民,范围广、人数多,各人的购买因年龄、收入、地理环境、气候条件、文化教育、心理状况等的不同而呈现很大的差异性。因此汽车企业在组织生产和货源时,必须把整个市场进行细分,不能把消费者市场只看作一个包罗万象的统一大市场。

⑤消费者市场属非专业购买。大多数消费者购买汽车商品都缺乏汽车方面专门知识,一般消费者很难判断各种汽车产品的质量优劣或质价是否相当,他们很容易受广告宣传或其他促销方法的影响。因此,企业必须十分注意广告及其他促销工作,或努力创名牌,建立良好的商誉,这都有助于产品销路的扩大,有助于市场竞争地位的巩固。但要坚决反对利用消费者市场非专业购买这一特点欺骗客户,坑害消费者的行为。

(一)消费者客户购买行为模式

随着汽车市场规模的日益扩大,汽车营销人员不可能直接与消费客户接触,他们要通过对消费客户行为的研究来了解他们的购买决策。因此,研究消费客户购买行为是研究汽车消费客户市场的基础,其研究重点是消费客户购买行为方式。

所谓汽车消费客户购买行为就是消费客户为了满足自身的需求,在寻求购买、使用和评估汽车产品及相关服务时所表现的行为。尽管不同的消费客户有不同的行为方式,但任何一个消费客户都不是孤立的,而是隶属于一个群体的社会成员,有其共同的需求动机和意识,因而其购买行为必然有一定的规律。

一般说来,人的行为是基于心理活动而发生和发展的。所以,汽车消费客户购买行为必然也要受个人的心理活动支配。心理学"刺激—反应"(S—R)学派的成果表明,人们行为的动机是一种内在的心理活动过程,是一种看不见、摸不着的"黑箱"。在心理活动与现实行为之间的关系中,外部的营销与其他刺激必须经过了盛有"心理活动过程"的黑箱才能引起反应,导致购买行为。

按照上述行为动机生成机理观点,面对着庞大消费客户市场的汽车企业,实际上所面对的是许多的个人购买动机,所以,汽车企业要引导客户的购买动机实现,满足他们的各种需求,就必须对消费客户对营销刺激和其他刺激的反应、购买行为的模式有较全面的认识,客户的购买行为模式如图1.21所示。

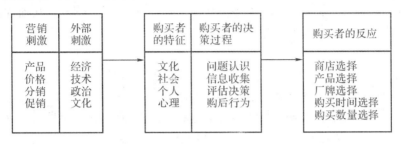

图1.21 购买者行为模型

在汽车消费客户购买行为模式中,刺激包括营销刺激和其他刺激。所谓营销刺激是指汽车企业营销活动的各种可控因素,即:产品、价格、分销和促销;其他刺激则是指汽车企业营销活动的各种不可控因素,即:经济、技术、政治、文化等因素。所有这些刺激通过汽车消费客户的"黑箱"产生反应,从而形成一系列可以观察到的客户购买反应,即对汽车产品、品牌、经营者、时间、数量等方面的具体选择。

汽车消费客户的"黑箱"可分成两部分:首先是客户的特征,这种特征通常要受多种因素的影响,它们会影响购买者对刺激的理解和反应;其次是客户的决策过程,它会影响消费者的最后的行为结构的状态。

这一购买者行为模型表明,消费者的购买心理虽然是复杂、难以捉摸的,但由于这种神秘莫测的心理作用可由其反应看出来,因而可以从影响购买者行为的某些带有普遍性的方面,探讨出一些最能解释将购买影响因素转变为购买过程的行为模式。

(二)汽车消费者购买行为类型

按消费者的购买动机和个性特点,可以将消费者的购买行为区分为如下四类:

1. 理智型

这是指经过冷静思考,而非凭感情所采取的购买行动,它是从产品长期使用的角度出发,经过一系列深思熟虑之后才做出的购买决定。

一般说,购买者在做出这种购买决定前,通常都会仔细考虑下列问题:

(1)是否质价相当。感情型的购买对价格高低不甚考虑,理智型的购买则很重视价格。这些客户虽然急需购买汽车或觉得某汽车很实用,但往往要进行一定的质价比较,或期望降价后才购买。

(2)使用开支。不仅要考虑购买商品本身所花的代价,而且还要考虑这些商品在使用过程中的开支是否合算。如汽车的节油性等。

(3)产品的可靠性、损坏或发生故障的频率及维修服务的价格。对可靠性的判断:一看是新产品还是老产品,是名牌还是杂牌;二看新产品质量是否过关,老产品或名牌是否倒了

牌子。对于损坏或故障频率的判断：一看产品本身，有些容易损坏，会经常出故障；二看不同的品牌，如奔驰的故障就少，而杂牌的故障就多。此外，维修服务价格也很受关注，这类消费者往往觉得汽车买得起而修不起，因而也就不买了。

2.感情型

这是指出于感情上的理由，即感情动机而产生的购买行动。引起感情购买动机的主要因素有：

(1)感觉上的感染力。这是指汽车商品能在人们的感官上产生魅力，从而使他们产生购买念头。如精美的外形、时尚的造型、具有视觉冲击力的色彩等都会为商品的销售带来影响。

(2)关心亲属。有些人为了关心自己的亲属而为他们购买汽车。

(3)显示地位或威望。小轿车，尤其是如奔驰一类的高档小轿车，已成为地位和成就的象征，它可以赋予使用者以威望、身份、地位的光彩。虽然，它比其他相类似的竞争产品并不会具有更大的实用价值，但有些人却把拥有它当作一种梦想。

3.习惯型

这是指有的消费者对某些商品往往只偏爱其中一种或数种品牌，购买商品时，多数习惯于选取自己熟知的品牌。因此，作为企业，就应针对这一类型的消费者，努力提高产品质量，加强广告推销宣传，创名牌、保名牌，在消费者心中树立良好的产品形象，使其成为消费者偏爱、习惯购买的对象。

4.经济型

经济型的购买模式听起来好像与前述的理智型购买是一回事，其实不完全相同。理智型的购买，虽然价格高低也是一种决定因素，却是经过质价等比较，看是否值得买。比如说，目前市场上奥迪 A6 和风神蓝鸟两款车，在性能上不相伯仲，各有所长，而在价格上奥迪 A6 稍贵，但奥迪 A6 的市场销售情况非常理想，有些人经过比较宁愿购买它而非风神蓝鸟，这种购买属理智型购买。而经济型的购买行为，则特别重视价格，专选廉价的买。针对此，企业应适应市场的需要，生产或经营一定的经济实惠品种，以满足这一些人的需求。

(三)影响消费者购买行为的主要因素

汽车消费客户处于复杂的社会中，其购买行为主要取决于客户需求，而汽车消费需求受到诸多因素的影响。要透彻地把握消费客户的购买行为，有效地开展市场营销活动，必须分析影响消费需求的有关因素，这些因素主要有文化因素、社会因素、个人因素和心理因素四大类，如图 1.22 所示。各类因素的影响机理是：文化因素通过影响社会因素，进而影响消费客户个人及其心理活动的特征，从而形成消费者个人的购买行为。

1.文化因素

文化是指人类从生活实践中建立起来的文学、艺术、教育、信仰、法律、宗教、科学等的总和。对于消费客户行为而言，文化因素的影响力既广又深，文化是客户欲望与行为的基本决定因素。文化因素包括核心文化和亚文化。无论核心文化因素还是亚文化因素都是造成消费客户购买行为差异的重要因素，从客户心理角度分析，亚文化相对核心文化更为重要，亚文化更能影响和决定消费客户的行为。文化因素之所以影响购买者行为，有以下三方面原因：一是文化的存在可以指导购买者的学习和社会行为，从而为购买行为提供目标、方向和

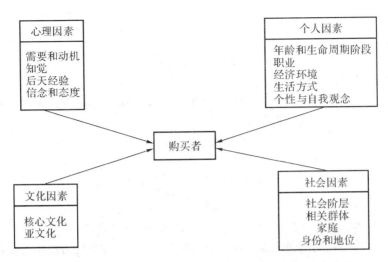

图 1.22　影响消费客户购买行为的主要因素

选择标准;二是文化的渗透性可以在新的区域中创造出新的需求;三是文化自身所具有的广泛性和普及性使消费客户个人的购买行为具有攀比性和模仿性。所以,营销人员在选择目标市场和制订营销方案时,必须了解各种不同的文化和亚文化群的特点,针对这些特点推出汽车新产品,增设新服务以吸引消费客户。

(1)核心文化。核心文化是人类欲求与行为最基本的决定因素,文化本身又包括语言、法律、宗教、风俗习惯、音乐、艺术、工作方式及其他给社会带来独特情趣影响的人为现象;就其对消费者行为影响的角度而言,文化是后天学习来的,是对某一特定社会成员消费行为直接产生影响的信念、价值观和习俗的总和。在现代文明中,汽车可能是司空见惯的商品,而在另一种文化下,如边远落后的地区,汽车对他们就毫无意义可言。

(2)亚文化。任何文化都包含着一些较小的群体或所谓的亚文化,它们以特定的认同感和社会影响力将各成员联系在一起,使这一群体持有特定的价值观念、生活格调和行为方式。一个消费者对产品的兴趣,会受这种亚文化的影响,诸如他的民族、宗教、种族和地理背景的影响。例如,美国通用汽车公司在南美波多黎各推销名为"诺巴"牌汽车,虽然该车性能良好、价格优惠,但销路却不畅,经过调查发现"诺巴"在西班牙评语中却是"不走"的意思,这种"不走"的汽车当然唤不起消费客户的购买热情,自然汽车也就不畅销了。

2.社会因素

消费者的购买行为还会受到社会因素的影响,这些社会因素主要有:相关群体、家庭、社会地位等。

(1)社会阶层。在市场营销学上,社会阶层是具有相对的同质性和持久性的社会群体,社会学家依据其职业、收入来源、受教育程度和价值及居住区域等对他们按层次进行排列的一种社会分类。不同层次的购买者由于具有不同的经济地位、价值观念、生活习惯和心理状态,并最终造成他们有不同的消费活动方式和购买方式。而同一阶层的成员都具有类似的行为、举止和价值观念。具体来说,同一阶层的成员具有以下几项特征:

①同一阶层的成员,行为大致相同;

②人们依据他们所处的社会阶层,可排列出其地位的高低;

③社会阶层不单由某一变数所决定,而是由他的职业、收入、财富、教育、价值观等综合决定;

④个人可能晋升到更高阶层,也可能下降到较低阶层。

研究客户的社会阶层对购买行为的影响,要求汽车企业的营销者对汽车市场进行细分,并制定有针对性的市场营销组合策略,即应当集中主要力量为某些特定的阶层(即目标市场)服务,而不是同时去满足所有阶层的需要。

(2)相关群体。相关群体是指能够影响购买者购买行为并与之相互作用的个人或团体。它一般可分为三类:

①紧密型群体。即与购买者个人关系密切、接触频繁、影响最大的群体,如家庭、邻里、同事等,这些群体往往对购买者行为产生直接影响。

②松散型群体。即与购买者个人关系一般、接触不太密切、但仍有一定影响的群体,如个人所参加的学会和其他社会团体等,他们往往对购买者的购买行为产生间接影响。

③渴望群体。即购买者个人并不是这些群体的成员,但却渴望成为其中一员,仰慕该类群体某些成员的名望、地位,而去效仿他们的消费模式与购买行为。这类群体的成员主要是各种社会名流,如文艺体育明星、政界要人、学术名流等等。这类群体影响面广,但对每个人的影响强度逊于前两个群体。

相关群体对消费客户购买行为的影响是潜移默化的。因为人类天生就具有趋同性和归属感,往往要根据相关群体的标准来评价自我行为,力图使自己在消费、工作、娱乐等方面同一定的团体保持一致。在这种意义上,相关群体对汽车产品消费客户购买行为的影响主要表现为三个方面:第一,示范性,即相关群体的消费行为和生活方式为消费客户提供了可供选择的模式;第二,仿效性,即相关群体的消费行为引起人们仿效的欲望,影响人们的商品选择;第三,一致性,即由于仿效而使消费行为趋于一致。相关群体对购买行为的影响程度视产品类别而定。研究表明,汽车消费客户的购买行为容易受到相关群体的影响。

(3)家庭。客户以个人或家庭为单位购买汽车时,家庭成员和其他有关人员在购买中往往起着不同作用并且相互影响。家庭对于汽车消费客户个人的影响极大,如消费客户的价值观、审美情趣、个人爱好、消费习惯等,大多是在家庭成员的影响与熏陶下形成的。在汽车消费客户购买决策的参与者中,家庭成员的影响作用是首位的。

家庭成员对购买决策的影响往往由家庭特点决定。家庭特点可根据家庭中谁有支配权、家庭成员的文化与社会阶层等方面的差别进行区分,家庭基本上可以分为四类:丈夫决策型、妻子决策型、协商决策型和自主决策型。私人汽车的购买,在买与不买的决策上,一般是协商决策型或丈夫决策型,但在款式或颜色的选择上,妻子的意见影响较大。从营销观点来看,了解家庭的购买行为类型,有利于营销者明确自己的促销对象。

(4)角色与地位。营销学中的角色地位是指个人购买者在不同的场合所扮演的角色及所处的社会地位。周围的人都会对每个角色所从事的行动抱着某种期望,并对他的购买行为有所影响。地位是伴随着角色而来的,两者是一体两面,每一种身份又都附有一种地位,反映社会对他的一般尊重。汽车消费客户在购买汽车时常常会利用汽车不同的品牌、颜色、价格等方式表明他们的社会身份和地位,因而角色与地位对个人造成某些限制和规范。例如,单位经理开夏利轿车,其单位的一般职员一般就不会开别克轿车。

在这些因素中,购买者的家庭成员对购买者的行为显然影响是最强烈的。一般人在整个人生历程中所受的家庭影响,基本上都来自两方面。一是来自自己的父母,每个人都会由双亲直接教导和潜移默化获得许多心智倾向和知识,如宗教、政治、经济以及各人的抱负、爱憎、价值观等。甚至许多消费者在与父母不在一起相处的情况下,父母对其潜意识行为的影响仍然很深、很强烈。至于在那些习惯于父母与子女不分居的国家,这种影响更具有决定性的意义,我国便是如此。

3.个人因素

通常,在文化、社会各方面因素大致相同的情况下,仍然存在着汽车消费客户购买行为差异极大的现象,其中的主要原因就在于消费客户之间还存在着年龄、职业、收入、生活方式和个性等个人情况的差别。其中个性和自我观念对消费客户购买行为的影响最大。

(1)年龄和生命周期的阶段性。人们不仅会在不同的年龄阶段上有不同的消费心理和购买行为,而且还会随着年龄的增长而不断改变其购买行为,这是年龄对于消费客户购买决策的直接影响。它的间接影响则是它还往往会影响社会的婚姻家庭状况,从而使家庭也具有了生命周期。西方学术界通常把家庭生命周期划分为九个阶段,即:

①单身期。指离开父母后独居,并有固定收入的青年时期。几乎没有经济负担,是新观念的带头人。

②新婚期。指新婚的年轻夫妻,无子女阶段。经济条件比下一阶段要好,购买力强,耐用品购买力高。

③"满巢"Ⅰ期。指子女在6岁以下,处于学龄前儿童阶段。处于家庭用品采购的高峰期,流动资产比较少,喜欢新产品,对广告宣传的产品较感兴趣。

④"满巢"Ⅱ期。子女在6岁以上,处于已经入学的阶段。经济状况较好,购买行为日趋理性化,对广告不敏感。

⑤"满巢"Ⅲ期。结婚已久,子女已长成,但仍需抚养的阶段。

⑥"空巢"Ⅰ期。子女业已成人分居,夫妻仍有工作能力的阶段。

⑦"空巢"Ⅱ期。已退休的老年夫妻,子女离家分居的阶段。

⑧鳏寡就业期。独居老人,但尚有工作能力的阶段。

⑨鳏寡退休期。独居老人,已经退休的阶段。

一般说来,处于不同阶段的家庭,其需求特点是不同的,企业在进行营销时只有明确目标客户所处的生命周期阶段,才能拟定适当的营销计划。对汽车营销而言,面临的家庭阶段主要是处于"满巢"期的各类客户。

(2)职业。职业状况对于人们的需求和兴趣有着重大影响。通常,汽车企业在制订营销计划时,必须分析营销所面对的消费客户的职业状况,在产品细分许可的条件下,注意开发适合于特定职业消费需要的汽车品种。

(3)经济状况。经济状况指客户可支配收入(收入水平、稳定性和时间分布)、储蓄与资产(资产多寡、比例结构、流动性如何)、负债和借贷(信用、期限、付款条件等)的能力。经济状况是决定汽车消费客户购买行为的首要因素,对购买行为有直接影响。它对于汽车企业营销的重要性就在于,有助于了解消费客户的可支配收入变化情况,他们的个人和家庭的购买能力,以及人们对消费和储蓄的态度等。汽车企业要不断注意经济发展趋势对消费客户的经济状况的影响,应针对不同的实际经济发展状况来调整营销策略,如重新设计产品、调整价格,或者减少产量和存货,或者采取一些其他应变措施,以便继续吸引目标消费者。

（4）生活方式。生活方式指人们在生活中表现出来的支配时间、金钱以及精力的方式。近年来，生活方式对消费行为影响力越来越大。不同的生活方式群体对产品和品牌有不同的消费需求，营销人员应设法从多种角度区分不同生活方式的群体。在汽车企业与消费客户的买卖关系中，一方面消费客户要按照自己的爱好选择汽车，以符合其生活方式；另一方面汽车企业也要尽可能提供合适的汽车产品，使其能够满足消费客户生活方式的需要。

（5）个性和自我观念。个性是影响消费客户购买行为的另一个重要因素。它所指的是个人的心理特征，与其相关联的另一个概念是购买者的自我观念或自我形象。个性导致对自身所处环境相对一致和连续不断的反应，主要由个人的气质、性格、兴趣和经验所构成。一个人的个性影响着他的汽车消费需求和对市场营销因素的反应。事实上，汽车消费客户越来越多地用不同风格汽车产品来展示自己的个性和表现自己。对于汽车企业营销来说，了解消费客户的个性特征，可以帮助企业确立正确的符合目标消费者个性特征的汽车品牌形象。

4.心理因素

一个人的购买行为会受到四个主要心理因素的影响。这些因素是：需要和动机、知觉、后天经验、信念和态度。

（1）需要和动机。消费者为什么购买某种产品，为什么对企业的营销刺激有着这样而不是那样的反应，在很大程度上是和消费者的购买动机密切联系在一起的。购买动机研究就是探究购买行为的原因，即寻求对购买行为的解释，以使企业营销人员更深刻地把握消费者行为，在此基础上做出有效的营销决策。

①消费者的需要。消费者需要是指消费者生理和心理上的匮乏状态，即感到缺少些什么，从而想获得它们的状态。需要是和人的活动紧密联系在一起的。人们购买产品，接受服务，都是为了满足一定的需要。一种需要满足后，又会产生新的需要。因此，人的需要绝不会有被完全满足和终结的时候。正是需要的无限发展性，决定了人类活动的长久性和永恒性。

满足需求的过程如图1.23所示。

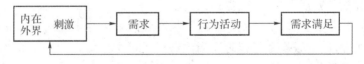

图1.23 消费客户需求满足过程

那么人的需要有何规律呢？关于这方面的理论有很多，主要可自行深入学习一下马斯洛的需要层次论，这里就不展开叙述了。

②消费者的动机。按心理学的一般观点，动机是引起个体活动，维持已引起的活动，并促使活动朝向某一目标进行的内在作用。人的行为受动机的支配，而动机则是由需要驱使、刺激强化和目标诱导三种要素相互作用的一种合力。当人们产生的某种需要未得到满足或受到外界刺激时，就会形成一种内在动机，再由动机而促使人们采取满足需要的行为，这就是心理学所指的动机。在这种意义上，一个人的购买动机就是一种被刺激的需要，它是以迫使人们采取相应的行动来获得满足。人们从事任何活动都由一定动机所引起。引起动机有内外两类条件，内在条件是需要，外在条件是诱因。汽车消费客户的动机所支配的是他们的

购买行为,弄清消费者动机生成的机理,对于企业市场营销具有重要意义。但动机是一个很复杂的系统,一种行为常常包含着各种不同的动机,而不同的动机有可能表现出同样的行为,相同的动机也可能有不同的行为。

购买动机虽源于需要,但商品的效用才是形成购买动机的根本条件。如果商品没有效用或效用不大,即使购买者具备购买能力,购买者也不会对该商品产生强烈的购买动机。反之,如果效用很大,即使购买者购买能力不足,购买者可能筹措资金也要购买。

商品的效用是指商品所具有的能够满足客户某种需要的功效。就汽车功效而言,不同车型、不同品种的汽车具有不同的功效。但同样的汽车,对不同的购买者和不同用途来说,其功效也是不同的。例如,对运输经营者来说,汽车的功效在于能够获取经济效益,这种经济效益是指在汽车使用期内,在扣除成本和税费之后的纯收益,收益越大则功效越大,因而低档轿车的功效可能就比中高档轿车大;而对三资企业的商务活动而言,轿车的功效在于作为代步工具,且应体现企业形象,因而中高档轿车的功效就比低档轿车大。这表明,同样的轿车品种对不同的购买者,具有不同的功效。

严格地说,消费者的购买行为受商品"边际效用"的影响。边际效用越大,购买动机就越强。所谓的边际效用,是指购买者对某种商品再增加一个单位的消费时,该种商品能够为购买者带来的效用增量。客观上,随着消费数量的增加,商品的边际效用存在着递减现象,这就是"边际效用递减法则"。例如,一个家庭在购买了第一辆轿车后,便会感觉到它为家庭带来的功效很大;当再购买第二辆轿车后,就会感觉到第二辆轿车为家庭所带来的功效就不如第一辆的大;当再购买第三辆轿车时,这个家庭会感觉到其实第三辆车是可以不用购买的,甚至还会觉得它存放困难,还要为它的防盗、保养担心。这表明,随着这个家庭购买轿车数量的增加,轿车带来的边际效用逐步减小。这一法则对任何商品的消费都是起作用的。

边际效用递减法则可用图 1.24 表示。显然,当购买量分别为 A 和 B 时,$A+1$ 对应的效用增量 ΔE_1 大于 $B+1$ 相应的效用增量 ΔE_2。上述法则的营销意义是,企业可采取各种措施,如降低产品价格、提高质量、延长寿命、增加功能等,增加产品的边际效用,从而达到增加销售的目的。另外,当边际效用为零时,表示商品需求趋于饱和,借此可以预测商品的市场需求容量。

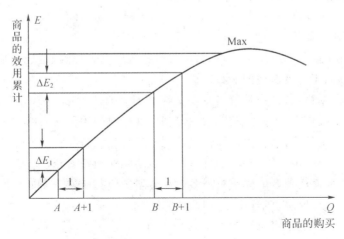

图 1.24 边际效用递减法则

下面介绍一下消费者的具体购买动机,主要有以下一些:

①求实动机:它是指消费者以追求商品或服务的使用价值为主导倾向的购买动机。在这种动机支配下,消费者在选购商品时,特别重视商品的质量、功效,要求一分钱一分货,相对而言,对商品的象征意义,所显示的"个性",商品的造型与款式等不是特别强调。比如,消费客户在购买农用车、轻型车、微型车时,这种求实购买动机就较常见。

②求新动机:它是指消费者以追求商品、服务的时尚、新颖、奇特为主导倾向的购买动机。在这种动机支配下,消费者选择产品时,特别注重商品的款式、色泽、流行性、独特性与新颖性,相对而言,产品的耐用性、价格等成为次要的考虑因素。一般而言,在收入水平比较高的人群以及青年群体中,求新的购买动机比较常见。他们在选购汽车时注意追求汽车的造型新颖和别致,是新产品的倡导者。

③求美动机:它是指消费者以追求商品欣赏价值和艺术价值为主要倾向的购买动机。在这种动机支配下,消费者选购商品时特别重视商品的颜色、造型、外观、包装等因素,讲究商品的造型美、装潢美和艺术美。求美动机的核心是讲求赏心悦目,注重商品的美化作用和美化效果,它在受教育程度较高的群体以及从事文化、教育等工作的人群中是比较常见的。据一项对近400名各类消费者的调查发现,在购买活动中首先考虑商品美观、漂亮和具有艺术性的人占被调查总人数的41.2%,居第一位。而在这中间,大学生和从事教育工作、机关工作及文化艺术工作的人占80%以上。

④求名动机:它是指消费者以追求名牌、高档商品,借以显示或提高自己的身份、地位而形成的购买动机。当前,在一些高收入层、大中学生中,求名购买动机比较明显。求名动机形成的原因实际上是相当复杂的。购买名牌商品,除了有显示身份、地位、富有和表现自我等作用以外,还隐含着减少购买风险、简化决策程序和节省购买时间等多方面考虑因素。

⑤求廉动机:它是指消费者以追求商品、服务的价格低廉为主导倾向的购买动机。在求廉动机的驱使下,消费者选择商品以价格为第一考虑因素。他们宁肯多花体力和精力,多方面了解、比较产品价格差异,选择价格便宜的产品。相对而言,持求廉动机的消费者对商品质量、花色、款式、包装、品牌等不是十分挑剔,而对降价、折让等促销活动怀有较大兴趣。

⑥求便动机:它是指消费者以追求商品购买和使用过程中的省时、便利为主导倾向的购买动机。在求便动机支配下,消费者对时间、效率特别重视,对商品本身则不甚挑剔。他们特别关心能否快速方便地买到商品,讨厌过长的候购时间和过低的销售效率,对购买的商品要求携带方便,便于使用和维修。一般而言,成就感比较高,时间机会成本比较大,时间观念比较强的人,更倾向于持有求便的购买动机。

⑦模仿或从众动机:它是指消费者在购买商品时自觉不自觉地模仿他人的购买行为而形成的购买动机。模仿是一种很普遍的社会现象,其形成的原因多种多样。有出于仰慕、钦羡和获得认同而产生的模仿;有由于惧怕风险、保守而产生的模仿;有缺乏主见,随大流或随波逐流而产生的模仿。不管缘于何种原因,持模仿动机的消费者,其购买行为受他人影响比较大。一般而言,普通消费者的模仿对象多是社会名流或其所崇拜、仰慕的偶像。电视广告中经常出现某些歌星、影星、体育明星使用某种产品的画面或镜头,目的之一就是要刺激大众的模仿动机,促进产品销售。

⑧好癖动机:它是指消费者以满足个人特殊兴趣、爱好为主导倾向的购买动机。其核心是为了满足某种嗜好、情趣。具有这种动机的消费者,大多出于生活习惯或个人癖好而购买

某些类型的商品。比如,国外的汽车收藏者,他们对汽车的选择以符合自己的需要为标准,不关注其他方面。

以上我们对消费者在购买过程中呈现的一些主要购买动机作了分析。需要指出的是,上述购买动机绝不是彼此孤立的,而是相互交错、相互制约的。在有些情况下,一种动机居支配地位,其他动机起辅助作用;在另外一些情况下,可能是另外的动机起主导作用,或者是几种动机共同起作用。因此,在调查、了解和研究过程中,对消费者购买动机切忌作静态和简单的分析。

(2)感觉。这是影响个人购买行为的另一个重要心理因素。一个被动机驱使的人随时准备着行动,但具体如何行动则取决于他对情境的感觉如何,两个处于同样情境的人,由于对情境的感觉不同,其行为可能大不相同。具体来说,人们对相同的刺激所以会有不同的知觉,主要是由于下列三种感觉加工处理程序所引起,即由选择感觉、选择扭曲、选择记忆三种加工处理程序所引起。

1)选择感觉。一个人不可能全部接收他所接触的任何信息,有的注意,有的被忽略掉。一般说来,影响购买者愿意接收信息的原因约有下列几种情况:①购买者的眼前需求,即购买者最近的需求使其易于接收那些有助于满足此种需求的信息。②购买者所持的态度和看法的信息,而拒接那些与其态度和看法相冲突的信息。③购买者不太知道或缺乏知识的领域。购买者对于有关这些方面的信息一般也较关心和注意接收。

在市场营销领域中,包装、价格、广告、品牌等都是潜在消费者接收与否的信息。如果公司和企业要使自己所发布的消息或为购买者可接收的信息,首先必须使这些消息与消费者的需求和看法协调一致。另外,这些消息还必须减少消费者的存疑,并能提供意味深长的信息。

2)选择扭曲。有些信息甚至还为购买者注意和接收,但其影响作用不一定会与信息发布者原来所预期的相同。因为在购买者对其所接收信息进行加工处理的过程中,每一个人都会按照自己的一套方法加以组织和解释。也就是说,购买者一旦将信息接收过来,就会将它扭曲,使其与自己的观点和以前接收的信息协调一致起来,因此就使得接收到相同信息的购买者会有不同的感觉。

3)选择记忆。人们对其接触、了解过的许多东西常常会遗忘,仅只记得那些与其观点、意气相投的信息,即购买者往往会记住自己喜爱品牌的优点,而忘掉其他竞争品牌的优点。

正由于上述三种感觉加工处理程序,使得同样数量和内容的信息,对不同的购买者会产生不同的反应,而且都会在一定程度上阻碍购买者对信息的接收。这就要求市场营销人员必须采取相应的市场营销策略,如大力加强广告宣传,不断提高和改善商品的质量和外观造型、包装装潢等,以打破各种感觉障碍,使本公司和企业的商品信息更易为消费者所注意、了解和接收。

(3)后天经验。所谓后天经验就是指影响人们改变行为的经验。它既可表现为公开行动的改变,也可表现为语言上和思想上的改变。后天经验论者认为:人们的购买动机除了少数基于本能反应和暂时生理状态(如饥饿)外,大多数是后天形成的;人类后天经验的形成是驱力、刺激物、提示物、反应和强化相互作用的结果。

驱力或动机,是引发行动的内在动力;反应则是指消费者为满足某一动机所做出的反应或选择;刺激物或提示物则是决定人们何时、何处以及如何反应的微弱刺激因素;强化则是指如果某一反应能使消费者获得满足,那么消费者便会不断做出相同的反应和选择。

后天经验理论对市场营销人员有多方面的意义:首先,它说明要发挥市场营销作用就要按一定的价格、在一定的地点和时间将商品提供给消费者满足其需求(驱力所向的需求)。其次,既然购买是需求的反应,企业必须广泛运用信息通报手段,通过说明各种疑难问题的解决办法,促进动机实现或使反应强化等来使购买者产生需求欲,进一步做出购买反应。

(4)态度和信念。一般说来,态度和信念之间的区别是不大的。按照心理学家和社会学家通常的说法,态度是指人们对于某些刺激因素或刺激物以一定方式表现的行动倾向,信念则是态度的词语表述,即两者不过是同一物的表里关系。态度对任何人的生活都有影响,它影响个人对其他人、其他事物和事件的判断方式和反应方式。因此人们生活的许多方面都受到自己所持态度的支配。

态度可看成是"认识—动情—追求"的三部曲,或者说,态度是由认识、动情、追求三部分组成的。

作为企业,应注意研究消费者态度的形成过程,以引导消费客户对企业及产品产生肯定的正方向的态度,这对企业产品的销售是极其有利的。

单元二 车辆展示的方法与技巧

一、汽车商品知识

如果汽车销售顾问能够像修车技师那样熟悉汽车的各种复杂的技术,那么他一定可以成功地销售出许多汽车。这个看法有道理吗? 实际上,在美国、欧洲汽车市场,汽车维修人员销售汽车的能力远远比不过专业的汽车销售顾问,因为在购买汽车的潜在客户面前,维修人员的主要职能是维修汽车,而销售顾问的主要职能是根据客户的切实需求,推荐符合他们需求的恰当的汽车,而并不需要对汽车的具体技术细节知之甚多。所以,汽车销售顾问并不一定需要精深的汽车专业知识,但也不能是一个"车盲"。

国内有家知名商务顾问公司经过对汽车消费者的调研后发现,中国汽车消费者在完整的汽车采购过程中,大致会问到 48 个问题,这些问题可以归纳为三个方面:商务问题、技术问题以及利益问题。

所有有关客户采购过程中的与金额、货币、付款周期及其交接车时间有关的问题都属于商务问题。诸如付款方式、讨价还价等问题。

技术问题很容易理解,所有有关汽车技术方面的常识、技术原理、设计思想、材料的使用等都可以归纳为技术方面的问题。

利益问题则是指客户关心的、对自己使用汽车产生的作用方面的问题。比如四通道 ABS 对我行车安全有什么帮助,就属于利益问题。客户在采购汽车的过程中问到的许多问题,其表面上看多数是商务问题或者是技术问题,但其实质应该算是利益问题。在某种程度上,客户关心 ABS 的通道似乎是一个技术问题,但其实,客户关心的是这个四通道对其在行车时的安全有什么帮助。

经过对 894 个汽车消费者问卷的统计,我们知道,客户实际上更加看重汽车销售顾问对客户利益的理解程度。如,客户在采购过程中提问的问题方面,表面是技术问题,但实质是利益问题的数量占总提问数量的 73%,绝对的技术问题占 9%,商务问题占 18%。由此可见,实际工作中,汽车销售顾问应该站在理解客户利益的角度去理解汽车的产品知识。

一辆汽车从其使用的材料、外型设计、各种动力技术,到空调、音响等组成,是一个非常复杂的产品。在掌握复杂产品销售的时候,必须牢记,客户并不关心你的技术到底是如何领先的,他们关心的是这些技术对他们来说的利益是什么,而销售顾问首先必须非常清楚一个汽车从几个大的方面来了解就可以全面、完整地概括了一个复杂的产品。

我们以奥迪 A6L 2.4 技术领先型的车来解释作为一个汽车销售顾问应该了解的技术知识点。

整车性能参数:

变速箱型式:multitronic 无级/手动一体式

最大输出功率(kW/rpm):121/6000

最大输出扭矩(N·m/rpm):230/3200

风阻系数:0.321

最高车速(km/h):216

0—100km/h 的加速时间:9.7 秒

整车尺寸:长×宽×高(mm):4886×1810×1475

行李箱容积:487 升

整车质量:1545kg

经济性:90km/h 的等速油耗,每百公里:6.8 升

轮胎、轮毂:205/55R16V7J×167 辐(205/55R16Y7J×166 辐为运动选装专用)

油箱容积(L):70

发动机型式:2.4升/V6缸/5气门/电控多点燃油喷射/双顶置凸轮轴/可变相位可变长度进气歧管

安全装置:ABS 电子防抱死系统;ASR 电子防滑系统;EBD 电子制动分配装置;EDS 电子差速锁;司机及副司机安全气囊;侧安全气囊;带爆炸式张紧装置的三点式安全带;前后座椅头枕;高位第三刹车灯;行驶稳定悬挂系统;防止乘客舱变形的车身积压区;四加强侧防撞梁车门。

防盗系统:遥控中央门锁及行李箱锁;发动机启动防盗锁止系统;防盗报警系统。

功能性装置:驾驶信息系统;前后及高度可调式转向柱;加热式玻璃清洗喷嘴;雨刷间隔控制器;电动加热外后视镜;车门显示灯;前后脚灯;4 阅读灯;化妆镜照明灯;8 扬声器"音乐厅"音响;手机准备系统;前后座椅中间扶手;急救用品箱;前后杯架;舒适型自动空调;隔热玻璃;外部温度显示器;灰尘、花粉过滤器。

豪华舒适型:真皮座椅;前后座椅加热装置;真皮方向盘;木纹装饰条;电动后风窗防晒帘。

技术领先型:带记忆电动外后视镜;带记忆前电动座椅;APS 倒车报警装置;定速巡航装置;动力转向随速助力调节系统。

附加选装:双氙灯;灯光范围自动调节装置;大灯清洗装置;前电动座椅;座椅腰部支撑;六碟 CD 换碟机。

当销售顾问向客户介绍汽车产品的时候,不应该将汽车的所有技术参数或特点都事无巨细,一一介绍,一一罗列在客户面前,而是应该有针对性地将产品的各种特征概括为五个方面来论述,而且一定要努力让客户接受这个理念:即造型与美观,动力与操控,舒适实用性,安全能力以及超值性的表现。要想成为一个优秀的汽车销售顾问,首先应该从这个出发点来学习产品,牢记汽车的五个方面,不能给客户留下不熟悉的印象。客户关心的也就是这五个方面能给他带来的利益。

一个车只要从这五个方面来了解,就非常完善了,而且没有遗漏。而每一个方面至少必须可以陈述出 3 个具体的要点。比如,动力操控性的三个要点可以是,低速扭力大,多点燃油喷射,全时四驱。具体的要点可以从以下几个方面考虑。

①造型与美观:流线型车身,车灯的设计,形状设计等;

②动力与操控:发动机动力,油耗,驱动性,悬挂性能设计等;

③舒适实用性:储物空间,人员空间,车门开启,进入的难易等;

④安全能力:主动安全,被动安全,安全新技术的应用;

⑤超值能力:空调区域,品牌,品质等。

我们在学习了汽车产品的五个方面之后还会碰到一个问题,那就是在销售过程中对产品的描述方法。一个重要的销售技能就是掌握如何将复杂的技术描述转化为客户能够理解的对他们自身利益的描述。这就是我们将要学习的对产品的特征、优点、利益的销售陈述(即 FAB 介绍法)。

二、FAB 介绍法

销售顾问在向客户介绍汽车产品时常采用"特征(Feature)、优点(Advantage)、利益(Benefit)"(即 FAB)陈述法。同样地,销售顾问在准备产品知识时也应从特征、优点和利益三个方面去准备。

一个产品的特征就是:关于该产品的事实、数据和确定的信息。如奥迪 A6 2.4 技术领先型的轿车有四个安全气囊;有防盗报警系统;有 ABS 电子防抱死安全制动系统等。客户在听到描述这些特征的时候,容易将其中的一些特征与它们对自己的好处联系起来,但还有许多对特征的描述是难以完全理解的,例如具备 ABS 系统,多数客户都知道一辆好车应该具备这个电子系统,但是,这个电子系统到底是如何与自己的安全联系起来的,很少人可以说得清楚。因此,销售顾问在对产品的描述上就需要表达因此特征而对客户产生的好处,即产品的优点。任何一个产品特征都可以转换成相应的产品优点。

一个产品的优点就是:该特征是如何使用的,以及是如何帮助客户解决问题的。比如,儿童锁可以防止儿童在后座上无意中打开车门,尤其是在行驶的时候避免因车门无意打开所造成的危险,从而提高了对儿童的安全保障。可见,产品的任何特征都可以转换为这样的优点陈述方法向客户介绍。但是,这也不能确保客户会对这个优点感同身受,如果这位客户家里没有儿童呢,那么在你详细描述这个优点的时候就无法与客户建立起直接的联系。因此,我们需要进一步提高描述产品的能力,那就是学习并熟练掌握对产品利益的描述方法。

一个产品的利益就是:该特征以及优点是如何满足客户表达出来的需求的。任何产品的任何特征以及任何优点都可以通过客户感知的利益的方法来陈述。

例如,当向客户介绍了该车具备 ABS 电子防抱死系统配置,这不过是一个特征的描述。

ABS名称本身也许已经说明了,它是在紧急制动的时候防止汽车轮胎停止转动后与地面开始滑动摩擦从而失去方向控制的装置。这个描述具体说明了ABS是如何起作用的,以及是在什么情况下发挥其作用的,但是,并没有从消费者需求的角度来看待这个问题。从消费者的需求角度来看,陈述ABS系统的利益会令消费者将这个优点与自己感受的实际情况结合起来。比如对于ABS这个技术特征,我们可以这样陈述:"您一定有多年的驾驶经验了,或者你也许有机会注意到一些有经验的司机师父,在遇到紧急情况时,不是完全将刹车踩死,而是会间断地放开刹车踏板,为什么呢,因为他们不愿意失去对车辆行驶方向的控制,在刹车的同时还可以控制方向盘,这个动作则表明那辆车一定是没有ABS系统。由此可见,ABS是在紧急制动的时候帮助司机获得对汽车方向控制的一个装置。"销售顾问这样的陈述方法就与客户的需求密切结合了起来,因此,对客户来说头脑中会留下足够的印象。

在许多时候,销售顾问是不需要详细地向客户讲述ABS电子防抱死系统的技术原理,一旦客户真的问到这个系统的时候,如果可以从特征、优点、利益全面地来介绍,那么,作为汽车销售顾问,你就会很快地赢得客户的信任,从而对于他从你这里采购所需要的汽车产生了重要的影响。

请用你学习到的产品特征、优点和利益的理解分析如下的叙述哪些是特征,哪些是优点,哪些是利益的描述。

大捷龙内饰豪华;

帕杰罗通过性好;

大切诺基是品牌产品;

内饰豪华可以体现车主的身份;

通过性好有利于越野能力;

良好的品牌让消费者放心;

如果开大捷龙接送客户,内饰的豪华让客户对你信心倍增;

如果你的地区路面不好,你一定需要越野车的出色的通过能力;

如果你想在越野车俱乐部与众不同,大切诺基就可以满足你的优越感;

大切诺基比较省油;

省油的性能完全可以节省您的日常开支;

如果你经常长途驾驶,你会有省油的需求,因此,大切诺基长途路程的省油特性完全满足您的需求;

如果您的儿童喜欢帕杰罗的天窗,你一定会发现天窗自动防夹手的功能一定有用;

帕杰罗天窗关闭有自动防夹手的功能;

乘坐大捷龙全家外出,你最担心自动门会意外夹到孩子,因此,你一定需要有防夹功能,大捷龙的自动门的这个功能满足你的需求。

表1.9给出一个汽车FAB陈述法模板,销售顾问在工作可以把你所销售的车型总结出这样一个表格清单,以便于学习及应用。

表 1.9　汽车 FAB 陈述法模板

特征	优点	利益
如:奥迪 A6 2.4 技术领先型轿车具有 ABS 电子防抱死系统	该系统可以在紧急制动的时候帮助司机获得对汽车方向的控制	你的车经常会在高速公路上以高速行驶,该系统能使你在行驶时更加安全
……	……	……

"特征、优点、利益"(FAB)陈述法是非常重要的产品介绍方法,应加强这方面的知识准备,并不断地训练自己,以达到非常熟练为止。

三、车辆静态展示方法与技巧

车辆展示是销售过程中非常重要的一环,其目的是为了让消费者更详细地了解产品,相信产品的性能及其所带来的利益能满足客户的需求,进而做出购买决定。

有时尽管产品很好,有的销售顾问由于不了解客户个性,不了解客户真的想了解什么,而一味地介绍自己的产品,反而达不到预期的效果。下面就叙述一下车辆展示的方法和技巧。

（一）六分销售步骤

车行展厅中展示车辆,时常有一个标准的流程,这个流程就是我们常说的六分销售步骤,也称为环绕介绍法。

所谓环绕介绍法,就是环绕汽车产品对汽车的六个部位进行介绍,以此来展示汽车产品。这六个部位如图 1.25 所示。

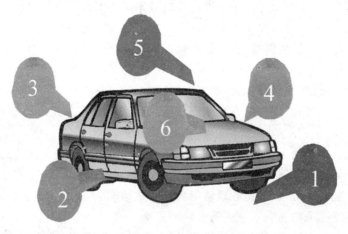

图 1.25　六分销售步骤

下面较详细地介绍一下六分销售步骤的主要内容。

步骤一,如图 1.25 中 1 所示位置。该位置为汽车的前部,这一步是开始的位置,是留给客户第一印象处,在该处需要向客户陈述的主要内容有:

①前车灯特性;

②前挡风玻璃；

③越野车的接近角；

④品牌特征；

⑤车身高度；

⑥通风散热装置；

⑦大型蝴蝶雨刷设备；

⑧保险杠设计。

步骤二，如图1.25中2所示位置。该位置为副驾驶位一侧，此处需要向客户陈述的主要内容有：

①汽车进入特性；

②侧面的安全性；

③侧面玻璃提供的视野情况；

④品牌特征；

⑤车身高度；

⑥通风散热装置；

⑦大型蝴蝶雨刷设备；

⑧保险杠设计。

步骤三，如图1.25中3所示位置。该位置为汽车后部，这是一个过渡的位置，但是车的许多功能可以在这里介绍。在该位置，切记要征求客户的意见，如果客户有额外的问题，请他们在你全面介绍后仔细回答。

该处需要向客户陈述的主要内容有：

①后门开启的方便性；

②存放物体的容积大小；

③汽车的扰流板（尾翼）；

④越野车的离去角；

⑤后排座椅的易拆性；

⑥后视窗的雨刷；

⑦备胎的位置设计；

⑧尾灯的设计。

步骤四，如图1.25中4所示位置。该位置为驾驶位，这也是一个过渡的位置，在该位置要争取客户参与你的介绍过程，邀请他们开门、触摸车窗、轮胎等。此时回答客户的一些提问，如果是关于发动机的性能方面的，你可以告知我们到6号位置时介绍，其他关于车辆的外型、安全、功能以及超值性你都可以回答，并且根据需要引导客户到车内亲自体验。如果客户本人就是未来这个车的驾驶员，那么邀请他到驾驶座位上，如果不是驾驶员，也许你应该邀请他到其他的座位上体验车辆的豪华、设计的造诣等。

如果客户要求坐到驾驶位置上，你应该采用蹲的姿势向客户解释各种操作方法，包括雨刮器的操作、挂挡、仪表盘的介绍等。

该处需要向客户陈述的主要内容有：

①座椅的多方向调控介绍；

②方向盘的调控；

③视野；

④腿部空间的感觉；

⑤气囊以及安全带；

⑥制动系统的介绍；

⑦操作方便性，音响、空调等；

⑧车门的控制等。

步骤五，如图1.25中5所示位置。该位置是一个灵活的变化的位置。如果客户进入车内的乘客位置，你应该给予细致的解释，注意观察客户感兴趣的方面。

步骤六，如图1.25中6所示位置。该位置为发动机室的位置。这是一个很重要的位置，因为介绍车时，发动机是非常重要的一个方面。在此位置，可以将前盖示范地打开，根据客户的情况把握介绍的内容，而且一定要征求客户的意见，是否要介绍发动机。

该处可以向客户陈述的主要内容有：

①发动机的布局；

②添加机油等液体的容器；

③发动机悬挂避震设计；

④节油的方式；

⑤环保设计，排气的环节；

⑥散热设备的设计与摆放。

这样规范化的汽车产品展示流程首先是由奔驰车启用的，在启用的初期并不完善，后来被日本丰田公司的凌志汽车采用并发扬光大。经过调研，一个汽车消费者要在车行大约花费90分钟，销售顾问平均用40分钟来做汽车展示。所以，这样的一个由6个标准步骤组成的展示应该使用40分钟的时间，其中每个步骤大约花费7分钟（有的步骤时间可以用得短些，有的则要长一些，比如，第4个步骤和第5个步骤就比较耗费时间）。

对于汽车展示的要求是，熟悉在各个不同位置应该阐述的对应的汽车特征带给客户的利益，即展示汽车独到的设计和领先的技术，并通过展示来印证这些特性满足客户利益的方法和途径。

（二）车辆静态展示的技巧

车辆静态展示是汽车销售过程中非常重要的一步，也是说服客户的关键一步。通过调研发现，在展示过程中做出购买决策的占最终购买的70%。通过车辆静态展示，可以充分地向客户展示你的汽车的特性，尤其是它的不同于其他汽车产品的独到之处和它能满足客户需求的不可替代之处。然而，要完美地展示车辆却不是那么容易的，它需要独特的技巧和销售顾问非凡慧眼才能做到。

汽车销售顾问在汽车展示过程中，需要注意四个方面的问题：

①显示自我的服务意识和态度；

②显示寻找客户需求并满足其需求的热情；

③显示丰富的专业知识以及业务知识；

④显示产品的利益和价值，尤其是那些从外表不容易看到的价值点。

四、试乘试驾

试乘试驾是让客户感性地了解车辆有关信息的最好机会,通过切身的体会和驾乘感受,客户可以加深对销售顾问口头说明的认同,强化其购买信心。在试乘试驾过程中,销售顾问应让客户集中精神进行体验,并针对客户需求和购买动机适时地进行解释说明,建立其信心。

（一）试乘试驾的目的

让客户对产品有切身的感性的体验;通过试乘试驾建立客户对产品的信心,激发客户的购买欲望;通过试乘试驾收集更多的客户资料,便于促进销售。

（二）试乘试驾流程

1.试乘试驾前的准备

主要包括:人员的准备;路线的准备;如何凸显车辆优势的准备;展车的准备;试驾时间的准备。

2.客户来店时

这时要求客户做到:

试驾客户必须出示驾照;

试驾客户必须在《试驾同意书》上签字;

另外,此时还需向客户介绍清楚试乘试驾的其他相关注意事项,尤其是安全问题。

3.试乘试驾的执行

首先由销售顾问驾驶,此时要做到如下几点:

试乘前先给客户一个试乘试驾概述,介绍试乘试驾路线、规范、试乘试驾时间。

试乘开始前,先协助调整座椅,介绍仪表板上功能及各项操作,前后座乘员均应系上安全带。

在不同试乘路段,销售顾问应简单描述体验重点;并遵守交通法规,给予客户示范标准安全驾驶。

客户试乘试驾时演示介绍重点。

到指定地点后换手,此时要做到以下几点:

协助客户调整座椅、方向盘、后视镜,并系好安全带。

提醒客户正确的驾驶方式。

保持安全车距,不要超速,不可超越前车。

提醒前面路况及应采取动作。

及时纠正试驾人员不良驾驶行为和动作。

让客户专心驾驶,不作车辆介绍。

4.试乘试驾的结束及资料登记

利用《意见调查表》,引导客户回展厅(休息区);

请客户填写《意见调查表》并询问客户订约意向;

利用客户抗拒点适时利用展车再次解说,促成订约;

向客户赠送小礼品；

送客户离去；

完成各项文件记录。

试乘试驾是车辆动态展示的过程，介绍时应重点根据客户所关心的或有异议的技术特点进行展示，一定要注意有的放矢，另外，在试乘试驾过程中，控制好与客户间的人际关系也是非常重要的。在此就不一一介绍了。

1.2.3 任务实施

典型学习情境一：商品知识的准备

1.客户所关心车型的历史、设计理念、商品定位你了解吗？

2.客户所关心车型的主要的技术参数、特征、优点以及能给特定客户带来什么样的利益清楚了吗？

3.客户所关心车型的主要竞品你熟悉吗？

4.车辆展示的方法及相关话术，你都熟练了吗？

典型学习情境二：静态展示车辆

5.要展示的车辆展厅内有没有准备好？如何准备？

6.应该从车辆的哪个位置开始为客户介绍商品？

7.在展车旁介绍推荐车辆时，客户有没有积极参与？如何判断客户的情绪？

8.你有没有很好地运用包括车型资料在内的各种工具进行辅助说明？

9.有没有在成交时机出现时，及时向客户建议成交？

10. 要主动向客户发出试乘试驾的邀请。

典型学习情境三：为客户做试乘试驾

11. 请叙述试乘试驾的目的和流程。

12. 试乘试驾相关文件准备好了没有？

13. 客户约好了吗？

请把与客户预约的相关内容填入表 1.10 中。

表 1.10 客户预约表

客户姓名	联系电话	驾照有无	意向车型	试乘试驾时间	试乘试驾线路	同行人数	约定内容	备注

14. 试乘试驾时如何接待客户？

检验客户的驾照后，重点要向客户说明试乘试驾的流程及相关要求，尤其是安全的相关规定。要让客户亲自在试乘试驾协议上签名。

15. 试乘试驾开始时，销售顾问要做示范驾驶，此时应如何做，并要注意哪些方面？

16. 换手如何进行？

17. 客户试驾时，销售顾问应如何做？

18. 试乘试驾结束时，你赞扬客户了吗？

19. 试乘试驾结束后，你有没有邀请客户到展厅休息，并填写试乘试驾意见表？

20. 要适时地询问客户的订约意向。

21. 与客户约好下次见面的时间或联系方法了吗？

22. 客户离去后，要及时填写客户信息，注明客户的驾驶特性和关注点，以便进一步跟踪。

1.2.4 任务评价

任务完成后，需要通过自我评价与反馈，看是否达到了预定要求，如果未达到既定学习目标，请调整学习计划进行自我完善。本学习任务可根据以下几个方面进行评价与反馈。

1. 你在实施任务前做好准备工作了吗？
2. 你对新车推介工作的要求与目的清楚了吗？
3. 你能在第一时间了解客户的个性，摸清楚客户的购买心理了吗？
4. 你了解客户的购买行为特点了吗？
5. 你让客户感到舒适并愿意回答你的问题了吗？
6. 你会用六分位绕车介绍法给客户介绍新车吗？
7. 你对新车的主要商品知识熟悉了多少？
8. 你会用 FAB 介绍法介绍新车了吗？
9. 你能为客户做试乘试驾了吗？
10. 你及时建议客户成交了吗？

如果自我评价未通过，请从以下几个方面进行调整学习计划再改进：

1. 结合本任务的复习思考题进行知识点的学习。
2. 通过展厅绕车介绍模拟演练进行技能操作训练。
3. 到汽车 4S 店进行观摩学习。

复习思考题

1. 什么是 FAB 介绍法？试举例说明。
2. 简述六分位绕车介绍法。
3. 简述试乘试驾的工作流程及要求。
4. 作为汽车销售顾问，你在介绍汽车时，必须将汽车的所有特点都事无巨细地向客户一一介绍。这种说法正确吗？
5. 概述客户对汽车产品关心的主要方面有哪些？以下是在向客户介绍汽车商品时常用的一些描述性语言，请问这些描述是在描述汽车的哪个方面？

● 世界各地过去 10 年售出的几百万吉普车还有 92% 仍然在路上飞驰。

● 福特飞鹰看起来真像是一个海豚。

● 发动机导致的噪音被控制住了。

● 这样庄重的外型符合您的身份。

● 预张紧安全带确保最高级别的人体安全。

● 方向盘位置可调对长时间驾驶有帮助。

● 走过的车多了就有了路,当然是越野车先开拓的。

● 空调可以为三个区域提供不同温度的冷风。

6.某省教育厅农村教育处要采购一辆越野车,来了三个人,一个处长,一个秘书,一个司机,请问:

● 他们侧重的汽车的方面一样吗?

● 司机重视汽车的哪些方面?

● 秘书重视汽车的哪些方面?

● 处长重视汽车的哪些方面?

7.什么是汽车消费客户?我国汽车消费者市场有何特点?

8.文化因素为什么能影响购买者的购买行为?

9.小案例分析

如何把消费者的潜在需求转化为现实需求。

张先生夫妇都是 40 岁左右的大学教师,现在每人月收入 8000 元左右,他们的儿子刚满十周岁。目前一家三口,刚买了新房,新房有三室一厅,100 多平方米。买新房花去了夫妻俩多年的积蓄,但尚无任何债务。只是新房在市郊,离单位路较远,小孩上学也不是很方便。夫妻生活稳定,无其他后顾之忧。

夫妻俩很想购买一辆私家车,以解决上班路远和小孩上学不便的问题,但又觉得目前车价太高,自己又不懂汽车方面的专业知识,怕上当受骗,故一直犹豫不决。如果你是一位汽车营销人员,你打算如何说服这一家庭购买你的汽车?

试用你所学过的知识结合课外学习资源,以此案例提供的信息为背景讨论以下问题:

(1)试从潜在需求和现实需求的关系来分析张先生一家的汽车需求。

(2)试从激发消费者的购买动机角度来分析如何说服张先生一家购买你的汽车?

(3)试讨论一下,如果你要为张先生一家介绍新车,你会重点介绍什么?

任务三　新车交易

1.3.1　任务引入

小徐向朱总他们推荐了一款新上市的奥迪 A4 3.0 四驱轿车,随即邀请三位到车边看车。小徐对车进行了六分位的绕车介绍,与此同时,通过提问与倾听技巧的运用,小徐对客户的需求又有了深入的了解,再加上适当的赞扬,小徐已基本取得了客户的信任。

就在看发动机室时,田小平不经意地问道"对了,这款车的价位如何?"

那么接下来,小徐该如何向客户报价呢?报价过程中会碰到销售中常见的客户异议,那又该如何处理呢?

当客户决定购买时,接下就是交易的具体手续的办理了,那么小徐又需要为客户办理哪些交易手续呢?小徐如何为客户提供这些服务才能既顺利完成新车交易全过程,又能保证客户满意,还能让客户以后持续来店做养护与维修呢?

我们把与客户进行价格商谈到交车及后续的跟踪回访的过程称为新车交易过程,因此,小徐接下来的任务就是为客户完成新车交易过程。

为客户完成新车交易是汽车销售顾问的主要工作任务,在本任务中,我们要完成的学习目标有:

1. 掌握新车交易的整个工作流程;

2. 能为客户准确报价;

3. 能解决各种客户异议;

4. 能独立办理相应的新车办证与交车手续;

5. 保持客户的高满意度。

1.3.2 知识准备

单元一 报价与缔结成交

一、报价方法

1. 产品的报价

产品价格是汽车商品价值的表现,是市场营销过程中一个非常重要、敏感的一个因素,也是大多数客户最关注的一个因素。所以很多销售顾问在面对报价的时候,都会有一种很大的心理障碍,报高了怕客户接受不了,无法成交;报低了怕还是没有办法满足客户的需求,而且会因此失去调整的空间。准确报价是销售顾问取得成功的一个关键因素,销售顾问可以在适当的时候采取合适的报价方法。

2. 报价的方法

报价看似是个很简单的问题,其实不然。报价太高,会把客人吓跑,太低了自己又吃亏,只有一个合理专业的报价,才能为我们赢来更多的客户。怎样才能做到合理报价呢?这里是有一定技巧的,关键是要看销售顾问能否准确地应用各种报价方法。

(1)顺向报价方法。顺向报价方法是一种传统的报价方法,买卖双方从自身的主观愿望出发,报出双方心目中的最理想价格,即卖方首先报出最高价格或买方报出低价。这种报价方法,价格中的虚报成分一般较多,为买卖双方的进一步磋商留下了空间。卖方报出高价后,如果买方认为卖方价格过高时,会立即拒绝或怀疑卖方的诚意,并要求卖方降低价格。而当买方认为卖方的价格较为合理时,买方依然会坚持要求卖方继续降低价格,一旦卖方降价,买方就会产生一定的满足心理,这时只要卖方能够把握时机,往往能够促使交易成功。但是如果卖方所报价格水分过多,超出对方可预见的最小收益,就变成了乱开价,会让买方觉得对方没有诚意或对整个买卖失去信心,因此买卖双方的谈判也就无法继续进行。

(2)逆向报价方法。逆向报价方法是一种反传统的报价方法,具体做法是,卖方首先报出低价或买方报出高价,以达到吸引客户、诱发客户谈判兴趣的目的。然后,再从其他交易条件寻找突破口,逐步抬高或压低价格,最终在预期价位成交。运用此种报价方法,对首先报价一方风险较大。在报价一方的谈判地位不很有利的情况下,在报出令对方出乎意料的价格后,虽然有可能将其他竞争对手排斥在外,但也会承担难以使价位回到预期水平的风险,对商务谈判人员要求较高,除非确有必要,在实际商务谈判中应尽量避免使用。

(3)先报价方法。先报价方法是指争取己方首先报价。这种报价方法使己方掌握主动,为双方提供了一个价格谈判范围,如当买方先报低价时,则双方的预期成交价格是买方价位与卖方预期价格之间。相反,当卖方首先报出高价时,双方预计的成交价位则应在卖方所报价位与买方预期价格之间。

(4)尾数报价方法。尾数报价方法即利用具有某种特殊意义的尾数或人们的"心理尾数"定价,尽量避免整数报价。根据一些消费心理学家的调查,消费者从习惯上乐于接收尾数价格,不喜整数价格。例如某商品价格为 4.90 元或 4.95 元时,销量远比价格为 5.00 元时要大。采用尾数报价方法一方面是针对人们对数字的心理,另一方面也是出于商业谈判技巧的需要。如前所述,某种商品的价格一般是按实际成本加上利润计算的,较少出现整数,因此,当一方采用整数报价方法时,往往难以使对方信服。又比如利用一些民族或地方的风俗习惯,在报价或还价中使用当地人们特别偏好的数字,投其所好等。

(5)"三明治"报价法。"三明治"法就是"认同+原因+赞美和鼓励"的方式,也就是说当客户对你的价格产生异议的时候,销售顾问切记不能直接给予否定的答案,反而应该先认可客户的说法,站在客户的角度上进行分析,试想,如果销售顾问直接给予否定答案,则很容易伤害客户的自尊心,甚至激怒客户,引起不快,甚至会使客户产生与销售顾问对立的局面。

(6)"化整为零"报价法。对一些售价较高的产品,如果销售顾问直接把产品的价格报给客户,客户可能很难接受,但如果销售顾问把产品的价格按照产品使用时间或其他方式进行细分,则会让客户在支付同样的费用时陷入不贵的感觉。这种细分方法被称为"化整为零"法。

(7)对比报价法。有一些客户在购车之前,已经做好充分的市场调查,对所选车型的特点和价格都非常熟悉,面对这样的客户,如果销售顾问没能很好地把握,则很容易错失。跟这类客户谈判时,可以采用"对比法",有针对性地突出自己产品的优点、同行的缺点,价格应接近底价,才有可能从一开始就"吸引"住客户。

讨论:如果当销售人员向客户介绍完产品之后,碰到客户依然嫌贵的局面,销售人员应该如何应对?

提示:销售人员可以采用"三明治"报价法,可以这样回答:"您说的对,很多客户一开始都会跟您有一样的想法,我自己一开始也是这么认为的,觉得我们这款车的价格在同档次的车系中价格略高,但是当您真正使用过之后,您就会发现我们这款车绝对是物有所值,这款车的操纵性能是非常好的,而且比同档次的车更省油,这一点您开一段时间之后就会感觉到了。您完全可以试一下,相信像您这么精明的消费者是不会选择错误的。"

3.产品报价的技巧

价格直接影响消费者的心理感知和判断,是影响消费者购买意愿和购买数量的重要因素。有经验的销售顾问都知道,价格问题谈得好就是成交的前兆,谈得不好就是销售失败的信号。那么当谈到价格问题的时候,销售顾问该如何应对呢?这就需要销售顾问能精确掌握报价技巧,使得自己的报价可以赢得客户的认可。

(1)准确把握报价时间。有些销售顾问习惯客户一进销售区域,就把销售价格抛给客户,这样很容易把客户往门外赶。销售顾问在接待客户时,要避免过早提出或讨论价格,应该等客户对产品的价值有了起码的认识后,再与其讨论价格。客户对产品的购买欲望越强烈,他对价格问题的考虑就越少。因此,销售顾问应巧妙地把握报价的时机,最好选择在产品演示结束后,客户产生购买欲望之际。但是如果当客户一开始就询问其所选的产品的时候,销售顾问可以进行模糊回答,例如销售顾问可以采用如下方式:"价格主要是跟您选择的车型的型号有关,您可以到这边具体了解一下各型号的特点再做决定。"销售顾问在回答时,应充分调动客户的兴趣从价格转向产品的性能。

(2)有效利用已签订的成交单。一般情况下,客户都愿意相信固有的事实,所以有效利用已成交者最高成交的成交单(订单或交车单)来诱导客户并让客户知道,一样的产品他买的价格比别人低,会让客户在心理上产生优势,这是一种比较简单的做法。也是对一般客户常用的方法,但对顽固的客户此方法就不能使用。

(3)学会价格转嫁。所谓价格转嫁就是在价格谈判过程中,销售顾问可以将价格的决定权交给你的同事或领导,当着客户的面,跟上级领导打电话,让客户相信其所购买的价格已经超出了你的权限范围,已经是报给客户的底线,这种报价技巧可以让客户在最短的时间内下定决心购买。

(4)学会借助一些常见的道具。销售顾问在销售谈判前可以先准备一张以前"较高成本"的价格表,在与客户谈判当中,利用机会找借口离开谈判现场(上厕所、接电话),然后把该价格表放在现场(想办法让客户知道这是一张现在的成本价格表),这时客户一定会趁你不在的时候来偷看此价格表,所以你要把这张"假"的"成本"价格表里的成本与你的售价接近,不能相差太远。根据心理学实验报告,在这种状况下会偷看价格表的比例高达92%。这种方法是针对较大成交量的生意谈判时所运用的,也是最有效的方式之一。

(5)准确分析客户需求点。对客户需求点的把握对促成销售起关键作用,在与客户的交流过程中,销售顾问可以细心留意客户的言谈举止,再根据客户的具体表现来推测客户的真正需求。例如,如果销售顾问在跟客户的交流过程中,发现客户在还价的时候能精确到1元、2元,这说明这类人对产品的价格特别敏感,对待这类客户,销售顾问一定要有足够的耐心,跟客人打一场"心理战",询问或揣摩一下客人的目标价格,再跟自己能给到的底价比较一下差距有多大。比如他的目标价格是12元,而你能承受的价格是13元,你最好报14元,还价时你可分多步骤走,先让多一点,让客人看到希望,接着的让利一步步减小,千万不可以一步到位,而应步步为营,让客人慢慢尝到甜头,看到希望,但又要通过艰苦努力获得,让客人最后有一种赢了的感觉。如果销售顾问在交流过程中发现客户最在意的是交车的日期,则销售顾问就可以进行目标的转移。例如本来销售顾问报的交货期为35天,而客户提出20天交货。在可行的情况下,销售顾问可以满足客人的交货期,但以交货期限太紧张为由,适当提高一下价钱,这时对方也有可能接受,销售顾问就能为自己多争取到一分利润。

二、缔结成交

当客户对产品有了充分的认识后,会出现一定的犹豫情绪和提出一系列的异议,这也是客户表现出来的缔结成交的信号,销售顾问要很好地把握这个机会,准确处理各项异议,抓住时间促成交易。

1.缔结成交的流程(具体如表 1.11 所示)

表 1.11 缔结成交的流程

第一步:把握消费者心理	销售顾问应准确把握客户的心理,充分了解和把握客户的心理活动过程,针对不同的心理反应阶段运用不同的沟通手段
第二步:引导和激发客户	在销售过程中,销售顾问应把握客户的需求,适时引导客户自动进入心理体验和行动尝试
第三步:一对一情感营销	销售顾问在销售过程中,应尽量地为客户着想,让客户感觉到自身的真诚,赢得客户的信任
第四步:注意细节,巧妙借势	在谈判过程中,随着谈判的进一步发展,客户会在细节上表现出其心理的变化,因此销售顾问应进行细致入微的观察,在销售流程上合理进行节奏控制,不疾不速、有条有理、有进有退。此外,销售顾问还要巧妙借势,借助人物、道具(例如前面所提到已签订的最高签约单)帮助销售顾问达到缔结成交的目的
第五步:及时缔结成交	营销的最终目的就是为了缔结成交,当客户表现出成交信号时,销售顾问应把握时机,及时缔结成交

2.成交时机和成交信号

销售顾问对销售时机的把握是销售成功的最关键的一个环节,但是成交时机往往出现在某个瞬间,若不抓住瞬息即逝的时机,则成交的希望就会很渺茫,很可能落空。若成交时机把握不准确,过早或过晚都会影响成交的质量和成败,促成客户签单首先要捕捉住成交的时机。成交信号的表现形式很多,销售顾问可以通过客户语言、行为、情感表露出来的购买信息来促成销售。

(1)语言信号。当客户有心购买时,销售顾问可以从客户的语言中得到判定。例如当客户说:"我们最快要多久才能拿到车?"这就是一种有意表现出来的真正感兴趣的迹象,这说明成交的时机已到,客户已产生强烈的购买意图。其他还有以下的任一种情形,都是客户所表现出来的成交信号。

- 客户给予一定程度的肯定和赞同;
- 主动讲述一些参与意见;
- 询问车型颜色和出单时间;
- 询问契约规定、订金金额;
- 询问办牌相关准备事宜;
- 询问贷款、缴款手续;
- 询问交车事项、交车地点和时间等;

● 询问售后服务和保修期。

（2）身体语言。销售顾问可以从客户的身体语言中判别其购买意向，销售顾问要细心观察和认真思考，才能从客户所表现出来的身体语言中得到判定客户真实意图的信号。以下介绍几种常见的情形。

● 客户身体向前倾，或是向销售顾问方向倾；

● 点头对销售顾问的看法表示认可；

● 出现放松或愉悦的表现和动作；

● 面部表情变化较大，紧锁的双眉分开，眉毛上扬，眼珠转动加快，像是在想什么问题；

● 不断审视产品，边看边长时间思考对比；

● 用心仔细观看目录、合同或是订货单；

● 详细地阅读说明书，并且逐条地检视。

上述行为动作出现的时机不同，所要表达的意境就不一样。销售顾问除了要仔细观察客户的行为动作外，更应该学会判别，判别客户的成交信号并不困难，其中大部分都需要销售顾问进行积极的诱导。当成交信号出现时，要及时抓住，并迅速导入促成动作，从而达到成交的目的。

3. 缔结成交要点

缔结成交是报价过程中的最后一步，也是最关键的一步，只要客户完成报价签约，就意味着此次交易已经达成，因此销售顾问更应做好签约准备，把握成交要点。主要包括以下几个方面：认真正确地填写合同中的各项内容，例如：车型、车身颜色、选购件、附属件、支付条件、支付金额、交车预定日期等，请客户再次确认；记录下客户与你谈定的事情，谨防遗忘，并进行确认；签约时，要向客户表示感谢；当商谈进行得不顺利时，即便没能成交，也要一如既往地对待客户，倾听客户的意见，寻找出下次说服客户的方法，努力以良好的态度结束商谈。

三、成交技巧

一个优秀的销售顾问如果要成功地完成销售，关键就是要全面地了解客户的态度，以及客户对于产品说明和成交试探的反应。这就需要销售顾问选择使用最恰当的成交技巧和成交方法。

（1）假设型成交。假设型成交是指销售顾问可以假定客户要购买，然后通过语言或无声的行动来判断自身的假设是否正确。比如销售顾问可以进行如下的假设："您看，您是会选择红颜色的还是灰色？"通过类似于这样的假设性的问题来进行试探成交，如果成功则能顺理成章地达成销售，一旦失败也不会让销售顾问陷入尴尬的局面，更不会将前面建立的关系倒退。

（2）直接成交。直接成交是指销售顾问直截了当地提议客户购买的方法。例如销售顾问可以直接询问客户："您看，如果您没问题的话我就给您开票了？"当然，直接成交有一定的局限性，会给客户带来一定的压力。所以直接成交只能适用于以下客户：老客户、理智型客户、销售顾问感觉客户喜欢产品等。

（3）选择成交。选择成交是指销售顾问向客户提供两种或两种以上购买选择方案，把最后决定集中到两点上，然后让客户从两者中挑选其一，并要求客户迅速作出抉择的成交技巧。选择成交法可以帮助客户快速地下定购买决心。

（4）压力型成交。压力型成交是指销售顾问可以在合适的时机给客户施加一定的压力，帮助客户尽快地下定决心。例如，销售顾问可以暗示客户其所选择的车型有很多人在购买，如果再晚一些，可能就买不到了，或者即使有库存，也不一定能满足客户的需求量。但是，销售员必须非常小心，不能盲目使用这种方法。一旦出现问题，客户会对销售顾问的职业道德产生疑问，会影响到公司的形象和客户对品牌的忠诚度。

（5）利益总结型成交。利益总结型成交是最常见的成交方式，销售顾问可以总结产品特点的主要优势和其给客户带来的好处，在谈判过程中以一种积极的方式成功地加以概括总结，以得到客户的认同并最终取得谈判的成功。

（6）小点成交。小点成交法是指销售顾问利用交易活动中的一些细微、次要方面来间接促成交易的一种成交方法。小点成交法的最大特点就是从小处着手，从无足轻重的地方入手，逐步使目标客户达成最终的销售。小点成交法没有时间的限制，可以起到化整为零的效果，适合销售顾问在任何情况下使用。例如销售顾问可以在客户下订单之前，从产品特性、外形、颜色、品质、保修期、付款方式等方面逐一吸引客户，最终达成销售。

（7）谈判成交。谈判成交法也被称为客户异议处理成交法，是指销售顾问用一种条件来交换客户提出的另一种条件，双方相互妥协，从而达到共赢、促成交易的方法。例如，销售顾问可以跟客户如此交流："如果我帮您把价格申请下来了，你确定现在就能签约吗？"

（8）保证成交。保证成交是指销售顾问直接向客户提供成交保证来促使客户立即购买车辆。客户往往会对交易条件、产品质量、技术问题、价格等产生异议不敢购买，这种情况下，销售顾问应为客户提供保证，解决客户的后顾之忧。例如销售顾问可以为客户作出以下的承诺："先生，您可以放心购买我们的任一款车型，无论你选择了哪一款车，我们都将为您提供最好的服务，您可以免费享受我们的首次保养。"

（9）赞扬成交。赞扬成交能满足客户的心理享受，特别适用于那些自称为专家、十分自负或情绪不佳的客户。这类客户比较乐于接受赞美话，恭维可以使客户感到满意和做出反应。

（10）体验成交。所谓的体验成交就是指让客户实际地触摸或试用其所关注的产品，让客户在内心中感觉这个产品已经属于自己的那种感觉。依照销售心理学的研究发现，当产品交到客户的手上，并使用一段时间后，甚至只是短短几小时，在他的内心就会产生一种认为这一产品已经是属于自己的感觉，而销售顾问要把这种产品拿走的时候，他的心理就会产生一种失落感，在这种时候只要销售顾问能及时给予引导，客户就会更容易做出购买的决定。例如目前很多4S店所推出的"试乘试驾"活动就是体验成交的最好应用。

（11）订单成交。订单成交法是指当销售顾问对客户进行产品介绍之前，可以预先准备一张设计好的订单，这张订单的内容可以是一些假设性地问题（例如销售顾问可以假设性地询问客户："您看，这辆车子您是喜欢红色还是蓝色呢？"），并将这些问题从浅到深来进行排列。产品介绍过程中，销售顾问可以根据所罗列的问题不经意地对客户进行询问，等到产品介绍完成，客户心目中所确定的车型也已经明确。此时，销售顾问就可以抓住机会，促成客户签约。同时，这张订单上要写上日期和客户姓名等基本资料，让客户感觉到这是根据他的需求量身定做的一款车型。

单元二　异议处理技巧

一、客户异议的概念

客户异议是指销售顾问在销售过程中,客户对销售顾问的某一个举动、某种说法、某种态度等表示不赞同或者拒绝。异议处理就是指当客户产生异议时,销售顾问对情况的处理和把握。简单地说,被客户用来作为拒绝购买理由的意见、问题、看法就是客户异议。

客户产生异议的原因不外乎以下几种:不信任、不需要、不合适、不急或其他原因(如供货问题、贷款问题等)。这些原因的构成一般如图1.26所示。

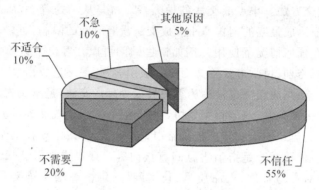

图1.26　客户异议产生的原因及其构成

从图1.26中,我们可以看出,绝大多数客户产生异议的原因都是因为不信任所致的,要么是对销售顾问不信任,要么是对所销售的产品不信任,要么就是对企业不信任。由此可见,销售顾问在销售过程中建立客户信任是非常重要的。

另外,从产生异议的直接原因分析,又不外乎下面这样几种:沟通中产生了误解,产品的问题,客户对销售顾问、公司及产品了解不够,或者就是销售顾问的服务不够。销售顾问一定要分清原因,对症下药才能顺利地排除异议。

二、客户异议的主要类型及排除方法

很多新加入销售行列的人员在初期碰到客户异议时都会产生恐惧,不知道如何去面对、解决,其实只要准确掌握客户异议的类型,进行针对性的解决,客户异议则会从另一个方面来帮助你促成与客户之间的谈判。

1.客户异议的主要类型

(1)按照客户提出异议的目的或意图来进行分类,客户异议主要可以分为以下三类。

1)第一类:借口异议

借口异议是指客户用借口、敷衍等方式应付销售顾问,其目的不一定是不想和销售顾问谈,并不是不想介入销售活动。可是很多销售顾问在碰到借口异议的时候马上会心生抗拒心理,对客户产生排斥或心生畏惧,不能很好地将自己的意思表达。其实,很多时候,这些异议并不是他们真正在意的地方,如:"你们的车子外形不是很流线型……",这虽然是一项异议,但并不是客户的真正异议。

2)第二类:真实异议

真实异议是指客户表达目前没有需要、对你的产品不满意或者是对你的产品存在偏见等。例如,客户对销售顾问说,"我从朋友处了解到你的产品容易出故障"。

对真实异议的解决主要是要先了解产生异议的原因,再针对具体原因进行处理和化解。具体如表 1.12 所示。

表 1.12 产生异议的原因

异议产生的原因在销售顾问	异议产生的原因在客户
销售顾问无法得到客户的信任	客户对产品没有产生购买欲望,态度挑剔
销售顾问使用过多专业术语,客户无法理解	客户认为产品无法满足客户的需求
销售顾问无法准确陈述产品的信息	客户拒绝改变对产品的惯有想法
销售顾问态度太过强硬,客户感觉不舒服	客户在价格上产生异议
销售顾问无法准确理解客户的问题点	客户不想花太多时间来交流,摆出借口
销售顾问展示产品失败	客户抱有隐藏式的异议

3)第三类:隐藏异议

隐藏异议是指客户并不把真实的异议提出,而是提出各种真的异议或假的异议,目的是要借此假象达到隐藏异议解决的有利环境,例如,客户产生价格异议时会借用其他如品质、外观、颜色等方面来提出异议,以降低产品的价值,从而真正达到降价的目的。

具体来说,客户异议的种类主要有以下几种:①客户对价格的异议,这是最常见的一种异议。②客户对产品的异议;③客户对服务的异议;④客户对公司的异议;⑤客户对订购时间的异议;⑥客户对销售顾问个人的异议;⑦因为竞争者而产生的异议;⑧因为不需要而产生的异议。

(2)按照销售顾问对客户异议的处理能力进行分类,可以分为以下两类。

1)第一类:有能力的异议

有能力的异议指的是销售顾问有能力改变客户所述事实的异议。有能力的异议分为怀疑和误解两种。怀疑是指在销售顾问介绍完产品后,客户可能仍不相信销售顾问所介绍的产品或服务具有销售顾问所强调的特征,或怀疑公司的产品或公司本身无法提供销售顾问所强调的利益。例如客户有可能会说:"你们这款车的质量怎么样呀?我怎么很少听说你们这款车呀?"误解是指有些客户对销售顾问所介绍的产品存在不完全或不正确的了解。例如,客户有可能会提出质疑:"你们的售后服务怎么样啊,我听说有人买了这款车后维修企业很麻烦,服务顾问的态度也很差。"类似于这样的误解,销售顾问是可以解决的,销售顾问通过跟客户之间的沟通和交流解决客户所产生的异议。

2)第二类:无能力的异议

无能力的异议指的是销售顾问没有能力改变客户所述事实的异议。比如如果客户所给的价格与车型实际价格之间存在很大的差距,又或者客户所提出的一些车子性能是其所选车型所无法达到的功能、配置,类似于这类异议是销售顾问所无法解决的,因此归于无能力异议。

2.客户异议的排除方法

对客户异议,销售顾问要正确对待,辩明客户的真正动机和异议的分歧点,对客户进行说服,从而消除客户的疑虑、误解,最终达成销售的目的。例如如果客户的异议是不准备购买的借口,那么,应该深究客户不购买的原因,而不是停留在异议的处理和说明上;如果客户的异议是抱怨,那么销售顾问就要仔细分析客户究竟要什么。这时候的抱怨往往不是产品本身的问题,而是在于你以及客户能够感受得到的服务本身;如果客户的异议是保留意见,最好能够和客户进行更多的沟通和交流;如果客户的抱怨是议价手段,那么销售顾问要把握好双方的底线,销售顾问要让客户觉得在这一轮谈判中赢得了胜利,而真正的胜利是在自己这方;如果客户的抱怨是真正的反对,那么销售顾问只能用自己的真诚和产品品质及服务去打动客户。

(1)忽视法。忽视法是指当客户提出产生一些无理异议,并不是真的要求销售顾问解决或讨论时,销售顾问可以忽视这些异议,只要面带微笑满足客户的表达欲望即可,并要迅速地引开话题。

> 案例描述:小刘是一家豪华车4S店的销售顾问,该车型的广告是由国内某位知名的模特担任的,一天,一位客户来到4S店就对小刘发牢骚:"哎,如果你们品牌的汽车广告是由成龙拍的话我早就买了,还拖到现在。"小刘听完,满脸微笑地对客户说:"哈哈,就是,您真幽默,您这边请"。
>
> 讨论:以上这个案例中,你觉得小刘做得对不对?

(2)补偿法。当客户提出的异议有事实依据时,您应该承认并欣然接受,盲目地去否认事实是错误的做法,这样只会增加客户对你的反感。在接受的同时,销售顾问可以重点介绍一下自己产品的优点,并给客户一些补偿,让客户感觉心理平衡。补偿法最大的特点就是可以让客户感觉到销售顾问的真诚,并能间接地把自身产品的优点放大,从而来弥补产品本身的弱点。补偿法的运用范围非常广泛,效果也很好。

(3)太极法。太极法是指当客户提出某些不购买的异议时,销售顾问能立刻回复说:"这正是我认为您要购买的理由!"如果销售顾问能立即将客户的反对意见,直接转换成为什么他必须购买的理由,则会收到事半功倍的效果。太极法的最大特点就是能借力使力。太极法能处理的异议多半是客户通常并不十分坚持的异议,特别是客户的一些借口,太极法最大的目的,是让销售顾问能借处理异议而迅速地陈述他能带给客户的利益,以引起客户的注意。能将客户认为感到迟疑的犹豫点转化成为客户的购买点。

(4)询问法。询问法的最关键点就是要加强与客户之间的沟通,透过询问可以把握住客户真正的异议点,销售顾问在没有确认客户反对意见的重点及程度前,直接回答客户的反对意见,往往可能会引出更多的异议;而当销售顾问提出询问或者反问客户后,客户必然回答自己提出反对意见的理由,说出自己内心的想法,这个过程也可以让客户再次确定自己提出的反对意见是否妥当。

> 案例:例如当客户提出"我希望您价格再降百分之十!"销售人员可以委婉地回答:"××总经理,我相信您一定希望我们给您百分之百的服务,难道您希望我们给的服务也打折吗?"

（5）"是的……如果"法。"是的……如果法"就是指在客户提出异议后,销售顾问可以先认可客户的意见,再假设性地提出自己的想法。其实每个人都希望自己所提出的意见能得到人家的认可,当对方给出直接反驳时,任何人都会觉得不痛快。试想:如果你直接地反对客户的意见,屡次正面反驳客户后,会让客户恼羞成怒,就算您说得都对,也没有恶意,还是会引起客户的反感,因此,销售顾问最好不要开门见山地直接提出反对的意见。例如当一刚毕业的大学生客户对销售顾问提出:"你的价格太高了,不是我立刻能支付的",销售顾问可以委婉地回答:"是的,这的确是一大笔资金,很多年轻人都跟您一样,刚毕业收入情况比较紧张,一时之间没有办法立刻支付,针对这个情况,我们跟银行进行合作,您可以采用分期付款的方式,让您支付起来一定不会困难。"

（6）直接反驳法。直接反驳法一般不建议销售顾问使用,因为直接反驳法会造成客户的尴尬局面,容易造成客户与销售顾问之间的对立局面,但是当客户提出的异议是针对公司的服务或其他影响到公司的形象时,当客户引用的资料不正确时,销售顾问可以直接反驳。例如当一名客户来到丰田4S点,对销售顾问提出公司的车型安全性能不好时,销售顾问可以直接进行反驳:"您大概有所误解,我们的车型都是经过安全测试的,在安全性能方面我们一直非常重视……"销售顾问的专业的解释不但可以让客户感觉你的专业水平,无形之中也会对你产生信任。不过销售顾问在使用直接反驳技巧时,在遣词用语方面要特别地留意,态度要诚恳,对事不对人,切勿伤害了客户的自尊心,要让客户感受到您的专业与敬业。

单元三　新车办证业务

一般汽车公司都向客户推出了"一条龙"服务,这个一条龙包括办证、保险、上牌、装潢、验车、索赔、施救、用车保障、旧车处理等一连串服务。因此一个汽车销售顾问除了掌握新车买卖的手续后,更应该具体了解一条龙服务的内容,从而更好地服务客户。

一、机动车注册登记

1.机动车检验（或确认）

机动车在办理注册登记前,首先要进行机动车安全技术检验(国家机动车产品主管部门认定免于检验的车型以外)。机动车所有人或者代理人应当提交机动车来历凭证、国产机动车的车辆整车出厂合格证、进口机动车的进口凭证、车辆识别代号(车架号)拓印膜,确认和检验机动车的地点。

2.提交的资料

注册登记所要提交的资料主要有:机动车注册登记/转入申请表,机动车所有人和代理人的身份证明和复印件,机动车来历凭证,国产机动车的整车出厂合格证,进口机动车的进口凭证,机动车车辆购置税的完税证明或者免税凭证,机动车交通事故责任强制保险单,机动车技术资料档案,法律、行政法规规定的应当在机动车注册登记时提交的其他证明、凭证。

二、机动车临时行驶车号牌和移动证

临时号牌的使用带有时限性和区域性。符合以下条件之一者,可向当地车管所申领临时号牌,办理时应讲明车辆行驶起止地点和使用临时号牌的时间:从车辆购买地驶回使用地时,需在购买地车管所申领临时号牌;车辆转籍,已缴正式号牌时,需在当地车管所申领临时

号牌,以便驶回本地;在本地区未申领正式号牌的新车,需驶往外地改装时,需在本地申领临时号牌,改装完毕,在当地申领临时号牌驶回原地区;尚未固定车籍需要临时试用的。经管理人员审查和对车辆进行检查合格后,发给临时号牌,并签署有效期和起止地点。办理时所需要提交的资料有:机动车所有人和代理人身份证明和复印件;机动车来历凭证;国产机动车整车出厂合格证明或者进口机动车进口凭证;机动车保险凭证。

移动证的适用范围:无牌证的车辆,需要在本地(市)辖区内移动时,发给移动证,如车站、码头、生产厂家移到仓库,车主提取新车,以及新车到车辆管理机关申报牌照或报停车辆申请复驶需要检验时,办理时应讲明车辆行驶起止地点、使用临时号牌的时候和行驶路线。经审查后,发给移动证,并签署有效期和起止地点。办理时需提交的资料有:机动车所有人和代理人身份证明和复印件;机动车来历凭证;国产机动车整车出厂合格证明或者进口机动车进口凭证。

三、机动车行驶号牌

购买汽车后,首先由车主凭以下凭证办理手续:机动车销售凭证;国产车合格证(改装车还须凭底盘合格证);车辆购置附加费(税)凭证;进口车还须凭海关进口证明;罚没车凭海关公安、工商罚没凭证;控购车还须凭控购指标证;向保险公司办理第三者责任险;私车还须凭本人身份证及其复印件等手续,到当地县(市)公安局车管所领取机动车登记申请表,然后到机动车检测站检测,经检验合格后,到公安局车管所办理核发牌证手续。目前销售单位"一站式"服务工作站负责所销售并经过车管所备案批准的品牌、型号车辆的号牌的发放工作,购车后可以现场办理上牌手续。

> 提示:一般的4S店都会帮助客户办理车牌,帮助客户解决后顾之忧。如此,可以为客户赢得时间和精力,同时也能帮助商家赢得信誉和收益,达到双赢的结果。以下是某品牌4S店的客户车辆上牌确认单,具体如表1.13所示。

表1.13　某4S店客户车辆上牌确认单　　　　　通知日期:　年　月　日

客户名称				销售员:	
联系人		联系电话			
厂牌型号		底盘号		发动机号	
车价		发票号			
购车方式		全款 □	按揭 □		
上牌要求	自拍号码 □	代拍号码 □	号码不变 □	车牌号	
保险要求	自保 □	代保 □		保险合计	
财务预支款		现金:	支票(号码):		
发票					
钥匙					
客户预付款					

		停车费		
		照相、安装费		
		托盘费		
		加油费		
费用合计		补/退款费		

备注：_____

_____

客户签收：单据已收，款已结清，手续齐全，车况良好。

车主签字：_____

上牌服务人		结算额	

说明：本店可提供代客户办理车辆上牌事宜，但随之产生的一切正常费用须由客户自己承担；上牌时如果需要我店人员驾驶车辆者，请签字确认，并由客户自负一切事项。

车主签字_____

通知人：

销售部审核：　　　　　　　　　　　　　　　　财务审核人：

> 提示：一些比较有规模的汽车品牌 4S 店，都会有自己的"一条龙"服务，"一条龙"服务不但可以给客户提供方便、快捷、周到的服务，解决客户的后顾之忧，还能帮助企业树立良好的形象。

四、案例介绍

1. 某品牌汽车 4S 店购车"一条龙"流程

购车"一条龙"可为客户提供办理许多购车必备手续和缴齐主要税费的方便，即"一条龙"服务。准备购车时客户需要带齐有关证件及足够资金，按下列步骤办理。

第一步：谈妥价格，挑选好车辆后带客户到银行交付车款。

第二步：交齐车款后，凭售车单位开具的售车发票，由交易单位业务人员陪同去驻场工商管理部门办理工商验证，盖讫工商验证章后，发票才能生效。售车单位同时将办好的商品车出库单和车钥匙、车辆合格证（进口车为商品车商检证明和海关进口货物证明）一并交付客户手中。

第三步：销售顾问陪同客户到税务征稽处缴纳车辆购置税、购置附加费。

第四步：销售顾问陪同客户到驻场保险机构办理车辆保险手续（缴纳保险费）。

第五步：销售顾问陪同客户缴纳各项税费。

第六步：销售顾问陪同客户办理验车、上牌照手续，开具车辆移动证。市场综合服务部都可为客户办理验车、上牌照服务。

第七步：执照片及行驶执照代用证，到车管分所领取行驶执照（进口车到市车管所领取）。

进口车购车后,需将发票、海关货物证明、商检证明送到市车管所,审核海关单(一般需要7~10天),之后才可以办理第四步以后的手续。公车购车程序需在办理完第五步程序后,去市财政局控办办公室换领控办审批单,然后才能办理第六步以后的手续。

2.购车自办新车车牌及行驶证等流程

作为一名优秀的销售顾问,除了要掌握帮助客户在本公司办理相关业务之外,还要了解客户自行办理新车车牌及行驶证的流程,这可以帮客户解决相关问题方面的疑问。

第一步:挑选适合客户的车辆,并选好销售公司,并办理停车泊位证明。

第二步:验证。购车后,由售车单位开具发票,再到市工商局所属的机动车市场管理所办理发票验证手续,并加盖工商验证章,进口车还需交验由经销商提供的海关货物进口证明或罚没证明书、商检证明书及相关申领牌照手续。

(1)全款购车。客户提供:车款、身份证;车商提供:汽车销售发票、车辆保修手册、车辆使用说明书。车商可以代办:缴纳车辆购置税、上牌等手续。

(2)定金购车。

(3)按揭购车。需提供证件:身份证、户口簿、住房证明、收入证明、两张一寸照片(已婚:配偶身份证、结婚证)。

第三步:办理移动证。验证后车主要到户口所在地的交通大队(或其驻场代办处)办理车辆移动证。需提供证明:车主身份证、机动车来历凭证(国产机动车整车出厂合格证明或者进口机动车进口凭证)。

第四步:上保险。购买新车必须承保保险,且一定要在领取牌照之前办理。一般汽车交易市场都有保险公司代办机构,在购车时一起完成保险手续。

第五步:领取车牌照。完成上述程序后,就可到指定的车管所领取牌照。领取牌照需要带以下证件:购车发票、车辆合格证、个人身份证以及以上三项的复印件、保险单、购置附加税证、验车合格的机动车登记表及停车泊位证明。

> 提示:以上所介绍的流程只是某一品牌汽车公司所制定,但对"一条龙"的服务圈订,每一品牌都有其特色在,销售人员可以根据自身品牌为依据。

单元四　新车交车流程

一、交车概述

交车是与客户保持良好关系的开始,也是在购车过程中洋溢着喜悦气氛的时刻。交车时客户的心理会发生很大的改变,一方面客户会希望自己的新车能按时、按要求交货,另一方面,客户也会对自己新车的一些操作和维修问题特别感兴趣,因此销售顾问必须留有充分的时间来帮助客户了解这些内容。这个过程中,销售顾问可以通过标准的交车流程,和车辆与服务的高品质让客户对汽车销售公司的服务体制及商品保证有高度的认同,进而提升客户满意度。

交车过程中客户的心理防线会相对松弛下来,但此时销售顾问的精神状态则要高度集中,销售顾问应当拿出最专业的水准来帮助客户完成整个交车仪式,并能让客户在整个过程中都能感受到销售顾问的热情和愉悦的心情,将客户的喜悦心情带到极点。

二、交车准备

正所谓"机会都是给予有准备的人",一个准备充分的销售顾问势必能帮助客户完成最完美的交车仪式。以下将以丰田公司为例进行介绍,具体流程如表1.14所示。

表1.14　丰田公司交车准备流程

步骤	执行要点	预备物品
PDS(新车检查)申请	• 即使是在交车日期不能预定的情况下,也定期与客户保持联络 • 如果出现向客户说明的预定交车日期发生延迟的情况,向客户说明其原因及解决方案	—
联系交车日期		—
确认车辆	• 确保举行交车仪式的场地(交车场所)并做好清扫 • 交车日、交车时间决定之后,通知客户并确认 • 确认是否有车牌板、登记材料、保证书、保险证书、行驶证、其他材料等,也提前检查妥当	登记材料 保证书 保险证书 行驶证 交车验收单
准备交车	• 确认客户所要求的装备并检查此装备是否正常运作 • 销售顾问在交车前,应对照"交车验收单",对交付车辆进行验收、确认	……

1.交车的电话预约

车辆达到公司后,销售顾问应在第一时间将信息告知客户,并跟客户商定交车时间,通常采用的方式都是电话预约,电话预约的内容包括以下几点:①销售顾问应告诉客户交车所需要的时间较长;②询问客户最方便的交车时间和地点;③询问客户交车时,将与谁同来(销售顾问可以事先做准备);④销售顾问应询问客户是否需要安排车辆进行接送;⑤销售顾问应对客户表示祝贺。

电话预约过程中,销售顾问一定要注意礼貌问题,要注意语言措词,要让客户感觉到自身的被重视。此外,电话预约过程中,销售顾问一定要注意跟客户之间的确认和勤记录,对一些重要内容(例如交车的时间和随行人员等),销售顾问在电话过程中应跟客户再次确认,并及时记录。在交车前一天,销售顾问应再次跟客户进行电话确认,防止客户忘记。

2.进行场地布置

销售顾问应事先布置好交车的场地;要确保场地没有其他用途,并打扫干净;要在交车区域内最明显的位置设立标示牌及标准作业流程的看板和告示牌,并要在展厅入门处设置好恭贺牌。

三、交车内容

交车时,销售顾问一定要做到准确有序,要进行理性交车和感性交车的结合,以下以丰田公司为例进行介绍。

1.理性交车

(1)指引客户办理相关的手续和文件,具体需要完成的事项每家公司都有相应的要求,销售顾问在交车前应仔细检查确认。

(2)指引客户检查验收车辆。指引客户检查验收车辆是交车中非常重要的一项内容,销售

顾问在这个过程中要详细地跟客户介绍车子的使用车主手册;介绍如何对待新车;从车辆的大小、性能、使用方法等一般性介绍入手,再介绍开关类、控制类的操作方法;跟客户确认所定购的选购件、附属件等。在完成车辆的检查和验收之后,销售顾问应让客户在确认书上签字。

2.感性交车

如果说理性交车可以让客户对公司的服务感到满意和信任,那么感性交车则是建立跟客户之间的感情的最好方法。所谓感性交车就是指在交车当日为客户营造一种愉悦、轻松的环境,让客户切实感受到自己的重要地位,公司对其的尊重和在乎,满足客户最高层次(尊重和自我实现)的需求。

感性交车的人员越多越好,在众多人员中还要约定几位领导和对客户今后的服务有帮助的人士,例如丰田参加感性交车的人员一般包括:销售经理、服务经理、服务顾问、销售顾问和在场所有空闲的人员。

丰田感性交车的流程主要包括以下几个步骤:

(1)将客户引导至交车区。

(2)介绍总经理(销售经理、任何可参与的人员)或服务经理(服务顾问)与客户认识。

(3)将新车钥匙交于客户,再次热情恭贺并衷心感谢客户。

(4)与客户合影。

(5)赠与客户礼品。

(6)全体参与仪式者引导及欢送客户离去。

(7)预估客户达到家里时间,并在第一时间询问驾驶情况,并再次表示祝贺。

四、交车当天的流程

以丰田公司为例,具体如表1.15所示。

表1.15　丰田交车当天流程

步骤	执行要点	预备物品
将车辆移动至交车场所	• 注意仪表外貌的整洁,面带微笑,并以响亮的问候声出迎 • 各项费用的清算	安全注意事项 车主手册 保险证 行驶证 保证书 钥匙(包括备用钥匙) 实车说明清单 照相机 交车验收单
出迎、问候	• 依照"安全注意事项",进行安全乘坐的说明	
至接待桌处进行说明	• 递交分发物品(车主手册、保险证、行驶证、钥匙) • 关于保修及售后服务的说明 • 关于免费检修时期(5000km、10000km)的说明	
要求服务顾问(或维修人员)出席	• 务必邀请服务顾问(或维修人员)出席 • 服务顾问与销售顾问使用"实车说明清单",用简单易懂的语言对客户进行说明。说明完了以后,核对"交车验收单"	
实车说明	• 做一些为客户留下美好纪念的策划(拍摄纪念照片、递交小纪念品等)	
交车仪式	• 请客户在"交车验收单"上签名,把原件交给客户,复印件交由经理保管	
目送客户离开	• 目送客户到车辆看不见为止	
内部管理系统内输入客户信息和客户跟踪管理	• 向经理报告交车活动 • 使用信息管理系统完成"交车完成输入" • 在一周内与客户联系,感谢购买车辆并询问车辆使用情况	

这里特别要强调一点,很多销售顾问认为交车当天在送走客户之后,销售顾问的任务也就完成,其实在送走客户之后,销售顾问还应进行对客户信息输入和客户的跟踪管理,在一周的时间内与客户取得联系,再次感谢客户的购买并询问车辆的使用情况。

1.3.3　任务实施

交车是销售流程中至关重要的一步,也是之前一切工作的反馈,因此汽车营销人员必须很好地把握这个步骤,切实地达到销售的目的。本任务通过对一些典型的学习情景来指导学生掌握如何准确报价、如何处理客户异议、如何帮助客户办理相应手续、如何为客户安排新车交车流程等知识。对一个汽车营销人员来说,这是一个销售的最后一步,也是下一个流程的开始,为了确保这一步的顺利完成,建议按照以下行动过程来完成任务。

典型学习情境一:准确报价

报价是交车环节中的第一步,由于小徐面对的对象是对所需求的车子有一定了解的老客户,所以报价这一关一定要很好地把握,如果报价过高,很有可能会让客户觉得销售顾问没有诚意;如果过低,可能会让销售顾问陷入被动的局势。报价的方法有很多种,但是如何因人而异,并能准确把握报价时机,这就需要汽车营销人员切实了解客户,通过接触过程中所积累的大量的客户资料和客户当场的反应来掌握报价时机和报价方式。

1.迅速找到客户的背景资料,资料内容主要包括表1.16所示的几部分。

表1.16　客户的背景资料

客户姓名	性别	年龄	主要特征	所购车型	是否回访	回访理由	职业	前一次的态度,属于哪一类潜在客户	备注

2.从中找出客户所最关注的问题,是价格、车子的性能或是其他理由,并牢记心中。

3.报价前适当降低顾客的期望值,你觉得有哪些话术可达到这一效果?

4.利用报价方法,如三明治报价法,先基于客户需求要点总结一下车的核心价值,再准确报出裸车的厂家报价,最后表示价格可以商谈。

5.运用价格谈判技巧与客户进行价格商谈,但一定要在有原则的基础上灵活应对。

典型学习情境二:处理客户异议

6.跟客户的交谈过程中,要注意分辨客户异议的类型,并采取相应的方法进行排除。

7.交谈过程中,随时记录客户所带给你的一些重要信息,特别是记录客户的需求。

8.对客户的需求进行总结,排除异议。

典型学习情境三:缔结成交

在有针对性地排除客户异议后,汽车营销人员可以把握机会顺势缔结成交。

9.在交谈过程中,汽车营销人员可以对客户进行成交试探。

10.当汽车营销人员捕捉到客户的成交信号时,可以借助一些小礼品、优惠政策等对客户进行成交诱导。

11.促成成交后,汽车营销人员应主动出击,及时下订单。或帮助客户办理预定等手续,并详细记录客户的信息和相应的要求,建立客户个人档案。可以参考表1.17所示预定客户信息表。

表 1.17　预定客户信息表

客户背景		定购车子情况	客户需求
姓名		预定的车型	
电话		车型颜色	
职业		是否要上牌	
家庭住址		是否需要办理保险	
费用交付情况		是否需要其他装潢	
下订单日期		是否答应赠送其他礼品	
交车时间			
交车地点			
参加交车的人员			
是否需要接送			
备注	(可以填写其他事项)		

12.客户订车后,在等待新车到来的这一段时间,销售顾问应及时跟进,你觉得有哪些跟进的方法?

典型学习情境四:电话预约交车时间

13.预定车型到位后,汽车营销人员可以电话联系车主,预约交车时间和地点。电话预约前,应仔细研究预定客户信息表,并设计电话内容,并用笔进行记录。

14.把客户信息及设计好的电话内容放于眼前,然后用固定电话给客户打电话。
注意电话礼仪,并说明电话联系的原因,联系好交车时间及地点和其他相应的内容。打电话过程中要注意认真记录。

15.电话结束后再次完成预定客户信息表(表1.17中交车时间、交车地点、参加交车的人员、是否需要接送等几项内容是需要电话预约之后填写确认的)。

典型学习情境五:做好交车前准备

16.根据客户所提出的交车时间和地点以及参加人员准备好相应的资料。
所准备的资料要根据客户要求和公司规定来,如果客户要求代理上牌等手续,那么就应在交车前准备好。

17.为客户量身定做交车当天的活动计划。

18.按要求完成新车检查,联系售后做好新车的 PDS 作业。

19.按要求准备好所有的交车资料文件。

20.在预约交车的前一天,做好以下几项工作:
(1)再次跟客户进行电话联系,确认时间、地点以及参加人员是否有改变。
(2)再次确认交车当天的活动计划。
(3)确定交车仪式参加人员。

（4）通知涉及的各相关部门人员具体的交车时间。

（5）布置好交车现场。

典型学习情境六：交车当天安排

21.检查所需用到的工具,再次检查仪容仪表,然后准时出门迎接。

22.见面后,先恭贺客户,热情指引客户到休息处就座,核对相关信息,签订相应文件。

23.准确指引客户办理相关手续,并把售后部门介绍给客户。

24.引导客户接收新车,按规定介绍新车使用与注意事项,办理相关交接事宜。

25.为客户安排交车仪式,仪式中将新车钥匙(包括备用钥匙)和礼物交予客户。

26.送客户安全离去。

27.客户离开后,按要求做好客户及车辆信息的整理工作。

典型学习情境七：新车办证与交车后的后续工作

28.交车后你有没有及时跟踪客户使用情况？如果没有请及时回访。

29.如果需要,请及时联系客户办理新车上牌等手续。

30.适时地挖掘老客户资源,获得转介绍。

1.3.4 任务评价

任务完成后,需要通过自我评价与反馈,看是否达到了预定要求,如果未达到既定学习目标,请调整学习计划进行自我完善。本学习任务可根据以下几个方面进行评价与反馈。

1. 你适时地建议客户成交了吗?
2. 你能运用合适的报价方法给客户报价吗?
3. 你了解排除客户异议的流程了吗?
4. 如果客户向你提出异议你能排除了吗?
5. 你能在价格商谈中合理运用各种技巧吗?
6. 价格商谈过程中你能把握住客户的心理吗?
7. 如果不成交,你能正确对待客户并合理调整自己的心态?
8. 新车办证的各种手续你清楚了吗?
9. 你能顺利完成给客户交车的全过程吗?
10. 新车交车后,你跟客户再次联系过了吗?
11. 客户对你的销售过程满意吗?

如果自我评价未通过,请从以下几个方面进行调整学习计划再改进:

1. 结合本任务的复习思考题进行知识点的学习。
2. 通过展厅新车交易模拟演练进行技能操作训练。
3. 到汽车4S店进行观摩学习。

复习思考题

1. 什么是三明治报价法?你还知道哪些报价法?
2. 什么叫客户异议?
3. 客户产生异议的主要原因有哪些?
4. 缔结成交的技巧有哪些?
5. 请简述新车办证的流程。
6. 机动车注册登记需要提交的材料有哪些?
7. 请根据要求自行设计交车当天的流程。
8. 请完成客户的电话交车预约。
9. 采用头脑风暴法对感性交车提出更多创新的思路。
10. 请具体阐述交车前应做哪些准备工作。

 项目实训

实训课题:模拟展厅销售综合演练

通过实训让学生在模拟的环境中进行汽车销售流程与技巧的实战演练,达到熟悉展厅销售流程,训练销售技巧,提高心理素质之目的。

演练时,学生按 5～8 人为一组进行分组演练,组内人员角色分派如下:一名担任销售顾问,一至两名担任模拟客户,一名担任军师,一名担任点评。车辆以一汽丰田卡罗拉 1.6GL 为例。

一、实训室要求

模拟 4S 店展厅 1 个或若干个,模拟用车 2 台以上,洽谈桌椅 4～5 套,其他相关工具如下:

(1)展厅销售用工具夹,工具夹中包括车型资料、名片、笔、便笺、销售用表格等。

(2)小礼物、饮料等接待用工具。

(3)工作装。

(4)固定电话及移动电话。

(6)报价表。

(7)计算器。

(8)来店(电)客户登记表。

(9)客户跟踪卡(如丰田经销店的 A—C 卡,大众经销店的黄卡等)。

(10)来店客户调查问卷。

(11)试乘试驾活动介绍与协议。

(12)试乘试驾意见表。

(13)商谈记录表。

(14)新车订购单。

(15)未成交客户记录表。

(16)感谢信。

(17)各种车型型录、介绍。

(18)其他需要用到的工具。

二、实训组织

采用角色扮演法进行分组演练,采用组间竞赛的形式来提高学习兴趣。角色扮演法的步骤如下。

步骤一:分组。

步骤二:选组长。

步骤三:给予课题。

本项目的课题有:接待、需求分析、商品介绍、试乘试驾、价格磋商、模拟交车等分项目,也可以是从接待到开始的整个过程综合演练。

在给予课题时应把事先准备好的演练资料(如模拟客户信息、剧本、情景、话术等,见下面四发放资料示例)分发给学生。

步骤四:准备 5 分钟。

步骤五:开始演练。

注意:

1.每组演练时间 15 分钟,演练过程中军师可随时叫停,并纠正不正确的做法,点评人员在演练结束时对自己组和竞赛组进行点评得分。

2.采用两小组之间进行竞赛时,一组演练,另一组观看,等两组都演练结束后,两组的点评人员分别点评,正确指出对方的一处错误得一分,正确指出已方优点得一分。最后以得分高者获胜,指导老师为最终结果裁判者。

三、实训考核

实训结束前,为了评价实训效果,需要对每位学生进行模拟演练的考核,考核单如下:

班级			姓名		学号	
考核项目	展厅销售				规定考核时间	15分钟
					实际考核时间	
序号	考核内容	配分	评分要素		考核及评分记录	得分
1	接待来店客户: 站立迎宾 自我介绍 交换名片 为客户开门并引导客户到车前	30	是否按规范的流程完成(10分)			
			礼仪是否得体,能否体现服务意识(10)			
			能否灵活应对(5分)			
			声音是否清晰(5分)			
2	六分步介绍展车: 车前位 发动机位 前乘客位 车尾位 驾驶位 后乘客位	40	是否按规范的流程完成(10分)			
			礼仪是否得体,能否体现服务意识(10)			
			介绍产品是否准备有说服力(10)			
			能否灵活应对(5分)			
			声音是否清晰(5分)			
3	FAB介绍法的运用: 提问:什么叫FAB介绍法。运用该法在六分位的各分位上介绍一个产品性能信息	30	是否熟悉FAB法的概念与特点(5分)			
			能否根据设定场景正确把握客户的需求点(10分)			
			能否准确完整并清晰地叙述FAB句式(10分)			
			能否灵活应对(5分)			
				考核总分		

考核情况记录	
监考教师(签名)	考核时间 年 月 日

四、发放资料示例

1.模拟场景

状况	首次驾车来店，主要是看车，名片未带
时间	周六，余即景
地点	经销店展厅
天气	即景
来店方式	乘出租车来
来店者	即景（可以是一位先生或女士，也可以是两人，可视具体情况而定）
展示车	所关注的车辆展厅有展车
提车时间	预定后，一个月后提车

2.模拟客户背景信息

概述：

周六的上午，陈小姐来到经销店看车。陈小姐最近因为工作繁忙，加之路上交通不便，动了买车的念头。陈小姐在单位里听同事介绍了卡罗拉和这家经销店，也在一些报道中初步了解了卡罗拉，对卡罗拉号称的"5米印象"记忆深刻，希望来亲眼看一下实车，乘出租车来店。

性格特征：陈小姐，女性，29岁，性格开朗，有个性，喜好运动。

		要点	详细信息
相关信息	Ⅰ.关于客户	①姓名·年龄·住所	陈小姐，29岁，居住地距离经销店15分钟车程
		②家族构成	父母都在外地，无兄弟姐妹，自己单身，有住房一套
		③职业	陈小姐为广告公司经理
		④兴趣	喜欢户外运动，喜欢购物
		⑤经济状况	薪水较高，收入稳定，希望一次性付款购车
	Ⅱ.保有车辆	①车型·购入年限	无
客户想法	Ⅰ.关于新车	①购车经验	第一次购车，计划在两个月内购买，今天主要来看看
		②主要使用者·用途	主要是作为上下班代步工具及自驾游、购物等使用
		③客户本人对新车的期待	品牌知名度高，性能稳定，动力性好，驾驶舒适，关注手动挡1.6GL型，不排除自动挡
		④其他关注点	外观和油耗
	Ⅱ.关于竞争车型	①最近看过的车型	在该经销店旁边的东风本田4S店看过，也上网了解过思域
		②客户认为竞品的优点	思域外观时尚新颖、技术成熟、动力性良好

续　表

要点	详细信息
顾客提问	·体验车辆(展车旁)时,陈小姐提问: Q1:我看网上宣传说卡罗拉5米之内就能搞定客户,你今天怎么搞定我啊? (给评委提示:客户从媒体的大量报道中,听说了卡罗拉的"5米印象",有点玩笑和挑衅似地询问销售顾问今天如何"搞定"他们,同时也希望能够对"5米印象"作进一步的了解。) Q2:这车内饰做得没有思域漂亮,看着没有思域的科技感强。 (给评委提示:客户在来店之前已经看过思域,对思域时尚漂亮的外观和内饰留下了深刻印象,相比之下,卡罗拉的外观、内饰让客户觉得缺乏个性、稍显平淡。) ·商谈时,问价格后,陈小姐说: Q3:卡罗拉价格比思域贵,而且思域目前还有起码一万五的优惠,性价比更高了,你们目前有什么优惠吗? (给评委提示:客户对卡罗拉感兴趣,拿思域的优惠价格来"压"卡罗拉,其实是希望经销店能做出一定的价格妥协。) 注:问题主要考商品知识、考竞品、考异议排除。

注:本信息事先给客户背熟。

3.模拟演练剧本示例

从门外进入展厅。

与选手接触,视情说话,表现出到一个陌生环境的样子。

不管如何,都要求自由参观。

到车边稍转。

发出需要接待信号。

受邀到洽谈桌入座。

按给定信息回答问题,未提及信息可根据脚本自编,亦可不回答。

受邀看车。

看车时必提一问题(商品相关)。

回洽谈桌。

洽谈桌上必提一异议(价格相关)。

进行价格商谈,时间差不多时,找个借口告辞。

根据销售顾问引导情况留下联系方式。

项目评价

开心时刻!项目完成后,我们来开个研讨会,大家一起来总结一下,对自己的工作与学习过程进行评价反馈,看看是否达到了预定要求。

学习评估是收集教学系统各个方面的信息,并根据一定的客观标准对学习过程和学习效果做出客观的衡量和判定过程。

1.各小组分别制定一个汽车展厅销售这一项目的评价标准,经讨论后,形成全班的

标准。

制定项目评价标准时重点考虑以下几个方面：

（1）学习态度：包括出勤、回答问题、作业提交、学习主动性等方面。

（2）知识掌握程度：包括作业正确率、知识考核情况。

（3）演练情况：实训演练与考核。

（4）职业习惯与素养：职业化程度、团队合作情况

2. 根据以上标准，每个学生对自己的工作进行一个自我评价，并填入表 1.18 中。

表 1.18 汽车展厅销售项目学生自我评价表

指导老师：

姓名 ＼ 项目	评价标准一	评价标准二	评价标准三	评价标准四	评价标准五	总得分
王五						
评分理由						

注：总得分为各评价标准得分之和；评分理由不得空白。

　　　　　　　　　　　　　　　组长（签名）：　　　　　　　　日期：

3. 按照这一标准，对本小组其他成员的工作进行评价，并将评价结果填入表 1.19 中。

表 1.19 汽车展厅销售项目小组评价表

组别：

指导老师：

姓名 ＼ 项目	评价标准一	评价标准二	评价标准三	评价标准四	评价标准五	总得分
张三						
李四						
王五						
平均分						

注：总得分为各评价标准得分之和；平均分可以对比用。

　　　　　　　　　　　　　　　组长（签名）：　　　　　　　　日期：

4.指导老师对你的项目工作完成情况进行评价了吗?

指导老师根据任务的完成情况、学生工作责任心等方面,再结合学生的评价标准制定相应的评价标准,并按小组评价表的格式制作评价表,把学生的评分结果填入表1.20中。

表1.20 汽车展厅销售项目教师评价表

班级:

指导老师:

项目 姓名	评价标准 一	评价标准 二	评价标准 三	评价标准 四	评价标准 五	总得分
张三						
李四						
王五						
平均分						

注:总得分为各评价标准得分之和;平均分可以用来对比分析。

5.对学生的学习成绩进行总评。

根据一定的比例计算得到学生完成本项目的总得分,并记录在册。记录表格如表1.21所示。建议按以下比例进行总评:总评分=学生自评分×10%+小组评分×20%+指导老师评分×70%。

表1.21 汽车展厅销售项目学生评价得分总表

班级:

项目 姓名	学生自我评价得分 (10%)	小组评价得分 (20%)	指导老师评价得分 (70%)	总得分
张三				
李四				
王五				
……				
平均分				

指导老师(签名): 日期:

项目二
汽车营销市场分析

 学习目标

1. 会根据给定的营销课题策划并组织汽车市场调研活动；

2. 能运用市场环境分析工具进行汽车营销环境分析；

3. 能运用市场细分与定位理论分析所经营车型的细分市场特点、目标市场及客户定位；

4. 能在市场调研、营销环境分析、车型市场定位分析的基础上,为达到一定企业营销目标进行汽车营销市场分析,撰写市场分析报告。

 项目描述

本项目以汽车经销企业市场部工作人员的工作过程为载体,培养学生掌握汽车市场营销岗位基础知识,习得该岗位工作所需的市场分析技能,了解汽车营销市场分析的基础知识与工作内容。

本项目的主要学习内容包括：

1. 汽车市场调研的概念、步骤和主要内容；

2. 就汽车营销中的问题进行市场调研筹划并撰写策划书；

3. 设计汽车市场调研问卷的方法并能独立设计问卷；

4. 与他人合作进行汽车市场调研的组织和实施；

5. 对汽车市场调研所得数据进行整理分析；

6. 进行市场需求分析与预测；

7. 汽车市场营销环境的构成；

8. 汽车市场营销环境分析方法；

9. 汽车市场细分、目标市场营销及汽车市场定位策略；

10. 撰写市场分析报告。

为了更好地达到教学目标,完成以上内容的教学,我们为本项目设计了三个学习任务,分别是：

任务一　汽车营销市场调研；

任务二　汽车市场营销环境分析；

任务三　汽车市场定位分析。

任务一　汽车营销市场调研

2.1.1　任务引入

　　小刘是某品牌汽车经销商的市场部工作人员,最近该品牌有新车型上市,作为区域经销商要配合整车厂新车上市进行区域市场推广。领导交给小刘的任务就是,在两周内,对所在区域进行市场调研,对区域的营销环境、目标客户群做出分析判断,提交市场分析报告,为这次市场推广活动提供决策依据和信息支持。

　　接到这个任务后,小刘该从何处着手开始工作呢? 市场调查的内容包括哪些? 调查问卷如何设计? 具体调查工作如何实施? 影响营销活动的环境因素有哪些? 目标客户群在哪里? 竞争环境又是如何? 市场分析报告该如何撰写? 要完成任务,以上这些问题都是小刘需要解决的。

　　以此任务为依托,本任务的学习目标是:

　　1. 会开展市场调研工作,科学高效收集市场信息;

　　2. 能对市场情况做出简单的分析预测;

　　3. 会撰写市场调研报告。

　　通过本任务的学习可以为后续的市场营销策划工作打下良好的基础。

2.1.2　知识准备

单元一　汽车市场调查的内容

一、汽车市场调查的含义和作用

　　市场调查(Marketing Research),就是运用科学的方法,有目的、有计划、系统地收集、整理和分析研究有关市场营销方面的信息,提出解决问题的建议,供营销管理人员了解营销环境,发现机会与问题,作为市场预测和营销决策的依据。

　　汽车市场调查就是指对汽车客户及其购买力、购买对象、购买习惯、未来购买动向和同行业的情况等方面进行全部或局部的了解。具体说,汽车市场调查,就是以汽车消费群为特定的调查对象,发现和提出汽车营销的问题与需求,用科学的方法、客观的态度对相关的市场信息进行系统的收集、记录、整理和分析,从而掌握市场的现状及其发展趋势的一种经营活动。

　　市场调查是汽车企业营销活动的出发点,具有十分重要的作用,这些作用可以概括如下:

　　1. 有利于制定科学的营销规划

　　通过市场调查,了解市场、分析市场,才能根据市场需求及其变化、市场规模和竞争格局、消费者意见与购买行为、营销环境的基本特征,科学地制定和调整企业营销规划。

2.有利于优化营销组合

企业根据市场调查的结果,分析研究产品的生命周期,开发新产品,制定产品生命周期各阶段的营销组合策略。如根据消费者对现有产品的接受程度、对产品及服务的偏好,改进现有产品,开发新用途,研究新产品创意、开发和设计;测量消费者对产品价格变动的反应,分析竞争者的价格策略,确定合适的价格上限;综合运用各种营销手段,加强促销活动、广告宣传和售后服务,增进产品知名度和客户满意度;尽量减少不必要的中间环节,节约储运费用,降低销售成本,提高竞争力。

3.有利于开拓新市场

通过市场调查,企业可发现消费者尚未满足的需求,测量市场上现有产品及营销策略满足消费需求的程度,从而不断开拓新的市场。营销环境的变化,往往会影响和改变消费者的购买动机和购买行为,给企业带来新的机会和挑战,企业可据此确定和调整发展方向。

在我国的营销实践中,市场调查也是一个薄弱环节,各企业还需加强市场调查,并且要提高市场调查的准确度。

二、汽车市场调查的核心问题

汽车市场调查的核心问题可以用如下关系图来表明,如图2.1所示。

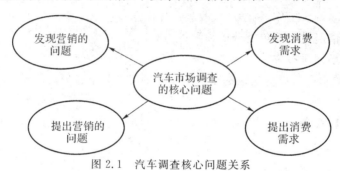

图2.1　汽车调查核心问题关系

三、汽车市场调查的主要内容

汽车市场调查涉及营销活动过程的各个方面,我们从汽车市场调查的核心问题出发,可以把调查的主要内容概括为以下几个方面,如图2.2所示。

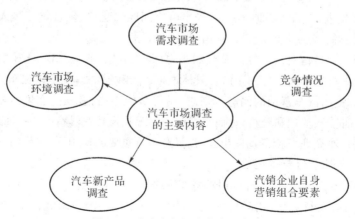

图2.2　汽车市场调查的主要内容

（一）汽车市场环境调查

主要是对汽车市场的宏观和微观环境因素进行调查，以掌握环境的变化对市场营销的影响，从而指导企业的市场营销策略的制定和调整。汽车市场环境调查的主要内容如表2.1所示。

表2.1　汽车市场环境调查的主要内容

环境调查要素	说　明
1. 政治法律环境	a. 对政府有关汽车方面的方针、政策和各种法令、条例等可能影响本汽销企业的诸因素的调查。如汽车价格政策、汽车税收政策等。 b. 调查有关部门及其领导人、关键人的情况。公司开辟市场要打交道的政府职能部门和单位，通过调查找出各部门各单位的关键人员。
2. 经济环境	a. 国家、地区或城市的经济特性，包括经济发展规模、趋势、速度和效益。 b. 所在地区的经济结构、人口及其就业状况、交通条件、基础设施情况、同类行业竞争的情况。 c. 一般利率水平，获取贷款的可能性以及预期的通货膨胀率。 d. 国民经济产业结构和主导产业。 e. 居民收入水平、消费结构和消费水平。 f. 与特定汽车类型相关因素的调查。
3. 科技环境	对国际国内新技术、新车型的发展速度、变化趋势、应用和推广等情况进行调查。
4. 社会文化环境	a. 了解一个社会的文化、风气、时尚、爱好、习俗、宗教等。 b. 调查当地人的文化水平。 c. 调查民族特点情况。 d. 调查风俗习惯。

（二）汽车市场需求调查

从狭义的角度去理解汽车市场调查指的就是针对汽车客户所作的调查，因此汽车市场需求调查是汽车市场调查的最主要内容。其核心内容是调查汽车客户的情况，主要内容如表2.2所示。

表 2.2　汽车市场需求调查的主要内容

需求调查要素	说　明
1.市场容量调查	主要是指现有和潜在人口变化、收入水平、生活水平、本汽销企业的市场占有率、购买力投向、客户对某类汽车的总需求量及其饱和点、汽车市场需求发展趋势。 　　a.客户区域人口状况调查 　　总人口的多少是影响市场需求的一个重要因素,市场总容量的一个重要标志。 　　人口、购买力与市场规模的关系如下: 　　在对总人口进行调查时,应注意流动人口的变化情况。人口流动会引起购买力的流动,从而引起市场需求变化。尤其对待处于政治、经济、文化中心或地处交通枢纽、经济特区地带的城市,更应考虑流动人口的状况。 　　b.客户区域收入状况调查 　　由于居民的购买力来源于收入,所以居民收入的多少,是决定居民购买力大小的主要因素,其收入来源和影响因素也不同。应对此进行调查。
2.汽车市场需求影响因素调查	如国家关于国民经济结构和汽车产业结构的调整和变化;客户的构成、分布及消费需求的层次状况;客户现实需求和潜在需求的情况;客户的收入变化及其购买能力与投向。
3.购车动机调查	如客户的购车意向,影响客户购车动机的因素,客户购车动机的类型等。
4.购车行为调查	调查各阶层的购车欲望、购车动机、购车习惯、购车爱好、购买地点、品牌偏好等情况,以及客户对本汽销企业和其他提供同类车辆的汽销企业的欢迎程度。如不同客户的不同购买行为,客户的购买模式,影响客户购买行为的社会因素及心理因素等。即"三 W 一 H":在何时购买、何处购买、由谁购买和如何购买等情况。

表 2.2 市场容量调查内嵌表格:

人口总量	购买力高低	市场规模
人口多	购买力低	小
人口少	购买力高	小
人口少	购买力低	更小
人口多	购买力高	大

　　下面提供一些作为汽车营销人员为了解客户需求而常用的一些调查分析表格,以供参考,如表 2.3 至表 2.6 所示。

表 2.3　市场区域分析表

地区	市场指标				客户构成比率	偏差率	销售构成比率	偏差率
	人口	占有数	车台数	平均				
A								
B								

表 2.4　新车型开拓调查分析表

调查目的
行业现状

行业的市场动向

市场规模分析	将来的竞争的分析	公司营运的分析

市场潜力分析

调查报告的概要

表 2.5　客户购车基本情况调查

客户名称	
所在单位	
家庭人数	
总收入	
计划购车时间	
计划在哪里购车	
和谁一起来	
品牌偏好	
接触的媒体	
其他	
总结	

填写要求：

注意事项：

表 2.6 客户意识变化调查

● 总述

客户意识变化关键重点	公司应对关键要点

● 客户社会构造的变化

（高龄化社会、女权时代、年轻人社会、国际社会、小家庭化、个人社会）

●客户生活意识的变化

（重视个人生活、重视个性、自我主义）

● 客户生活价值的变化

（女性重视工作、文化提升、健康导向、休闲导向、美食主义）

● 公司的应对、分析

（三）汽车产品调查

包括对汽车新产品设计、开发和试销，对现有汽车产品进行改良，对目标客户在产品款式、性能、质量、包装等方面的偏好趋势进行预测。定价是产品销售的必要因素，需要对供求形势及影响价格的其他因素变化趋势进行调查。

（四）竞争对手调查

主要是对竞争对手的营销组合、其产品的市场占有率和企业实力等进行调查，以了解对手的情况。一般来说，公司需要了解竞争对手 5 个方面的问题：

1. 谁是我们的竞争者？
2. 他们的战略是什么？
3. 他们的目标是什么？
4. 他们的优势和劣势是什么？

5. 他们的反应模式是什么?

汽车市场竞争情况调查的主要内容如表 2.7 所示。

表 2.7　汽车市场竞争情况调查的主要内容

竞争情况调查要素	说　明
1. 竞争者的确认	有没有直接或间接的竞争对手? 有哪些? 竞争对手主要是指经营同类车辆,并以同一地区为经营地域的汽销企业。同时,与经营替代车型的汽销企业也是一种竞争关系。
2. 竞争者基本情况调查	a. 竞争对手的所在地和活动范围。 b. 竞争对手的经营规模和资金状况。 c. 竞争对手经营的车辆品种、价格、服务方式及在客户中的声誉和形象。 d. 竞争对手新车型经营情况。 e. 竞争对手的销售渠道。 f. 竞争对手的手段和策略。 g. 现有竞争程度(市场占有率等)范围和方式。 h. 潜在的竞争对手状况。
3. 竞争者的实力	按照竞争者力量对比,可分为强力竞争和弱力竞争。前者对汽销企业构成较大威胁;后者暂不构成威胁,但也有做大的可能。
4. 竞争者优劣势	竞争者经营管理的优劣势、代理的车型与品牌优劣势、网点、服务优缺点调查。 竞争者优势在哪? 不足在哪? 竞争对手的组织结构或领导机制如何?
5. 竞争者的营销策略	包括竞争者的营销方式与策略、品牌与服务、价格、广告与促销、分销等策略的现状、应用及效果等。

下面提供一些竞争情况调查常用的表格以供参考,如表 2.8 至表 2.12 所示。

表 2.8　竞争者基本情况调查表

竞争对手名称	
地区	
公司地址	
业务人员数	
平均学历	
平均年龄	
服务时间	
汽车销售员的口才	
行销能力、技巧	
开发客户方式	
汽车销售员给客户印象	
待遇	
业务的方针及做法	

续　表

培训体系	
行业水平	
企业文化	
市场策略	
销售的对象	
代理的品牌名称	
车辆种类	
价格	
市场占有率	
客户的评价	
其他特别的人、事、地、物、时	

表 2.9　竞争者综合调查表

名称			
位置			
规模			
人数			

竞争车型	价格	配置	有无赠送

市场促销	
广告	
优势	
综合评述	

表 2.10　竞争者价格调查表

车型	配置	公司	标价	实际售价	赠送、促销情况	备注

表 2.11　竞争对手比较表

比较项目	本公司	A 公司	B 公司	对策
自身条件				
经营范围				
展厅形象				
经营方针				
主要品牌				

比较项目	本公司	A公司	B公司	对策
车型构成				
每月销售额				
汽车销售员人数				
平均每名汽车销售员的销售额				
总人数				
来展厅人流量				
举办促销活动				
广告				
价格				
做得好的				
做得不好的				

表 2.12 竞争者动向一览表

竞争者名称	主要品牌	新车型	重点客户	新开发动向	投入营业比例	促销	其他

（五）汽销企业自身营销组合要素调查

汽销企业自身营销组合要素,因为是企业自身的信息与资料,因此相对较容易搜集。一般来说,这方面的调查内容主要包括四个方面,如图2.3所示。

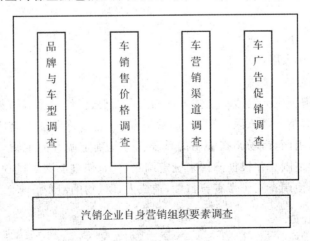

图 2.3 汽销企业自身营销组合因素调查的主要内容

单元二 汽车市场调查的步骤

汽车市场调查一般可分为调查准备阶段、调查实施阶段和分析总结阶段三个阶段。其主要步骤如图 2.4 所示。

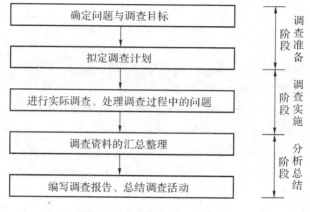

图 2.4 市场调查的一般步骤

一、调查准备阶段

这是调查工作的前期准备阶段,这一阶段非常重要,准备工作充分与否,直接关系到整个调查工作的成败。这一阶段主要要做的工作有如下一些。

（一）确定问题与调查目标

为了保证市场调查的成功和有效,首先要明确所要调查的问题,既不可过于宽泛,也不宜过于狭窄,要有明确的界定并充分考虑调查成果的实效性;其次,在确定问题的基础上,提出特定调查目标。

确定调查目标是调查中最重要也是较困难的任务,须先搞清以下几个问题:

1. 为什么要调查;

2. 调查中想要了解什么;

3. 调查结果有什么用处;

4. 谁想知道调查的结果。

企业一般是为解决生产经营中某些方面的问题需要进行市场调查,如新产品开发问题、企业产品的市场占有率下降原因,等等。多数情况下,题目并不是很具体的,只表现为企业的一个大致的意图,因而,市场调查部门的首要任务是确定调查的主题,即找出问题的关键所在,把握住问题的范围。并根据问题来确定调查目标,使整个调查过程围绕明确的调查目标而展开,否则便会使调查工作带有盲目性,造成人、财、物的浪费。

（二）拟订调查计划

拟订调查计划就是确定调查方案,其工作内容较多,包括确定调查项目、确定信息来源、选择调查方式、估算费用、填制调查项目建议书、安排调查进度和编写调查计划书等。

1.确定调查项目

确定调查项目即根据已确定的调查题目具体设置调查项目。与调查目标有关的因素很多,但从人力、时间以及必要性上来考虑,不可能也不必要把这些因素都设置为调查项目。调查项目越多,需要的人力、经费就越多,时间就越长,因此要对诸多因素的重要程度进行比较,以决定取舍;在不影响调查结果的大前提下,还应综合考虑费用的多少、统计能力的强弱等因素。

2.确定信息来源

市场信息资料有文字资料和通过实地调查而获得的信息资料两大类。确定信息资料来源指确定获取文字资料的渠道与获取实地调查资料的市场调查方式。

获取文字资料的途径很多,如通过企业的各种报表、原始凭证,以及图书馆、统计部门、情报机构等公共机构。

3.选择调查方式

调查方式的确定,包括确定调查地点、调查对象。应根据调查项目选择具体的调查范围。调查对象的确定要以能客观、全面地反映消费者的看法和意见为宗旨。

4.估算调查费用

企业用于市场调查的费用支出是有限的。调查目标、调查方法不同,调查项目多少不一,所需费用也不相同,而调查规模、方式对费用更是有着直接影响。如何使用有限的费用,获得准确的调查结果,是市场调查部门应认真对待的问题。这就需要调查部门对调查所需的各项费用做出估算。调查单位应将费用的估算情况写在一份详细的调查费用估算单(如表2.13所示),供大家参阅。

表2.13　调查费用估算单

申请人：

调查题目：

调查地点：

调查时间：

项目	数量	单价	金额	备注
检索费				
资料费				
文件费				
交通费				
统计费				
交际费				
调查费				
劳务费				
杂费				
其他				
总计				

5.填制调查项目建议书

调查单位应将所确定的调查项目、资料来源、调查内容、调查方式、费用估算以书面方式提交给企业,这就是调查项目建议书。如表 2.14 所示。

表 2.14　调查项目建议书

调查题目:
调查单位:
调查人员:
调查负责人:
日期:　　　　　年　月　日—　　　年　月　日
1.问题及背景材料:
2.调查内容:
3.调查所要达到的目的:
4.调查方式:
5.调查对象:
6.调查地点:
7.经费估算:
负责人审批意见
财务审批意见
申请人:
申请日期:　　　　年　月　日

6.安排调查进度

合理安排调查进度是调查工作能按质、按期完成的有力保证。调查进度的安排要服从于调查项目,将各个调查项目具体化、明确化。每一进度中所要完成的工作内容,所需人力、经费、时间限定等都应在进度表中表现出来。

7.编写调查计划书

在进行正式调查之前,应把前几个步骤的内容编成调查计划,以指导整个调查的进行。

二、调查实施阶段

这一阶段包括收集、整理和分析信息资料等工作。调查中的数据收集阶段是花费时间最多且又最容易失误的阶段。因此,调查人员在计划实施过程中,要尽量按计划去进行,使获取的数据尽可能反映事实。这就要求调查人员应具备一定的素质,在整个信息搜集过程中能排除干扰,获得理想的信息资料。

由于从问卷和其他调查工具获取的原始资料是杂乱无章的,所以无法直接使用。调查人员应协同营销人员利用计算机等现代数据处理方法和分析系统,按照调查目标的要求进行统计分析,以发现那些有助于营销管理决策的信息。这一步非常重要,否则一切耗费将付之东流。

三、分析总结阶段

这阶段的工作有:调查资料的汇总整理、写出调查报告等。

(一)调查资料的汇总整理

数据资料整理分析是根据研究目的,运用科学的方法,对调查资料进行审核、分类或分组、汇总,使之系统化和条理化,并以集中、简明的方式反映调查对象总体情况的工作过程。数据整理分析对于整个市场调研工作具有非常重要的作用:它是对调查资料的全面检查,查缺补漏,去伪存真,去粗取精,保证资料的真实;它是进一步分析研究资料的基础,对资料的分析必须借助完备的系统的资料,因此它是研究阶段的第一步;它是保存资料的客观要求,只有进行整理之后,才能使原始资料具有长期保存的价值。

汽车市场调研数据的分析整理流程如图2.5所示。

首先设计和编制资料整理分析方案,这是保证统计资料的分析整理有计划、有组织进行的重要一步。资料的分析整理往往不是整理一个或两个指标,而是分析整理多个有联系的指标所组成的指标体系。分析整理前要对原始资料进行审核,资料的审核是第一步,为了保证质量必须进行严格的审核。审核后即可进行对原始资料进行分组、汇总和分析计算。对整理好的资料还要再进行一次审核,然后编制出统计图表,以便于直观表达。

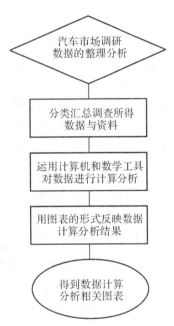

图2.5 汽车市场调研数据的整理分析流程

1. 分类汇总调查所得数据与资料

分类汇总是根据社会调查的目的和要求,按照一定标志,将所研究的事物或现象区分为不同的类型或组的一种整理资料的方法。根据分组数量可分为简单分组和复合分组;根据分组的性质可分为品质分组和数量分组等。

2. 对数据进行计算分析

分析资料阶段的主要任务是在全面占有调查资料的基础上,对资料进行系统分析,其中包括统计分析和理论分析(验证解释)。市场调查不能只归结为搜集资料,它的目的是要对事实做出有科学根据的解释。

加工资料分为两种不同的类型:第一种类型是第一手资料的统计分析。在这种场合下,分析的主要手段是数学和逻辑。由此所得到的资料对于进行理论分析得出理论结论和提出实际建议是有用的。第二种类型是从理论上解释资料,从内容上分析正式整理过的市场经济事实(即第二手资料),这里分析的主要手段是与所研究的市场及经济生活领域有关的经济学理论及市场营销等有关的理论。在分析阶段要做两方面的工作:即统计分析和理论分析。

(1)统计分析。市场统计分析包括两个方面的内容:

①叙述统计也称描述统计:主要依据样本资料计算样本的统计值,找出这些数据的分布

特征,计算出一些有代表性的统计数字。叙述统计主要是描述调查观察的结果。它包括频数、累积频数、集中趋势、离散程度、相关分析、回归分析等。

②推论统计也称统计推断:它是在描述统计的基础上,利用数据所传递的信息,通过局部去对全体的情形加以推断。也就是说它以样本的统计值来推论总体的参数值,包括区间估计、假设检验等内容。

经过统计分析我们就做出了第二手资料,以供进一步理论分析。

(2)理论分析。理论分析是分析阶段的重要环节,它的任务是在对资料整理汇总分析的基础上进行思维加工,从感性认识上升到理性认识。

这个程序是各种科学认识方法的结合,即从抽象上升到具体方法,分析综合方法、归纳法、演绎法、类推法、公理法、系统法及其他的方法综合。

需要注意的问题是,要考虑验证研究结果与原有假设的关系。研究结果可能与假设是一致的,那时就可以顺理成章地予以解释;但有时研究结果与原来的假设不一致,有时会推翻原来的假设,这里一方面可能会有新的发明和发现,对市场研究是一个很大的推动,另一方面可能由其他种种原因造成,就需要寻找及说明为什么与原假设不一致。

3.借助图表等形式反映数据计算分析结果

表格是根据调研的目的,将资料中的各部分分散的数据会聚起来,以图表的形式反映调查的总体状况及内部数量结构。

表的结构一般包含:标题,横标目,纵标目和数字等。

统计图的作用是,表明事物总体结构及统计指标不同条件下的对比关系;反映事物发展变化的过程和趋势;说明某一项目的分布情况;显示现象之间的相互依存关系。

统计图一般包括:柱形图、圆形图(饼图)、曲线图等,如图 2.6 所示。

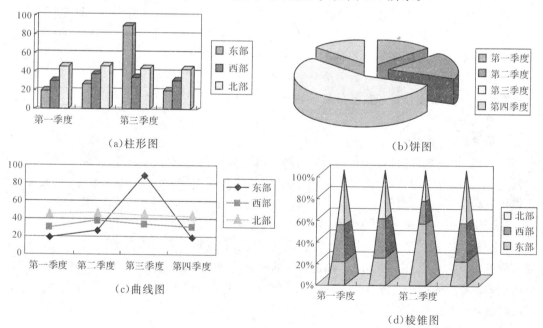

图 2.6 几种常用的统计图

(二)编写调查报告

市场调查报告的提出和报告的内容、质量,决定了它对企业领导据此决策行事的有效程度。写得拙劣的报告会把出色的调查活动弄得黯然失色。市场调查报告依其内容来分,可分为专题报告和一般性报告。前者是供专门人员作深入研究用的,后者是供企业的行政领导或公众参考的。这两种报告的撰写方式有较大差别。

1.专题报告

专题报告又称为技术报告,在撰写时应注意尽可能详细,凡在原始资料中所发现的事实都要列入,以便其他专门人员参考;要以客观的立场列举事实,当调查结果对本企业不利时也应如实奉告。至于专题调查报告所应包含的项目,大致如下:

①封面。写明调查题目、承办部门及人和日期。

②序言。简要概括说明调查结论和建议事项,它也许是企业决策层人士所阅读报告的唯一部分,因为他们太忙并对复杂的细节不感兴趣。

③正文。包括调查目的、方法、步骤、样本分布情况、调查表内容、统计方法及数据、误差估计、在技术上无法克服的问题、调查结果、结论和建议等。

④附录。应尽可能多地列入有关论证和说明正文的资料,其中有:调查表副本、统计资料原稿、访问者约会的记录、参考资料目录等。

2.一般性报告

一般性报告又称通俗报告,因阅读者众多,水平参差不齐,故应力求条理清晰,并避免过多引用术语。为了提高阅读人的兴趣,报告要注重吸引力。有时也可从本企业的利益出发,特别强调调查结果中对本企业有利的事实以收取宣传广告之效。

报告内容所包括的项目要求或小标题可采用新闻标题的方法,以引人注目。关于调查方法、分析整理过程、资料目录等,只要作简要说明便可,而对调查结果的结论和建议事项适当可详细一些。在具体写作时应注意以下几个问题。

①要以大量的资料为依托。在报告撰写之前,需要做大量的实地调查工作,以取得第一手资料和感性认识;需要搜集大量的相关资料,以使视野更为广阔,考虑的因素更为全面。可以这样说,这一步工作的做与不做,做得好与差,直接影响市场调查报告的质量、企业领导层的决策、企业产品的销售。

②要对材料予以取舍、分析、加工。在市场调查报告的撰写中,如果调查者把不能反映市场趋向的材料当成能反映市场趋向的材料,把非关键的、不起决定作用的因素当成关键的、能起决定作用的因素。那么,这篇调查报告就犯了一个倾向性的错误,就会对企业的资金投向、产品投向产生"误导"。

③内容到语言都要具有高度确定性。在市场调查报告的写作中,从内容到语言都丝毫不能出现模棱两可的现象,而需要具有高度的确定性。所使用的每一个词汇都应当是确定的。每段内容也应有确定的、毫不含糊的意义,决不能让人费解。在报告中,尽可能用数量化的形式表达,让数字说话。这样的市场调查报告具有强烈的说服力和较高的可信度。

④市场调查报告的形式要求。市场调查报告的标题要简洁、醒目、明确,让人一看便知其内容是什么。在前言或说明部分需点明报告的调查区域或领域、调查的时间(不能与写作时间相混淆)、所收材料的起止日期、所使用的调查方法,以及材料即数据的处理方法。在正

文部分,最好以条文的方式来说明内容,中间可穿插纵向的或横向的比较。反映趋势的部分,应以数量化材料为主,间之以典型案例的描述。结论与建议必须是由调查的内容或是本调查报告的内容中引发出来的,而不应是附加的或作者的主观臆测。当然,对于以实用为目的的企业来说,如果该调查报告是仅供企业内部使用的,在不影响质量的情况下.在形式上就不必那么拘泥了。

⑤市场调查报告写作的基本模式。言明调查的时间、地点、对象、区域、范围及数量,以及调查所采用的方法。对调查报告的主要内容作提要。对调查所获信息与资料作有层次的、清晰的阐述。利用图表、统计数据和方案,对具有倾向性的问题作深入剖析。根据以上所揭示的规律与倾向,对市场前景做出预测。

单元三 汽车市场调查方法

汽车市场调查的方法很多,常见的方法可以用如下一个体系图来表示,如图2.7所示。

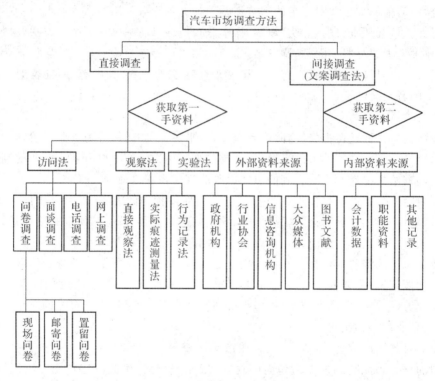

图2.7 汽车市场调查方法体系

一、间接调查法——文案调查法

文案调查是指通过搜集各种历史和现实的动态统计资料(第二手资料),从中摘取与市场调查课题有关的情报,在办公室内进行统计分析的调查方法。

这种方法主要是通过调查人员向有关方面索取资料,或从网络中搜寻,或通过剪报、摘录等方式获得。其资料主要来源参见图3.5所示。

文案调查法的特点是花费时间少,费用低,但难以得到第一手的资料。

例如:日本公司要进入美国市场,就查阅了美国的有关法律和进出口贸易法律条款。阅后得知,美国为限制进口,保护本国工业,在进出口贸易法律条款中规定,美国政府收到外国公司商品报价单,一律无条件地提高50%。而美国法律中对于本国商品的定义是:"一件商品,美国制造的零件所含的价值,必须占这一商品总价值的50%以上。"日本公司针对这些规定,谋划出一条对策:生产一种具有20种零件的商品,在本国生产19件零件,在美国市场上购买一件零件,这一零件价值最高,其价值比率在50%以上。商品在日本组装之后再运到美国销售,就成为美国国内的产品,可以直接和美国公司竞争了。

二、直接调查法

第一手资料是指通过实地调查收集的资料,也称直接资料。实地调查的基本方法有3种:访问法、观察法、实验法。其中访问法是被广泛使用的一种调查方法。

（一）访问法

访问法就是将所拟调查的事项,以当面或电话或书面或其他方式向被调查者提出询问,以获得所需资料的调查方法。

按照调查人员与被调查人员的接触方式不同,可将访问法划分为四种形式:问卷调查、面谈调查、电话调查和网上调查。详细分类如图2.8所示。

科学设计调查表,有效地运用个人访问技巧是此方法成功的关键。

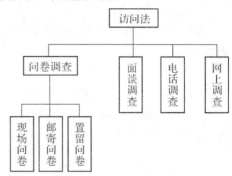

图2.8 访问法的主要形式

1. 问卷调查

问卷调查又分为现场问卷、邮寄问卷和置留问卷三种形式。

这三种形式的具体内容及优缺点如表2.15所示。

表2.15 问卷调查的三种形式优缺点对照表

形式	说明	优点	缺点
现场问卷调查	调查人员将被调查人员集中在一起、要求每人答一份卷,在规定时间答完的一种问卷调查形式	被调查人员不能彼此交换意见,使个人意见充分表达出来	人员不易招集
邮寄问卷调查	调查人员将预先设计好的问卷或表格邮寄给被调查者,请他们按要求填好后再邮寄回的一种调查方式	• 调查成本低 • 抽样时可以完全依据随机抽样法抽取样本,因此抽样误差低	• 收回率通常偏低,影响调查之代表性 • 因无访问员在场,被调查者可能误解问卷意义 • 得到调查结果需要较长时间

续 表

形式	说明	优点	缺点
置留问卷调查	置留问卷调查是调查人员将设计好的问卷送交被调查者,等填写好后,再由调查人员定期收回。实际是面谈调查和邮寄调查两种方式的结合	• 调查问卷回收率高。 • 被调查者可以当面了解填写问卷的要求,避免由于误解调查内容而产生的误差。 • 不受调查人员意见的影响。 • 被调查者填写问卷的时间较充裕	• 调查地域范围有限。 • 调查费用较高。 • 不利于对调查人员的活动进行有效的监督

2.面谈调查

面谈调查是调查人员与被调查者面对面地询问有关问题,从而取得第一手资料的一种调查方法。

这种方法具有回收率高、信息真实性强、搜集资料全面的优点;但所需费用高,调查结果易受调查人员业务水平和态度的影响。

①面谈调查如果按被访问对象人数的多少可分为个人访问和集体座谈两种形式。这两种形式的具体内容及优缺点如表 2.16 所示。

表 2.16　个人访问法与集体座谈法优缺点对照表

形式	说明	优点	缺点
个人访问	即调查者通过面对面地询问和观察某个被调查者来收集信息。这是最通用和最灵活的访问调查方法	能够获得较准确的信息	对调查者的素质要求较高
集体座谈	也称小组访问。即邀请一定量被调查者(一般为 8～10 人)参加集体讲座,由主持人提出各种问题,围绕调查研究目标展开,以达到收集信息的目的	• 在较短的时间内能收集到许多被调查者的意见; • 被调查者在一起相互影响,可以激发个人访问无法得到的一些想法和建议; • 主持人可以直接观察到参加者的行动和表情,对分析资料有帮助	• 结果往往易被权威意见所左右或被大多数人的意见所左右,从而导致结果精度不高。 • 通过讨论收集的意见较杂乱无章,给整理工作增加难度; • 不宜引用一些涉及私人的和敏感性的问题。 • 对主持人的素质要求较高

②面谈调查若按照问卷的填写形式,可以有两种方法。一是调查员按照问卷向被调查者询问,然后将对方的回答记入问卷,所用问卷称访问式问卷。

另一种是调查员将问卷交给被调查者,说明填写方法,请对方填写。可以当场填写完毕,也可以约定以后某个时间调查员再来收取问卷(也叫置留问卷调查法),所用问卷称自填式问卷。

③面谈调查若按照访问的地点和形式,又可以分为入户(或单位)访问和拦截访问。这

两种形式主要是针对个人访问形式的。这两种形式的具体内容及优缺点如表 2.17 所示。

表 2.17 入户访问与拦截访问优缺点对照表

形式	说明	优点	缺点
入户访问	入户访问指调查员到被调查者的家中或工作单位进行访问,直接与被调查者接触。然后或是利用访问式问卷逐个问题进行询问,并记录下对方的回答;或是将自填式问卷交给被调查者,讲明方法后,等待对方填写完毕或稍后再回来收取问卷的调查方式。 这是目前国内最为常用的一种调查方法。 调查的户或单位都是按照一定的随机抽样准则抽取的,入户以后确定的访问对象也有一定的法则。具体的抽样准则在有关"抽样技术"中有更加详细的说明	当面听取被调查者的意见,并观察其反应。问卷回收率甚高,如彻底执行可达 100%。调查员可从被调查者之住所及其家具,推测其经济情况	调查成本较高,调查结果正确与否,受调查员技术熟练与否及诚实与否的影响甚大
拦截式访问	拦截式访问是指在某个场所(如商业区、商场、街道、医院、公园等)拦截在场的一些人进行面访调查。这种方法常用于商业性的消费者意向调查中。例如在汽车城的前台拦截客户询问他(她)们对各种汽车品牌的偏好以及购买习惯、行为等等	商场拦截式面访的好处在于效率高,因为是被调查者向调查者走来,而不是调查者寻找被调查者	无论如何控制样本及调查的质量,收集的数据都不会对总体有很好的代表性。这是拦截式访问的最大问题

3.电话调查

电话调查就是选取一个被调查者的样本,然后拨通电话,询问一系列的问题。调查员(也叫访员)用一份问卷和一张答案纸,在访问过程中用铅笔随时记下答案。调查员集中在某个场所或专门的电话访问间,在固定的时间内开始面访工作,现场有督导人员进行管理。调查员都是经过专门训练的,一般以兼职的大学生为主,或其他一些人员。有些公司由于电话访问项目较多而设有专职的电话访问员。

这种调查方法的优点:可在短时间内调查多数样本,成本甚低。

这种调查方法的缺点:不易获得对方的合作,不能询问较为复杂的内容。

随着信息技术的不断发展,电话访问出现了一些新的形式,如计算机辅助电话访问(Computer-Assisted Telephone Interviewing,CATI)、全自动电话访问、电脑柜调研等,在此就不一一介绍。

4.网上调查法

网上市场调查是指在互联网上针对特定营销环境进行调查设计、收集资料和初步分析的市场调查活动。利用互联网进行市场调查(称为网上市场调查,简称网上调查)有两种方式,一种是利用互联网直接进行问卷调查等方式收集一手资料,这种方式称为网上直接调查;另一种方式是利用互联网的媒体功能,从互联网收集二手资料。由于越来越多的传统报纸、杂志、电台等媒体,还有政府机构、企业等也纷纷上网,因此网上成为信息海洋,信息蕴藏

量极其丰富,关键是如何发现和挖掘有价值信息,而不再是过去苦于找不到信息,对于第二种方式一般称为网上间接调查。

我们这里所讲的网上调查主要是指第一种方式,网上调查的优缺点可用表2.18说明。

表 2.18　网上调查的优缺点对照

优点	缺点
• 组织简单,费用低廉; • 调查结果的客观性高; • 快速传播与多媒体问卷; • 有益于调查质量的监控; • 没有时空限制; • 缩短调查周期	• 样本代表性差; • 安全性存在问题; • 因特网无限制样本问题,即无法限制被调查者重复填写问卷

(二)观察法

观察法是由调查人员到各种现场进行观察和记录的一种市场调查方法。在观察时,调查人员既可以耳闻目睹现场情况,也可以利用照相机、录音机、摄像机等设备对现场情况做间接的观察,以获取真实的信息。

在以下调查中常应用此法。

①客户动作调查。当设计新店铺时,应先研究吸引客户之最佳方式,此时应进行客户动作观察。

②交通量调查。为研究某一街道之商业价值或改善交通秩序,调查某一街道之车辆以及行人流量或方向时,可采用此法。

③店铺调查。观察法的主要优点:因被调查者没有意识到自己正在接受调查,一切动作均极自然,准确性较高。

观察法的主要缺点:观察不到内在因素,有时需要作长时间的观察始能求得结果。

(三)实验法

实验法是指先在一定的小范围内进行实验,然后再研究是否大规模推广的市场调查方法。其起源于自然科学的实验求证法。

具体做法是:从影响调查对象的若干因素中选出一个或几个因素作为实验因素,在其他因素处于不变的条件下,了解实验因素变化对调查对象的影响。实验完成后,还需用市场调查方法分析这种实验性的推销方法或产品是否值得大规模的推行。在展销会、试销会、订货会等场合,均可采用这种方法进行市场调查。

对于汽车商品,在改变品质、设计、价格、广告、陈列方法等因素时,可应用本调查法,先作一小规模的实验性改变,以调查客户反应。

这种调查方法的优点:使用的方法科学,具有客观性价值。

这种调查方法的缺点:实验的时间过长,成本高。

单元四　市场调查的抽样技术

汽车市场调查还涉及调查对象的选择问题,调查对象的选择方法又可分为:全面普查、重点调查、典型调查和抽样调查四种,其中抽样调查是市场调查中被广泛使用的一种方法。

一、抽样调查的基本概念

(一)信息源及其特征

所谓信息源,就是有关事件的记录或信息内容发生和存在的地方,也就是人们所要收集资料的地方或对象。进行市场调查首先必须回答从何处收集资料的问题,因此只有找对信息源才有可能收集充分的、有用的资料或信息。

正确识别信息源,是进行市场调查的关键步骤。一般来说,信息源应具有这样几个特征:

①与有关事件或信息内容的联系最密切。

②对有关事件发生过程或信息内容有完整的记录或记忆。

③具有对有关事件发生过程或信息内容的长信记忆功能或记录保持功能。

④在一定的条件下能够讲述或再现有关事件的全貌。

例如:若要收集某品牌汽车商品在市场上最近几个月的销售数量及其增长的情报资料,下面几个地方哪一个是真正的信息源?

A.政府的统计机关　　B.政府的工商管理机关　　C.消费者　　D.汽车商店

显然,汽车商店是销售有关商品的地方,汽车商店和消费者都是有关事件(最近几个月汽车商品的销售)的主要行为人,因而与该事件具有密切的联系。政府的统计机关和工商管理机关通常不会关心或介入有关商品的销售。而一个消费者只会记忆或记录自己的消费购买,不会对市场上某种汽车商品几个月来的销售量做记录,该记录只有商店才有。商店的销售记录或相应账目通常会保存较长时间,在调查中能够获得全面、完整的说明有关商品的实际销售量及其增长情况的信息。所以,在这个问题中,汽车商店才是真正的信息源。

(二)总体、样本和抽样调查

信息源全体成员称为总体(也称母体)。而被抽取出来作为调查对象的成员称为样本。

为了节约费用,快速完成调研任务,必须在全部对象(即总体)中选择具有代表性的一部分(样本)加以调查,然后以样本的统计特征值推断总体特征值。这种调查称为抽样调查。其原理如图2.9所示。

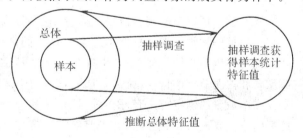

图2.9　总体与样本的关系

所谓特征就是指总体和样本的某个属性,如性别、年龄、职业等。一组互斥的属性特征集合为变量。总体中某一变量的综合描述称为总体特征值(简称总体值),它反映总体中所有元素的某种特征的综合数量表现。调查样本中某一变量的综合描述称为统计特征值(简称统计值),它反映样本中所有元素的某种特征的综合数量表现。我们往往用平均值与标准差来反映某一特征值,并用统计值作为总体值的估计值。这就是抽样调查的原理。

（三）抽样和抽样框

所谓抽样，即从总体中抽出一部分样本。样本应当具有代表性，本身具有（因而能反映）总体的特征。例如，在对消费者进行抽样调查时，所选择被调查的消费者应当与其他消费者具有相似的收入水平、消费习惯、文化背景、消费层次和市场环境。如果出现不同，所调查的消费者信息就不能反映其他消费者的信息，在从样本特征值推断总体特征值时，就会发生偏差。在消费者之间存在差异的情况下，必须选择特征不同的消费者，避免以偏概全。

抽样框又称作抽样范围。它指的是一次直接抽样时总体中所有抽样单位的名单。样本或某些阶段的样本从抽样框中选取。

例如，从一个社区的全体家庭中，直接抽取 200 个家庭作为样本。那么，这个社区全体家庭的名单就是这次抽样的抽样框。如果是从这个社区的所有单元中抽取部分单元的家庭作为调查的样本，那么，此时的抽样框就不再是全社区家庭的名单，而是全社区所有单元的名单了。因为此时的抽样单位已不再是家庭，而是单个的单元了。

二、抽样调查的基本程序

抽样调查的基本程序如图 2.10 所示。

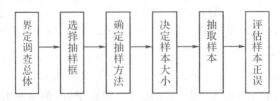

图 2.10　抽样调查的基本程序

下面就样本大小的决定和抽样方法两个问题做个讨论，其他过程的详细内容详见相关链接。

三、样本数量的确定

样本数量可以影响调查数据的质量，它在很大程度上取决于各个个体之间的相似程度和相关信息的种类。如果总体中各个个体之间高度相似，任意选取一个样本就可以比较清楚地说明总体的特征。但是，如果各个个体之间存在较大差异，如果要求样本统计特征值能够反映和说明总体的情况，就需要选取较多的个体作为样本。

样本数量的确定方法有好多种，这里主要介绍一种常用的较为准确的数量方法——置信区间法。要理解这种方法，首先要确定可信度要求。

可信度是表明特定样本的估计值被视为对总体参数的真实估计的准确与可靠程度的概念。与可信度的对应的是误差的显著性水平。95％的置信水平（表示样本估计值落入可信区间的概率为 0.95）对应有 5％的误差显著性水平；而 99％的置信水平对应有 1％的误差显著性水平。这两种显著性水平是经常采用的。有关可信区间等统计学概念，请参阅统计学专门教材。

对每个样本进行调查取得的某种数据称为样本值。抽样调查取得的该类数据的全部样本值可被用于计算样本平均值以及标准方差。样本平均值反映全部样本的某种数据的平均水平,通常记为$\overline{X}$;标准方差则反映各个样本值在平均值周围分散的程度或离散度,记为S^2。有些情况下也用到样本平均值的标准误差(SE_x)。如果这个统计数据大,那么该样本估计值与总体参数的真实值偏差也大;如果这个数据较小,就可以相信样本估计值是一个较好的、可靠的总体参数的代表。

不论样本数量多大,在将样本平均值视为总体均值时,总是存在一定的误差。统计学理论证明,样本平均值的标准误差大小与样本数量的平方根成反比。这一定理用数学公式来表达就是:

$$SE_x = \frac{\sigma}{\sqrt{n}}$$

式中:σ——总体的标准方差;n——样本数量。

根据上述定理,不难推导:

$$n = \frac{\sigma^2}{SE_x^2}$$

这就是用来计算样本数量的数学公式。运用该公式要求已知总体的标准方差。另外,必须知道可接受的标准误差值。一般情况下,总体的标准方差是不知道的,因而要以 K 个个体组成的样本组的标准方差来代替。K 个个体构成的样本组的标准方差可作为总体方差的一个合理估计,用下式计算:

$$\hat{\sigma} = \sqrt{\frac{\sum (X_i - \overline{X})^2}{K-1}}$$

另一个可用于计算简单随机抽样的样本数量的数学公式是:

$$n = \left(\frac{Z\sigma}{E}\right)^2$$

这里:Z——z 的统计量。对应于希望达到的置信水平。在正态分布下,95%的置信水平所对应的 Z 为 1.96;99%的置信水平所对应的 Z 为 2.58。

E——可接受的最大误差(即精确度为$\pm E\%$)。

计算示例:

以 95%的可信度对一支销售队伍的平均销售能力进行随机抽样调查,如果要求样本平均值与总体真实平均值之间可接受的最大误差量为 2.0,在假定$\hat{\sigma} = 12$时,样本数量为多大?

因为对应于 95%的置信水平,$Z = 1.96$

所以 $n = \left(\frac{1.96 \times 12}{2.0}\right)^2 = 138$(个销售人员)

由公式 $SE_x = \frac{\sigma}{\sqrt{n}}$ 也可以发现,要提高样本估计值的准确度,虽然可以通过增加样本数量来实现,但是,需增加的样本数量将呈二次指数速度增长。具体而言,一个样本数量是1000 的抽样调查结果所存在的样本误差只是一个样本数量为 4000 的样本误差的 2 倍。或者说,一个样本数量是 4000 的样本误差只是样本数量为 1000 的样本误差的 1/2,因为

$$样本误差之比 = \sqrt{4000 \div 1000} = 2$$

调查费用也是影响样本数量的决定因素之一。调查活动的费用总是随着样本增多而增

加的,选择的样本数量越大,所需投入的资金和人力、物力就越多。从节约费用的角度考虑,样本数量应当小一些。

四、抽样方法

调查样本的选取对抽样调查结果有极为重要的影响。按抽样原则不同可以把抽样方法按如下标准进行分类,如图2.11所示。

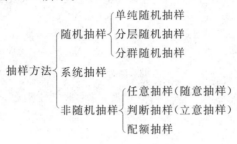

图2.11 抽样方法分类

(一)随机抽样

随机抽样是按照随机原则从总体单位中抽取样本的抽样方法。这种抽样方法具有统计推算的功能,能如实地算出样本的代表性程度,还可以判断抽样误差,但这种抽样方法不省钱,不省时,不方便。

(1)单纯随机抽样法。即总体中的每个成员被选中的机会相等的一种随机抽样方法。采用单纯随机抽样,可用统计学的方法来排除选择过程中的人为偏差。

常用方法:

①抽签法。常用一个骰子,这个骰子必须是从0～9的数字都能得到同等的出现机会,一个立体正10方形的骰子,可以满足需要。

例如:要从1000个样本中选出10个样本,则把这个骰子转动3次,以最先得到的数字为百位,第2次为十位,第3次得到为个位,组成一个数,反复转动骰子,可得到一组数据,即为样本的序号。

②利用乱数表法。乱数表是从骰子之投掷得出来的数字列出的一张表。

例如,以下是乱数表的一部分,供作参考。

乱数表(部分):

1	13	21	96	10	43	46	00	95	62	09	45	43	87	40	08	00
2	12	84	54	72	35	75	88	47	75	20	21	27	73	48	33	69
3	57	38	76	05	12	35	29	61	10	48	02	65	25	40	61	54
4	25	18	75	82	11	89	13	90	53	66	56	26	38	89	04	79
5	10	88	94	70	76	54	45	07	71	24	53	48	10	01	51	99

······

| 49 | 25 | 67 | 87 | 71 | 50 | 46 | 84 | 98 | 62 | 41 | 85 | 51 | 29 | 07 | 12 | 35 |
| 50 | 50 | 51 | 45 | 14 | 61 | 58 | 79 | 12 | 88 | 21 | 09 | 02 | 60 | 91 | 20 | 80 |

(2)分层随机抽样法。它是指先将总体单位按其属性特征分成若干层次,层与层之间差

别较大,层内各单位情况类似,然后再从各层内随机抽取样本的抽样方法。

分层抽样的关键在于层的划分。在分层时要注意:

①层与层之间的界限,每一个单位都归属于一定的层,不允许交叉或者有所遗漏;

②要知道各层中的单位数目及占总体的比重;

③分层不宜过多,否则不便于从每层中抽样。

常见分层方法有:

①按性别或职业分层;

②按零售店规模大小分层;

③按消费者所得分层,按年龄分层。

(3)分群随机抽样法。它是将总体各单位按一定标准分成若干群体,然后按照随机原则从这些群体中抽选部分群体作为样本,对作为样本的群体中的每个单位逐个进行调查。

这种抽样方法适用于个体界限不清的总体。因为总体的差异性很小,而且乱度很大,便不能订立标准分层,只能依其他外观的或地域的标准来划分成几个群。

例如:拟从某市抽出 1000 名样本,但无法取得该市市民名册,所有资料只有小区、办事处的名称和数目。假定该市共有 200 个单位的小区、办事处,每一个单位约有 20 名居民,因此可以小区、办事处为单位,从 200 个小区、办事处中随机抽出 50 个,并将所抽出的小区、办事处中的全体居民作为样本,如此可抽出 1000 名样本。

分群抽样与分层抽样在形式上有相似之处,但实际上差别很大。分层抽样要求各层之间的差异很大,层内个体或单元差异小,而分群抽样要求群与群之间的差异比较小,群内个体或单元差异大;分层抽样的样本是从每个层内抽取若干单元或个体构成,而分群抽样则是要么整群抽取,要么整群不被抽取。

(二)系统抽样法

又称"等距抽样法"。它是将总体中各个体按某一特征(或编号)排列,然后依固定的顺序和间隔抽取样本。系统抽样法介于随机抽样法和非随机抽样法之间。

抽样流程如下:

抽样前,须将总体的每一个单位编号,先计算样本区间(即 N/n,N 表示总体的数目,n 表示样本的大小),如果样本区间为分数,可四舍五入化为整数。然后从 1 到 N/n 号中随机抽出一个号码作为第一个样本单位,将第一个样本单位的号码加上样本区间即得第二个样本单位,依此类推,直到样本数足够为止。

其第一个样本单位可以依判断抽样法(内容见后)抽取;亦可用随机方式抽取。

例如:总体样本有 10000 个,样本的大小决定为 200 个,则样本区间为 10000/200＝50,假如从 1 到 50 中我们随机抽出了 7,则样本单位的号码,依次为 7,57,107,157,207,…直到样本达到 200 个为止。

它适用于对零售店数据的常规调查。

(三)非随机抽样法

非随机抽样不是遵循随机原则,而是调查人员根据自己的主观选择抽取样本的方法。这种抽样方法主要应用于抽样总体太庞大、太复杂时,无法判断误码并无法估计抽样误差。

与随机抽样相比,这种抽样方法省钱、省时、方便。

(1)任意抽样法。任意抽样法(又称随意抽样法)是随调查者之方便所选取的样本。总体的标志是"同质"时,可用此法。

常见的做法是街头作访问调查(看到谁就访问谁)。

其优点是使用方便,最省钱。

其缺点是抽样偏差极大,结果极不可靠。因此通常不应利用一个任意抽样样本估计总体变量的数值,因为一个总体中"任意"单位极可能和其他"不任意"的单位有显著的不同。

(2)判断抽样法。又称"立意抽样法",是由专家的判断而决定所选的样本。

使用这种方法时必须对总体的有关特征具有相当的了解。

使用这种抽样法应极力避免挑选极端的类型,而选取"多数型"或"平均型"的样本为调查研究的对象,以期透过对典型样本的研究来了解总体的状态。

在编制物价指数时,有关产品项目的选择及样本地区的决定等常采用此法。

其优点是由于判断抽样法系依照调查人的需要选定样本,故较能适合特殊的需要,收回率也较高。

其缺点是如果主观判断偏差,则判断抽样极易发生抽样误差。

故它适用于总体的构成单位极不相同而样本数很小的情况。

(3)配额抽样法。它是按照一定的标准(即分层标准)和比例分配样本数额,然后由调查人员在分配的额度内任意抽取样本的一种方法。它适用于一般小的市场调查。

执行步骤如下:

①选择"控制特征"作为细分总体的标准;

②将总体按"控制特征"细分,使分成数个子总体;

③决定各子总体样本的大小,通常是将总样本数按各子总体在总体中所占的比例分配。

采用此法时,为了明了样本在各层中的分配状况,必须先拟出一个样本交叉控制表。

例如:为了调查某品牌汽车不同客户的满意度,需抽取样本总数20人,其中:男女各为9、11人,社会阶层上中下等各为2、4、14个,年龄:20~29,30~44,45~64,65以上分别为4、6、7、3人,则该样本的交叉控制表如表2.19所示。

表 2.19　交叉控制表

社会阶层		上		中		下		合计
性别		男	女	男	女	男	女	
年龄	20~29	1			1	1	1	4
	30~44		1		1	3	1	6
	45~64			1	1	2	3	7
	65 以上					1	2	3
小计		1	1	1	3	7	7	20
合计		2		4		14		

表2.19中社会阶层、性别、年龄就是控制特征,这些控制特征交叉部分就形成了一个子总体。

④选择样本单位:各子总体样本数决定后,即可采用任意抽样法为每一个调查员指派"配额"要他在某个子总体中访问一定数额的样本。

单元五　汽车市场调查问卷设计技术

调查问卷的设计或称调查表的设计,是市场调查的一项关键工作。如果一份调查表设计的内容恰当,它既能使调查部门能达到预定的调查目的,又能使被调查者乐意合作,它就会像一张网,把需要的信息收拢起来。调查表往往需要认真仔细地拟定、测试和调整,然后才可大规模使用。为了设计一份受欢迎的调查表,它要求设计者不仅懂得市场营销的基本原理和技巧,还要具备社会学、心理学等知识。

一、问卷设计的程序

详细操作程序如下:

1. 透彻了解调查计划的主题。

2. 决定调查表的具体内容和所需要的资料。

3. 逐一列出各种资料的来源。

4. 将自己放在被调查人的地位,考虑这些问题能否得到确切的资料,哪些能使调查人方便回答,哪些难以回答。

5. 按照逻辑思维,排列提问次序。

6. 决定提问的方式,哪些用多项选择法;哪些用自由回答法;哪些需要作解释和说明。

7. 写出问题,要注意一个问题只能包含一项内容。

8. 每个问题都要考虑给解答人以方便,如果用对照表法,就要研究用哪些询问项目,如果用多项选择法,就要考虑应列出哪几条答案。

9. 每个问题都要考虑能否对调查结果进行恰当的分类。

10. 审查提出的各个问题,消除含义不清、倾向性语言和其他疑点。

11. 考虑提出问题的语气是否自然、温和、有礼貌和有趣味性。

12. 考虑将得到的资料是否对解决问题有帮助,如何进行分析和交叉分析。

13. 以少数应答人为例,对调查表进行小规模的预测。

14. 审查预试的结果,既要着眼于所收集的资料是否易于列表,又要着眼于资料的质量,看是否有不足之处需要改进。

15. 重新设计调查表并打印出来。

二、问卷的格式

问卷的格式一般可作如下安排。

①问卷说明(开场白)。问卷说明意在向被调查者说明调查的意图,填表须知,交表时间、地点及酬谢方式等。问卷说明应言简意赅,强调调查工作的重要性,消除被调查者的疑虑,并使之引起共鸣,产生兴趣。

②调查的问题。这是调查问卷中最主要的部分。它主要是以提问的形式呈现给被调查者,提问的具体内容视调查目的和任务而定。

③被调查者的情况。具体如年龄、性别、职业、住址、受教育程度、婚姻状况、家庭人口

等,以备各类研究之用。

④编号。这主要是为了便于统计之用。

⑤调查者情况。在问卷的最后,附上调查人员的姓名、访问日期等,以核实调查人员的情况。

三、问卷设计的注意事项

①问卷中问句的表达要简明易懂、意思明确,不是模棱两可,避免用"一般"、"通常"等词语。

如问"你通常读什么样的杂志",这个"通常"很容易使人摸不清怎样去理解,是指场合还是指时间。

②调查问句要有亲切感,并要考虑到答卷人的自尊。

③调查问句要保持客观性,避免有引导的含义,应让被调查者自己去选择答案。

④调查问卷要简短,以免引起填表人的厌烦。全部时间最好能在15分钟之内答完,否则会使被调查人因时间过长而敷衍答卷,影响问卷调查的效果。

⑤问卷中各问题之间的间隔要适当,以便答卷人看卷时有舒适感;印刷要清晰;问卷的页数超过一页时要装订好,避免缺页。

⑥问卷中问题的安排应先易后难,不要第一个问题就把人难倒。核心问题应放在问卷在前半部分。

⑦调查问句要有时间性。时间过久的问题,不易回忆且不准确。例如,"您今年以来看几次我们的广告?"这一问题不易回忆,不是难倒被调查者,就是促使对方胡乱回答。

四、调查问卷中问题的提问方式和方法

1. 二项选择法

又称是否法或真伪法,即回答项目分为两个,回答者选择其一。

例如:你看过××广告没有?

A. 看过   B. 没有

优点:态度与意见不明确时,可以求得明确的判断,并在短暂的时间内,求得回答;使中立意见者,偏向一方。

缺点:不能表示意见程度的差别。

2. 多项选择法

就是给出多项选择支,让被调查者从中选出一个或多个他所认为符合情况的答案支。

使用时注意事项:

a. 须将选择答案事先编号;

b. 答案须包括所有可能情况,但避免重复;

c. 被选择之答案不宜过多,以不超过10个最理想。

3. 顺位法

顺位法是在多项选择的基础上,要求被调查者对询问的问题答案,按自己认为的重要程度和喜欢程度顺位排列。

这种提问方法的询问方式常有以下几种:

1. 下面几项最重要的是哪一项?

2. 下面各项中,请将你认为重要的选出两项或三项、四项。

3. 下面各项中,请把你认为重要的选出若干项。(无限制选择法)

4. 将下列各项,按重要的次序,注上号码。(顺序填充法)

5. 将下列各项分为极其重要、稍微重要、不大重要、一点也不重要等4种。(等级分配法)

6. "A与B哪一个重要?"、"B与C哪一个重要?"(对比法)

4. 自由回答法

不限定答案,回答者可自由申述意见,不受任何拘束。

优点:拟定问题不受拘束,较其他访问方式容易;对回答者不限制回答范围,可探悉其建议性意见。

缺点:对不能明确回答者,大都回答"不知道"等含糊之词;调查受调查员访问方式,以及表达能力影响;统计需很长时间,几乎难以做到各种精细的分析;记分困难,信度偏低。

5. 偏向偏差询问法

调查到底偏差到何种程度,方能改用其他牌子,以测定支持品牌的程度。

询问方法:

Q1:现在你用什么牌子的汽车? 若答A则问Q2。

Q2:目前最受欢迎的是B,今后你是否仍打算买A? 答"是"或"否"。

Q3:(对Q2答"是"的人),据说B的价格要降低一成,你还用A吗?

6. 回想法

回想法用于测验品牌名、公司名、广告的印象强度。

7. 图案标示法

就是将答案用图示符号对称排列,两边意义相反。

例如:你对本汽车特约专卖店的服务是否满意?(请您在满意的程度上划"√")

8. 强制选择法

在回答有的问题时,被调查者经常受到"社会压力"的作用,常不按其真正看法作答,而按"社会要求"作答,为避免这种情况而设计了强制选择法问题。

[例如]可将"你觉得××轿车式样好不好"由被调查者在以下两个句子中选出一个接近他的看法的一句:

A. ××牌轿车具有很好的式样。

B. ××牌轿车的式样过于老化。

9. 意见调查法

对某一特定问题,将预先做成的意见提示给被调查者,以征询其意见。

调查法是以问卷、口头、电话或其他方式,调查被调查者对某一事物的意见。多用于政府的社会调查、市场调查、视听众意见调查等。

10. 竞争选好法

测验原理:商品选择→广告等刺激物的提示→商品选择

按以上程序,以测验提示刺激物(广告等)前后,被调查者对商品选择的态度变化。

例如:以下汽车品牌中,你最想要的一种品牌是＿＿＿。

A.雅阁　　　B.帕萨特　　　C.奥迪　　　D.别克

这个调查结束后,再提示电视广告或报纸广告等刺激物,然后再向同样的对象,提出上述询问。比较第一次和第二次的选择数,作为测验结果。

注意事项:

1. 商品相互间一定要有竞争的关系;

2. 商品价格必须几乎相同;

3. 选择商品时的场面,应仿照实际在市场或商店内购买商品时的场面。

在实际调查中亦可采用把被调查的对象分为A、B两小组,然后采用分组调查对比分析的方法。

A组 品牌选择→提示刺激

B组 提示刺激→品牌选择

按A、B两组选择率的不同,可以发现刺激的效果。

单元六　汽车市场预测

在现代市场经济环境下,汽车企业要在激烈的市场竞争中获得竞争优势,除了要有正确的市场营销观念外,还要求汽车企业在市场营销活动中,能够做到正确的、科学的营销决策。这不仅要求汽车企业进行市场营销调研,而且还需要对汽车市场营销进行预测。汽车市场预测是汽车企业经营决策的基础。因而,加强对这个具有特殊运行规律的汽车市场的市场营销进行预测研究,对于提高汽车企业市场营销水平和市场竞争力具有重要的现实意义。

一、汽车市场预测的概念和作用

(一)汽车市场预测的概念

预测是对某一事物未来发展趋势的研究。具体地说,就是根据事物的过去和现在的资料,运用一定的科学方法和逻辑推理,对事物的未来发展趋势进行预计和推测,定性或定量地估计出事物的发展规律,并对此做出评价,以指导或调节人们未来的行动和方向。

所谓汽车市场预测,是在对汽车市场调查基础上,运用科学的方法和手段,对影响汽车市场营销的各种因素进行分析研究,推测未来一定时期内的汽车市场供求情况及变化趋势,从而为汽车企业营销决策提供科学依据。

(二)汽车市场预测的作用

市场预测对汽车企业来说主要有以下三方面的作用:

①市场预测是汽车企业进行经营决策的重要前提。每个汽车企业在进行经营决策之前,首先必须掌握和做出市场环境及发展变化预测,这是其进行正确、科学决策的首要条件。

②市场预测是汽车企业制定经营计划的重要依据。汽车企业在制定经营计划时,需要考虑市场和客户的需求,这就必须进行市场预测,并根据汽车市场需求的变化来调整本企业

的市场营销活动。

③市场预测可使汽车企业更好地适应市场的变化,增强其竞争优势。在现代市场经济条件下,汽车市场的需求结构,客户的购买力是随着汽车市场环境的变化而变化的。因此,汽车企业必须对汽车市场做出正确的预测,根据市场的变化情况,调整本企业的营销策略。

通过市场预测,可以揭示和描述汽车市场变化趋势,从而为汽车企业的经营提供依据,使汽车企业在经营中克服盲目性,增强其竞争能力、应变能力,达到经营目标。

二、汽车市场预测的种类和内容

汽车市场的运行规律是比较复杂的,内容是很丰富的,影响汽车市场变化的因素很多。因此,汽车市场预测的范围很广,依据不同划分方法,预测种类也较多。一般汽车市场预测的种类可按以下几种方法进行划分。

1.按市场预测范围划分,可分为汽车企业的宏观市场预测和微观市场预测

宏观市场预测是对国民经济发展趋势的预测,主要预测内容为汽车市场的总供给和总需求,国民收入,物价总水平,就业情况,投资、金融情况等。宏观预测是对汽车企业外部不可控因素的预测。

微观市场预测是指在一定的国民经济宏观条件下,对影响汽车企业生产经营的汽车市场环境、营销活动及其指标的变化趋势进行预测,这是对汽车企业可控环境因素进行的预测。

2.按市场预测的期限划分,可分为汽车市场的长期预测(也称战略预测)、中期预测(也称战术预测)和短期预测

长期预测是指预测期限为5年以上的预测,一般只对汽车市场的发展趋势进行估计,预测的误差较大。

中期预测期限在1年以上5年以下,用以制定汽车企业的中期发展规划,对汽车市场的发展趋势预测误差一般较小。

短期预测期限为1周至1年之内,用以确定汽车企业短期任务及制定具体实施方案,对汽车市场的预测的准确性和可靠性较高。

3.按市场预测方法划分,可分为汽车市场的定性预测、定量预测和综合预测

汽车企业市场预测重点是微观市场预测,其市场预测的主要内容是:预测汽车企业经营销售区域范围内消费者对汽车产品购买力发展趋势,对汽车产品的需求趋向,汽车产品生命周期及汽车新产品投入市场成功率。此外,还应预测本企业汽车产品的市场占有率,预测汽车市场对本企业汽车产品的需求情况。在预测市场需求时,必须预测本企业汽车产品的市场总潜力、区域市场潜力和市场占有率的变化趋势。另外,在了解市场需求和市场占有率的同时,必须深入了解本企业某种汽车的生产能力和布局,资源、能源等条件的情况,以及它的数量、质量和性能等,并且预测其发展变化趋势。

三、汽车市场预测的要求和步骤

(一)汽车市场预测的要求

1.准确性

不管是汽车生产部门还是销售部门,在进行汽车市场预测时,首先必须准确地选择和确

定预测对象,这一步至关重要。在正确选择预测对象的基础上,还必须选择合适的预测方法和手段,进行准确的分析和预测,才能达到预期效果。

2．可靠性

汽车工业作为支柱产业本身是国民经济系统的一部分,因此在进行预测时,必须考虑到各个相关子系统的影响,以系统的观点进行预测。

3．整体性

汽车企业的任何一项预测工作往往要以其他方面的预测作为基础。例如,其汽车配件厂决定是否生产某种汽车的总成,其经济效益预测就必须建立在技术预测、需求预测、生命周期预测以及原材料预测的基础上。

(二)汽车市场预测的主要步骤

1．提出问题和设想

在市场经济条件下,汽车企业在生产经营过程中常会遇到许多问题,也会在汽车新车型开发等问题上产生有关设想,这些问题和设想均可作为预测的初步前提。

2．明确预测目标

预测的目标不同,预测的内容和项目不同,所需的资料和运用方法也就不同。明确预测目标就是要确立解决的问题,拟定预测项目,制订计划,组织实施,确保预测顺利实施。

3．收集整理资料

通过各种调查形式收集、整理、筛选、分析与主题有关的各种资料,如汽车行业及有关行业的统计资料,国内外有关汽车工业经济情报和反映市场动态的资料等。

4．建立预测模型

在获得有关数据资料的基础上,依据有关汽车市场理论、预测目标、预测要求及实际情况,选择适当的预测和评估方法,确定有关参数,分析变量间的关系,建立起反映实际的预测模型。

5．进行分析评价

一般通过模型预测得到的结果往往与实际情况存在着差异,因而必须进行分析。

6．修正预测结果和模型,写出预测总结报告

在对其预测对象以及各种影响因素应用预测模型进行计算机模拟分析时,因建立的模型本身具有假设性和概括性,因而模拟出的预测结果不可能是十分准确和全面的。

四、汽车市场预测的方法

迄今为止,预测理论产生了几百种的预测方法,但人们常用的方法并不多。归纳起来,汽车市场预测方法按预测的性质大体可分为三类:汽车市场定性预测、定量预测和综合预测法。现在汽车市场的预测一般都采用以定量分析为主,定量与定性分析相结合的综合预测分析方法。无论是对汽车市场的整体运行,还是对各车型分市场的变化监测,都是在定量分析的基础上结合定性分析进行而得出的结论。由于汽车产品品种多,需求范围广,品种间的替代效应强,各种影响因素复杂,因而用单一的方法进行预测难以取得较理想的预测结果。一般先采用几种方法进行分析研究,最后进行综合比较,进而得出预测结论。下面是几种常用的预测方法:

（一）汽车市场定性预测

1.定性预测法的概念

这种方法是以汽车市场的发展规律为基本出发点,主要是考虑汽车市场环境因素的变化,运用逻辑学的方法来预测汽车市场未来发展趋势的方法。这种方法主要依靠汽车市场营销调研,采用少量数据和直观材料,预测人员再利用自己的知识和经验,对汽车市场未来状况做出判断。这类方法有时也用来推算汽车市场在未来的数量表现,但主要用来对其未来的性质、发展趋势和发展转折点进行预测,适合于数据缺乏的预测场合,如技术发展预测、长期预测等。定性预测的方法易学易用,便于普及推广,但它有赖于预测人员本身的经验、知识和技能素质,不同的预测人员对同一问题的预测结论,在价值上往往有着巨大的差别。

这种方法的理论依据是相似类推原则。这一原则包括两个内容:

（1）按发展时间顺序类推。即利用某一事物和与其相似的其他事物在发展时间上的差别,把先发展的事物的表现过程类推到后发展的事物上去,从而对后发展事物的前景做出预测。例如,通过对某些国家家用轿车普及过程的研究结论,来预测我国家用轿车走向家庭的时间、车型以及购买和政策特点等,就属于时间类推。时间类推的关键是把握事物的发展过程是否相似,如相似性太小,那么预测效果就会较差。

（2）由局部类推总体。即通过抽样,调查研究某些局部或小范围的状况,去预测整体和大范围的状况。例如,通过对一省一市汽车更新工作的调查,来预测全国汽车更新工作的情况。由局部类推总体时,应注意局部的特征是否反映了整体的特征,是否具有代表性。如果不是,预测就可能失败。

2.定性预测方法

（1）专家座谈法。这种方法是汽车企业邀请对汽车市场预测有长期研究,或熟悉汽车市场领域的情况,或具有丰富的汽车市场营销实践经验的有关专家,以开调研会的方式向与会专家获取预测对象的信息,经归纳、分析、判断和推算,预测汽车市场未来发展趋势。调研会的规模一般不大,与会专家人数不超过 10 个。这种方法的优点是可以在较短的时间里,充分利用专家群体的创造性思维和专长,对预测对象进行评估和推算,及时掌握第一手的预测信息。但它的缺点是:由于参加的人数及人的认识有限,不易全面地收集到各种意见;易出现大多数人的意见被采纳,而少数人的正确意见被忽视;还可能受到权威的影响,与会者不能畅所欲言。

（2）专家调查法,又称德尔菲法。该种方法是在 20 世纪 40 年代末期,由美国兰德公司首创并使用的,是专家座谈法的发展。至今,这种方法已经成为国内外广为应用的预测方法。它既可用于汽车微观市场预测,也可用于汽车宏观市场预测,尤其是当缺乏必要的历史统计数据,用其他方法有困难时,采用该法是非常适合的。

这种方法大量采用匿名调查表的方法通过函询征求专家意见,对各种意见汇总整理,将其作为参考资料,再以匿名函寄给各位专家,不断征询、修改、补充和完善,如此反复多次,直至多数专家看法一致,或不再修改自己的意见时,最终得出一套完整的预测方案。

由于专家调查法不是将预测意见经一轮征询就定下来,而是多次轮番征询意见,每次征询都将经过整理的上一轮专家意见全面反馈给各专家以便相互启发,补充完善,提出新见解及其依据,使预测人全面把握大多数专家的意见倾向;又由于采用统计方法处理每一轮专家的意见,经过几轮定量化的统计归纳,预测结果趋向集中,预测方案的分散程度就会缩小,最终形成定性分析和定量分析相结合的、大多数专家趋向于一致的预测结果,使其更可靠,更具说服力。

汽车市场定性预测方法还有社会(汽车客户)调查法(即面向社会公众或汽车客户展开调查)、营销人员意见法(汽车企业营销人员预测意见)、单独预测集中法(由预测专家独立提出预测看法,再由预测人员予以综合)、领先指标法(利用与预测对象关系密切的某个指标变化对预测对象进行预测)、主观概率法(预测人员对预测对象未来变化的各种情况做出主观概率估计),等等。

总之,随着社会经济及科学技术的发展,预测方法也在不断地发展和完善。汽车市场营销预测人员应不断地加强理论学习,并通过预测实践总结出一些实用方法。

(二)汽车市场定量预测

汽车市场定量预测方法是依据必要的统计资料,借用数学方法特别是数理统计方法,通过建立数学模型,对预测对象未来在数量上的表现进行预测的方法的总称。汽车市场定量预测方法有:

1. 时间序列预测法

时间序列法,是指将已收集到的汽车市场的信息资料,按照时间先后顺序排列形成序列,并运用一定的数学模型推算出汽车市场未来变化情况的一种方法。这种方法是以汽车市场的发展具有一定连续性的假设为基础的,由汽车市场的过去、现在的发展变化规律去推断其未来。其特点是把预测的变量看作时间的函数,按一定数量关系加以延伸,便可得到需要的预测值。主要方法有移动平均法、加权移动平均法、指数平滑法和直线趋势法四种。

(1)移动平均法。移动平均法是假定某预测事件的预测值,仅与该事件预测期内相邻的实际数值的变化有关,把近期几个周期内发生的实际数据进行平均,并取得其平均数作为预测期的预测值,当预测期向后移动时,所选用的实际周期也随之后移。其数学模型为:

$$y_{n+1} = \frac{\sum_{i=1}^{n} y_i}{n} = \frac{y_1 + y_2 + \cdots + y_n}{n} \tag{2.1}$$

式中:y_{n+1}——预测期的预测值;y_i——第i期的实际值$(i = 1,2,3,\cdots,n)$;n——期数。

运用移动平均法进行预测时,要注意期数的合理选择,使其既能消除近期个别随机因素变化过于激烈的影响,又能避开过去远期因素对近期因素的过大影响。

(2)加权移动平均法。为了避免远期因素的影响过大,用提高近期权数的方法,增大近期因素对预测值的影响程度,采用加权平均法,其数学模型为:

$$y_{n+1} = \sum_{t=1}^{n} c_t \cdot y_t \tag{2.2}$$

式中:y_{n+1}——下期预测值;y_t——各期实际值$(t = 1,2,3,\cdots n)$;c_t——各期权数。

加权移动平均权数的选择可以由实际值对预测值的影响大小进行判断决定,一般距离预测期越近,实际值对预测值的影响越大,其权数也越大。

(3)指数平滑法。指数平滑法是由加权移动平均法发展而来的,其特点就是进一步强调近期实际值对预测值的影响和作用。指数平滑法的数学模型为:

$$y_t^{(1)} = \alpha\beta_t + (1+\alpha)y_{t-1}^{(1)} \qquad (2.3)$$

式中：$y_t^{(1)}$——第 t 期的预测值；β_t——上期的实际值；α——加权（平滑）系数。

指数平滑法可分为一次平滑、二次平滑和高次平滑。一次平滑即是对原始实际值的平滑，如公式(2-3)，二次平滑即是对一次平滑值的再平滑。高次平滑的概念依次类推。

平滑系数 α 值的大小取决于上期实际值在预测值中所占比重的大小，当预测值同实际值的差距较小时，α 值应取小一些；反之，则取大一些。通常 α 的取值范围在 0.1~0.3 之间。

指数平滑法的特点：需存贮的数据少；能够用于中、短期预测。

(4)直线趋势法。直线趋势法多用于事物较稳定、变化幅度不大的长期发展趋势预测分析中，是从过去若干期资料找到一条带有一定倾向性的趋势线，称为回归线，将这条线延长，用来预测事物的发展趋势。

2.回归分析预测法

回归分析预测法是基于惯性和相关理论的统计学模型建立起来的一种预测方法，是最常用的预测方法之一。这种方法是在掌握详细的汽车市场历史资料的基础上，进行一系列的统计分析，找出影响未来汽车市场发展趋势的客观因素及其数量关系，进而对其未来做出预测。回归分析预测法又分为：一元线性回归预测法，多元线性回归预测法，非线性回归预测法等。一元线性回归预测法是最基本、最简单的市场营销预测法。通常情况下，只选用一元线性回归预测法。

一元线性回归预测法的数学模型为：

$$Y = A + BX \qquad (2.4)$$

式中：Y——预测变量；X——自变量；A、B——回归系数。

回归系数由下列方程组确定：

$$B = \frac{\frac{1}{n}\sum_{i=1}^{n}(X_iY_i) - \overline{XY}}{\frac{1}{n}\sum_{i=1}^{n}X_i^2 - (\overline{X}^2)} \qquad (2.5)$$

$$A = \overline{Y} - B\overline{X} \qquad (2.6)$$

$$\overline{X} = \frac{1}{n}\sum_{i=1}^{n}X_i \qquad (2.7)$$

$$\overline{Y} = \frac{1}{n}\sum_{i=1}^{n}Y_i \qquad (2.8)$$

式中：X_i、Y_i——自变量和因变量的原始观察值；n——观察值的组数。

3.市场细分集成法

这种方法的基本原理是对汽车的使用对象按其特征进行细划分类，确定出若干细分市场——子目标，然后对各子目标分别采用适当的方法进行测算，最后汇总集成。其模型为：

$$Y_t = \sum_{i=1}^{n}Y_{ti} \qquad (2.9)$$

式中：Y_t——第 t 年的预测值；Y_{ti}——第 t 年的第 i 个分量的预测值（$i = 1,2,3,\cdots,n$）；n——子目录个数。

以轿车为例，我国轿车市场需求可以划分为县级以上企事业单位、县级以下企事业单位、乡镇企业、出租旅游业、家庭私人等五个主要细分市场。其预测过程如表 2.20 所示。

表 2.20　我国轿车市场预测表

市场划分	主要影响因素	需求预测模型
县级以上企业事业单位	单位配车比	(单位数)×(配车比)
县级以下企业事业单位	单位配车比	(单位数)×(配车比)
乡镇企业	经济发展速度	需求量＝f(乡镇企业产量)
出租旅游业	城市规划及旅游业发展	Σ(各类城市人口)×(各类人口配车比)
家庭私人	人均国民收入	需求弹性分析

市场细分集成预测法也叫谱系结构预测法。上述细分标准也可按图 2.12 所示结构进行细分。

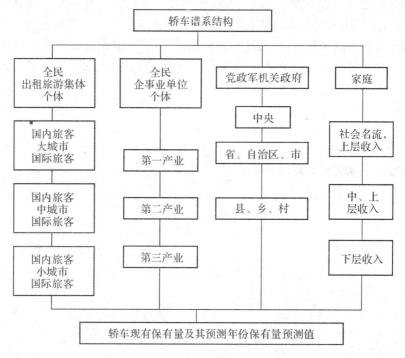

图 2.12　谱系结构预测法

4. 类比预测法

该方法是以某个国家或地区为类比对象,研究汽车市场的预测目标与某个指标之间的数量关系,然后根据本国或本地区该指标的发展变化,测算预测目标值,从而达到预测目的。例如,某汽车公司与研究机构曾经以部分国家为类比对象,通过人均国民收入和人口数量两个指标与轿车保有量之间的关系,预测我国未来第 t 年的轿车保有量。其类比预测模型为:

$$Y_t = P_t Q_0 R_t \tag{2.10}$$

$$R_t = C_{it}/I_0(1+i)^n$$

$$C_{it} = C_{i0}(1+q)^t$$

式中：Y_t——第 t 年轿车保有量（辆）；P_t——第 t 年人口预测数（千人）；Q_0——类比国人均轿车保有量（辆/千人）；R_t——轿车保有量修正系数；I_0——类比国人均国民收入（美元）；C_{io}——第 t 年人均国民收入（美元）；i——类比国平均每年的通货膨胀率；q——人均国民收入增长率；n——类比年份与基准年份时差。

如已知类比国基准年份的人均国民收入 I_0 与人均轿车保有量 Q_0，我国目前的人均国民收入 C_{io}（美元），以及未来的增长速度 q，即可以计算出未来第 t 年我国的国民收入 C_{it}，将此 C_{it} 算到基准年份后除以类比国人均国民收入 I_0，即可得到 R_t，然后乘以我国第 t 年的人口预测数以及类比国的人均轿车保有量，即可求出我国未来第 t 年的轿车保有量。

5. 需求弹性法

此方法的数学模型为：

$$y_t = y_0(1+i)^t \qquad (2.11)$$

$$i = E_s q = q\frac{i_t}{q_e}$$

式中：y_t——第 t 年预测对象预测值；y_0——预测对象目前的实际值；i_t、i——分别为预测对象在过去和未来的平均增长率；t——预测年份与目前的时差；E_s——弹性系数，如过去年份汽车保有量的增长率与工农业增长速度（增长率）之比；q_e、q——分别表示对比指标在过去和未来的数值，如工农业增长速度。

如过去几年某地区的汽车保有量年均增长率为 15%，工业增长速度为 10%，两者之间的弹性系数为 1.5，若未来 t 年内工农业增长速度为 8%，则汽车保有量未来的增长率即为 12%，代入式（2.11）即可预测第 t 年的汽车保有量。

以上讨论的只是几种常用的定量预测方法，一般比较简单。现实生活中，尚有许多人探讨过其他复杂的定量预测方法。实践表明，通过复杂数学模型得到的预测值，不一定比简单方法更准确。营销人员可以根据自己的预测知识和经验灵活选用各种方法。

五、汽车市场组合预测与组合处理

当采用定量预测方法时，对汽车市场同一预测对象的预测，人们既可以采用多种预测模型，也可以对同一模型采用不同的自变量。像这样对同一预测对象采用多种途径进行预测的方法，叫做组合预测方法。它是现代预测科学理论的重要组成部分，其思想就是认为任何一种预测方法都只能部分地反映预测对象未来发展的变化规律，只有采用多种途径进行预测，才能更全面地反映事物发展的未来变化。实践证明，组合预测方法比采用单一预测方法对于改善预测结果的可信度，具有显著效果。因此，现代预测实践大多都采用组合预测方法。但采用组合预测方法，随之而来的问题是如何处理组合预测带来的多个预测结果。对这多个预测结果，到底该选用哪个结果作为预测的最终结论呢？组合预测在理论上针对这一实际问题提出了解决方法，这一方法即组合处理。

所谓的组合处理就是通过一定的方法，对多个预测结果进行综合，使最终预测结论收敛于一个较窄的区间内，即得到一个较窄的预测值取值范围，并将其作为最终的预测结论。组合处理的方法有两种：①权重合成法。此法就是对各种预测结果（称为中间预测结果）分别赋予一定的权重，最终预测结果即为各中间预测结果与相应权重系数乘积的累计。②区域合成法。此法取各个预测模型预测值的置信区间之交集为最终结果。

利用组合处理可以去除一部分随机因素对预测结果的影响。实践表明,它对改善预测结果具有显著效果。

六、汽车市场预测应注意的几个问题

预测人员在实际进行汽车市场预测活动时,应注意以下问题:

(1)政策变量。汽车市场受国家经济政策和非经济政策的影响很大。在进行汽车市场预测时,政策变量常常影响到模型曲线的拐点和走势,影响到曲线的突变点。即使在根据历史实际值建立的模型中考虑了政策突变的影响,也并不意味着包括了未来政策突变对预测结果的影响。富有挑战性的是,这种影响对预测结果的可信度具有决定性影响,这一点要特别注意。

政策变量虽然不是很好把握,但并不是不可预知的。政策的制定总有其目的性,它往往是针对某些经济或社会问题制定的,最终目的总是要促进经济和社会的稳定发展。从这个意义上讲,政策是可以预知的,只要预测人员加强对经济运行和政策的研究,便可以通过对未来经济运行的预知达到对政策预知的目的。尽管由于存在较多不确定因素,对政策的预测要比对经济的预测困难得多,汽车企业可以通过建立预警系统,加强对营销环境的监测,从大体上把握政策变化。

(2)预测结果的可信度。前述各种模型中,只有回归模型提供了可信度结论,而其他模型都没有给出结果的可信度。当对预测结果作组合处理后,最终预测值没有也不可能给出可信度。这个困难尚有待预测科学本身的发展,但在实践中却不可因此而裹足不前。

(3)预测的方案。实际预测活动中应尽量给出多个预测方案,以增加决策的适应性,避免单方案造成的决策刚性。

(4)拟合度与精度。拟合度是指预测模型对历史实际值的模拟程度。一般地讲,对既定的历史数据总可以找到拟合程度很高的模型。但并不是拟合度越高,预测结果就一定准确。预测准确性的高低属于精度问题,拟合度高不一定精度也高,当然模型的拟合度太差也是不妥当的。

(5)预测的期限。预测按预测时间可分为长期预测和中短期预测。一般地说,对短期预测较好的模型,不一定对长期预测也较好;反之亦然。对这两类预测从精度上讲,对短期预测精度的要求应高于长期预测。

(6)预测模型。现在有将预测模型复杂化、多因素化的趋势,虽然这种发展趋势一般有利于提高预测的精度,因为这包括了更多因素的影响。但有时复杂模型不一定比简单模型的预测精度好,而且因素过多,对这些因素的未来走势也不易判断。

(7)数据处理与模型调整。如果某个模型的预测误差较大,人们通常采取对原始数据进行平滑处理和修改模型的方法去解决。这种对原始数据进行平滑处理的方法实际上是在回避矛盾。数据异常总有其原因,预测人员应首先对此加以研究,以便在预测活动中考虑这些原因的影响。

(8)实际与想象。很多预测人员在预测活动开始时,就对预测对象的未来发展作了想象,并以此想象来不断地修正预测结果。其实这是一种本末倒置的做法,尤其是中间预测值的取舍以及组合处理时,应力求避免这一易犯的错误。

2.1.3 任务实施

小刘在对任务进行分析后,觉得需要进行调研时的主要内容有:新车型的市场营销环境,购买对象的购买力、购买习惯、未来购买动向,以及同行竞争情况等方面进行了解,调查时要用科学的方法、客观的态度对相关的市场信息进行系统的收集、记录、整理和分析,从而掌握市场的现状及其发展趋势。

本项目的主要工作是信息的调研工作,本任务将以杭州市家庭轿车购买行为调查为例来学习市场调研工作如何开展。小刘在完成任务时可以参照这个调查任务的实施过程对自己需要的信息进行调研,收集相关数据。

典型学习情境一:拟定调研计划,撰写策划书

1. 调研工作要想顺利进行,首先要做好详细的调研计划。调研计划的工作内容主要包括确定调查项目、确定信息来源、选择调查方式、估算费用、策划书写作等。

进行汽车市场调研,首先要明确所要调查的问题,既不过于宽泛、也不宜过于狭窄,要有明确的界定并充分考虑调查成果的时效性;其次,在确定问题的基础上,提出特定调研目标。

【范例】

杭州市家庭轿车购买决策影响因素的调查策划案

(一)调查背景

近年来,家庭适用型轿车的种类越来越多,消费者的选择面也越来越大,影响家庭轿车购买决策的影响因素也很多,为了调查分析杭州市家庭轿车购买决策的主要影响因素,进行准确的市场定位和市场划分,为新车型的市场活动决策提供相关依据,急需对该方面进行深入细致的调查。

(二)调查目标

调查研究杭州市家庭轿车购买决策的影响因素,以准确定位市场需求,明确汽车销售目标群体的状况,为公司新车型的市场活动决策提供依据,决定进行杭州市家庭轿车购买决策影响因素调查。

(三)调查内容

本次调查的具体内容包括以下几个方面:

(1)了解目标消费群体的基本特征,包括:人口统计特征、消费及贷款心理特征等;

(2)了解目标消费群体购买家庭轿车的心理价位情况;

(3)了解目标消费群体对汽车车型、结构、颜色等对购买意向的影响;

(4)了解燃油价格等对汽车购买的影响程度;

(5)对未来家庭轿车的需求类型进行预测。

(四)调查方法及抽样

本次调查的数据收集通过三种方式获取:

(1)采用非系统抽样调查方式,调查法采用现场问卷调查法。主要选择机关、事业单位、大专院校、高档写字楼附近的区域,共选择20个点,对居民发放现场问卷,采用随机抽样方

式,规模为1000人,男女比例为1:1,老、中、青的比例为1:5:4;样本误差为±5%,置信度95%。共需要50人。

(2)文案调查法。运用文案调查法收集公司现成资料、各类媒体及网络资料。

(五)调查流程(见本任务相关知识,略)

(六)调查组织计划

本次调查由1名组长总负责,班级其他成员任调查人员(50人左右),做拦截调查。

调查员分成8小组,每小组6人左右,设小组负责人1人。分别到购物中心、大型停车场、旅游景点、游乐场所、高校、商业中心高档写字楼、政府机关、中型及大型企业8个地点进行问卷调查。调查对象为商场客户、本地游客、高校教师、公务员、企业管理人员及员工等。调查时间为1天,每组发放问卷50份,问卷最后由各组的负责人收回并与调查次日交回。数据初步整理工作待问卷全部收齐后,由各组负责人组成的数据整理小组负责汇总统计。

(七)调查进程与经费预算

如下表所示:

调查进程和费用预算表

项　目	时间分配(天)	预计经费(元)	备　注
确定调查目标,制订调查计划	1	——	
设计问卷和组织问卷调查、网上调查	3	1000	包括问卷设计、印刷费等
资料整理分析	3	——	含数据录入、统计、分类等
草拟调查报告	2	——	
召开调查报告研讨、评议会	1	——	
调查报告定稿并印刷	1	100	
合　计	11	1100	

(八)提交调查报告的方式

本次调查报告为书面形式,同时提供电子稿件,内容包括引言、摘要、调查目的、调查方法、调查结果、结论与建议、附录等七大部分。

典型学习情境二:调查问卷的设计

2.根据本次调研的内容设计调查问卷。

3.对调查问卷在一定范围内进行预调研,以发现问卷的问题和不足。

4.问卷进行完善后定稿,并根据调研计划印刷。

【范例】

杭州市家庭轿车购买决策影响因素的调查

尊敬的女士/先生：

您好！我们是××学院××专业的在校学生，正在开展关于"杭州市家庭轿车购买决策影响因素的调查"实习，感谢您能抽出2～3分钟的时间填写我们的问卷，您的帮助将非常有益于我们的实习，谢谢您的合作。

本次调查所获得的数据，仅作学术参考，不为商业活动使用。

××学院××专业××班

1. 您购买轿车的主要用途是：

A. 旅游休闲　　　　B. 个人代步　　　　C. 商务应酬　　　　D. 体现身份

E. 个人爱好　　　　F. 其他（请填写）

2. 您购买的车是：

A. 国产车　　　　　B. 进口车

3. 购买轿车时，您了解有关情况的途径有：

A. 网络　　　　　　B. 汽车广告　　　　C. 朋友意见　　　　D. 阅读专业资料

4. 您购车时选择下列哪种付款方式：

A. 一次性付清　　　B. 贷款购买

5. 您购车时最关注的三项依次是（请按顺序填入字母）

A. 动力性　　　　　B. 绿色环保　　　　C. 低噪音　　　　　D. 安全性

E. 外观内饰　　　　F. 舒适性　　　　　G. 价格　　　　　　H. 售后服务

I. 油耗　　　　　　J. 品牌

①_____　　②_____　　③_____

6. 除了轿车本身之外，影响您购买汽车的最主要的因素是：

A. 交通设施、车位等基础设施　　　　　B. 购车后的维护保养费用

C. 国家出台的有关汽车消费政策　　　　D. 保险费等购买时附带的费用

7. 您喜欢哪种颜色的车：

A. 黑色　　　　　　B. 白色　　　　　　C. 红色

D. 蓝色　　　　　　E. 灰色　　　　　　F. 其他（请填写）

8. 请问您喜欢这种颜色的原因是：

A. 体现个性　　　　B. 体现时尚　　　　C. 体现稳重

D. 视认性好，有助于提升安全性　　　　E. 其他

9. 您觉得理想的家用汽车价位是：

A. 5万元及以下　　B. 6万～10万元　　C. 11万～15万元　　D. 16万～20万元

E. 20万元以上

10. 影响您购车的人主要是：

A. 家人　　　　　　B. 朋友　　　　　　C. 其他：

11. 燃油价格上涨，对您的影响程度是：

A. 有很大影响　　　B. 有影响　　　　　C. 影响不大　　　　D. 没有影响

E. 无所谓

12. 您中意的车厢类型是：

A. 两厢　　　　　　B. 三厢

13. 您喜欢的挡位操作类型是：

A. 手动挡　　　　　B. 自动挡　　　　　C. 手自一体

14. 您购车时,是否会考虑有天窗？

A. 考虑　　　　　　B. 不考虑　　　　　C. 无所谓

15. 您认为还有什么因素会影响到您购车？

_____

您的个人情况：

1. 性别：A. 男　　　　　B. 女

2. 年龄：A. 18～25 岁　　B. 26～35 岁　　C. 36～45 岁　　D. 46～55 岁

E. 55 岁以上

3. 婚姻状况(选填)：A. 已婚　　　B. 未婚

4. 有无购车经历：A. 有　　　B. 无

5. 家庭月收入(选填)：

A. 1000 元以下　　B. 1000～3000 元　　C. 3001～5000 元

D. 5001～10000 元　　E. 10001～20000 元　　F. 20000 元以上

6. 学历：A. 高中以下　　　B. 高中(包括职高和中专)　　　C. 大专

D. 大学本科　　　　E. 硕士　　　　F. 博士

7. 职业：

A. 机关事业单位人员　　　　　　B. 三资/合资/私营/民营企业人员

C. 个体经营者/私营企业主　　　　D. 教师/科研人员

E. 在校大学生　　　F. 自由职业者　　　G. 其他

8. 住房情况：

A. 租赁房屋　　　B. 单位宿舍　　　C. 已购房　　　D. 其他

谢谢您的合作！

调查日期：　　　　　　　　调查时间：

调查地点：　　　　　　　　调查人员姓名：

典型学习情境三：调查实施阶段

包括收集、整理和分析信息资料等工作。

5. 按照调研计划到达调查地点进行现场调查活动。

6. 根据调研要求进行问卷调研(网络调研由专人负责从网络上收集调研信息,并做好存储工作)。

典型学习情境四:分析总结阶段

这阶段的工作有:调查资料的汇总整理、调研报告的撰写等。

7.调研目标资料的汇总整理。

对资料进行校核,剔除不必要的、不可靠的资料;校核后的资料要按内容进行分类和编码,编制每一类别的统计表;在此基础上,调研人员应运用统计方法对资料做必要的分析,并将分析结果提供给有关方面作为参考。

8.请根据数据统计情况,进行简单的数据分析,预测新车的购买者的主要行为特点。

9.撰写调研报告初稿。

10.对调研报告进行讨论、分析和评议。

11.调研报告定稿并印刷。

2.1.4　任务评价

任务完成后,需要通过自我评价与反馈,看是否达到了预定要求,如果未达到既定学习目标,请调整学习计划进行自我完善。本学习任务可根据以下几个方面进行评价与反馈。

1.你在实施任务前做好准备工作了吗?

2.你对调查的含义与作用了解了吗?

3.你会分析为达到调查目的需要调查的内容了吗?

4.调查的步骤你清楚了吗?

5.你会进行调查的策划了吗?

6.你了解主要的调查方法了吗?

7.你会设计调查问卷吗?

8.你会进行抽样调查了吗?

9.你会进行调查数据的统计分析,进行简单预测吗?

10.你会撰写调查报告了吗?

如果自我评价未通过,请从以下几个方面进行调整学习计划,改进学习效果:

1. 结合本任务的复习思考题进行知识点的学习。
2. 通过市场调研实训进行技能操作训练。
3. 到汽车 4S 店进行观摩学习。

复习思考题

1. 什么是汽车市场调研？汽车市场调研的目的有哪些？
2. 汽车市场调研的主要内容有哪些？
3. 汽车市场调研的一般步骤是什么？
4. 汽车市场调研策划书的主要内容有哪些？
5. 市场调查问卷的内容格式包括哪些方面？
6. 谈谈汽车市场调研的方法有哪些？
7. 如何对调研数据进行初步处理？
8. 汽车市场调研抽样方法有哪些？
9. 汽车市场调研报告的撰写原则是什么？
10. 可以采用哪些方法进行汽车市场需求的预测？

任务二　汽车市场营销环境分析

2.2.1　任务引入

承本项目任务一中小刘所接任务，要完成一份市场分析报告，对营销环境的分析就必不可少。因此，在信息收集、市场调研的基础上，小刘需要对当前的营销环境进行分析。

本任务的学习目标是：

1. 了解汽车市场营销环境的构成因素；
2. 运用 SWOT 等分析方法进行汽车营销市场环境分析。

2.2.2　知识准备

企业并不是生存在一个真空内，作为社会经济组织或社会细胞，它总是在一定的外界环境条件下开展市场营销活动。而这些外界环境条件是不断变化的，一方面，它既给企业创造了新的市场机会；另一方面，它又给企业带来某种威胁。因此，市场营销环境对企业的生存和发展具有重要意义。企业必须重视对市场营销环境的分析和研究，并根据市场营销环境的变化制定有效的市场营销战略，扬长避短，趋利避害，适应变化，抓住机会，从而实现自己的市场营销目标。

美国著名市场学家菲力普·科特勒认为，市场营销环境就是影响企业的市场和营销活动的不可控制的参与者和影响力。具体地说就是："影响企业的市场营销管理能力，使其能否卓有成效地发展和维持与其目标客户交易及关系的外在参与者和影响力。"因此，市场营销环境是指与企业营销活动有潜在关系的所有外部力量和相关因素的集合,它是影响企业生存和发展的各种外部条件。

单元一　汽车营销市场环境构成

一、汽车市场营销微观环境

汽车市场营销的微观环境是指与汽车企业营销活动紧密联系,能够直接影响汽车企业为目标市场提供服务能力的各种因素,如企业自身、汽车市场营销渠道企业、汽车客户、竞争对手和社会公众。这些环境因素对汽车企业的营销活动有着直接的影响作用,又称为汽车企业直接环境因素。同时,这些因素构成汽车企业的价值传递系统,营销部门的业绩建立在整个价值传递系统运行效率的基础之上。

（一）汽车企业的内部环境

汽车企业内部环境是指企业的类型、组织模式、组织机构及企业文化等因素。企业的组织机构,即企业职能分配、部门设置及各部门之间的关系,是企业内部环境最重要的因素。

汽车企业为开展营销活动所设立的某种形式的营销部门不是孤立存在的,它还必须与企业其他内部基本组织机构密切合作。一般而言,汽车企业内部基本的组织机构包括高层管理部门、财务部门、研究开发部门、采购部门、生产部门、营销部门等,如图2.13所示。这些部门之间既有多方面的合作,也存在争取企业资源方面的矛盾。这些部门的业务状况如何,它们与营销部门的合作以及它们之间是否协调发展,对汽车企业营销决策的制定与实施影响极大。高层管理部门负责确定企业的任务目标、方针政策和发展战略;营销部门在高层管理部门规定的职责范围内做出营销决策,它所制定的计划必须在高层管理部门批准后方可实施。

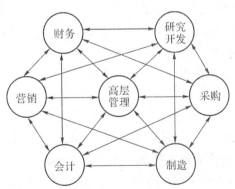

图2.13　汽车企业内部环境

汽车企业内部环境是企业搞好市场营销的基础。因此,企业管理者应强化企业管理,为市场营销创造良好的营销内部环境。

（二）汽车企业市场营销渠道

1.供应商
供应商是指为汽车企业提供所需资源(如设备、能源、原材料、劳务、配套件等)用以生产或服务的企业或个人。供应商对汽车企业的市场营销有实质性影响,营销部门必须密切注意供应商的供应能力,它包括供应成本的高低(由原材料价格变化所引起)、供应的可靠性(由供应短缺或延迟、工人罢工所引起)。这些因素短期将影响汽车销售的数额,长期将影响汽车客户的满意度,会使企业丧失信誉。

所以,汽车企业对供应商的影响力要有足够的认识,尽可能处理好与供应商之间的关系,以为本企业的市场营销开拓较为有利的微观环境。汽车工业所具有的一个显著的特征是它要求汽车主机企业与许多生产供应商之间进行广泛的专业化协作,主机企业的效率与协作效率有着紧密联系。汽车主机企业可以采取如下的措施来处理与供应商之间关系:对其生产供应者采取"货比三家"的政策,开拓更多的供货渠道,这样既可保持与供应商的大体稳定的配套协作关系,又让它们之间形成适度的竞争,从而使本企业的汽车产品达到质量和成本的相对统一。实践表明,这种做法对企业的生产经营活动具有较好的效果。

另外,汽车主机企业可以采取逆向发展战略处理它们与零部件(配套协作件)供应商的关系。即汽车企业在选择和规划好自己的零部件供应商后,还可从维护本企业市场营销的长远利益出发,在符合国家有关部门对汽车零部件工业和相关工业的发展政策规定下,兼并、收购或控股零部件企业,满足本企业生产经营及未来发展的配套要求。

现代企业管理理论非常强调供应链管理,汽车主机企业应认真规划自己的供应链体系,将供应商视为战略伙伴,不过分牺牲供应商的利益,按照"双赢"的原则实现共同发展。

2.营销中介商

营销中介商是指协助汽车企业促销、销售和经销其产品给最终购买者的组织或个人。它包括中间商、物流公司、营销服务机构和财务中介机构等。

(1)中间商是销售渠道公司,能帮助汽车企业找到汽车客户或把汽车售卖出去。中间商包括批发商和零售商。汽车企业应该寻找具备一定规模、有足够力量操纵交易条件的中间商进行有效的合作。

(2)物流公司是协助汽车企业把货物从产地运到目的地的经济实体。实体分配的要素包括包装、运输、仓储、装卸、搬运、库存控制和订单处理六个方面,其基本功能是调节汽车生产与消费之间的矛盾。汽车企业要通过综合考虑成本、运输方式、速度及安全性等因素来决定运输和存储商品的最佳方式。

(3)营销服务公司即协助汽车企业推出并促销其汽车产品到目标市场的机构。这些机构包括市场调查公司、广告公司、传媒机构、营销咨询机构。由于这些机构在资质、服务及价格方面变化较大,因此,汽车企业在选择营销服务公司时必须认真,并定期评估其绩效,以促进它们的创造力、质量和服务水平的提高。

(4)财务中介机构包括银行、信贷公司、保险公司及其他金融机构,它们能够为汽车交易提供金融支持或对货物买卖中的风险进行保险。这些中介机构不直接从事商业活动,但对汽车企业的经营发展至关重要。

(5)营销中介对汽车企业市场营销的影响很大,它关系到汽车企业的市场范围、营销效率、经营风险、资金融通等,因而汽车企业应充分重视营销中介的作用,以获得它们的帮助,弥补企业市场营销能力的不足并不断地改善企业的财务状况。

（三）汽车客户（或用户）

广义地说，汽车客户（或用户）是指汽车企业为之服务（或提供服务）的目标市场，是汽车企业营销活动的出发点和终点。汽车企业市场营销的一切营销活动都应以满足汽车客户的需要为中心，汽车客户是企业最重要的环境因素，因此，汽车企业必须充分研究各种汽车客户的需要及其变化。

一般来说，汽车客户市场按购买动机可分为五种类型：消费客户市场、生产客户市场、中间商市场、非营利组织市场和国际市场。消费客户市场由个人和家庭组成，他们仅为自身消费而购买商品和服务。生产客户市场是指购买商品或服务来生产其他产品和服务，以获取利润为目的的组织和个人。中间商市场也称转卖者市场，是指通过买卖以实现其利润目标的转销组织和个人，包括批发商和零售商。非营利组织市场为提供公共服务或转赠需要者而购买商品和服务的政府机构和非营利组织。最后是国际市场，由其他国家的购买者组成，包括国外的汽车客户、生产者、中间商以及政府部门等。每个市场都有各自的特点和客户，销售人员对此需要做出仔细的分析。

（四）竞争者

每个汽车企业的市场营销活动都会面临其他竞争者，竞争者是企业市场营销的又一重要微观环境。若要成功，汽车企业在满足汽车客户需要和欲望方面必须比其他竞争对手做得更好。因此，汽车企业不仅要满足目标市场汽车客户的需求，还要考虑在同一目标市场内竞争对手的战略。现代市场营销理论认为，竞争者有各种不同的类型，其规模大小和产业地位也不相同，汽车企业应针对不同类型的竞争者分别采取不同的竞争策略，任何一种单一的竞争策略均非最佳战略。

（五）公众

公众是指对汽车企业的营销目标的能力有实际或潜在利害关系和影响力的一切团体和个人。一般包括融资机构、媒介公众、政府公众、协会、社团公众以及一般公众等。

汽车企业制订营销计划不仅要考虑目标市场的汽车客户，而且要将公众包括在内，因为公众对企业市场营销的活动正常开展有实质性影响。比如，金融机构影响一个汽车企业的获得资金的能力；媒体通过对客户的导向作用，对汽车企业的形象及声誉的建立具有举足轻重的作用；政府机关决定有关政策的动态；一般公众的态度影响客户对汽车企业的产品的信念等。现代市场营销理论要求企业采取积极有效措施与主要公众保持良好关系、树立良好企业形象。因此，企业应重视开展与公众的公共关系活动。

企业的市场营销活动除了应重视研究本企业微观营销环境的具体特点外，更重要的是要研究汽车市场营销的宏观环境。

二、汽车市场营销宏观环境

汽车市场营销宏观环境是指对汽车企业营销活动造成市场机会和环境威胁的主要社会力量。汽车市场营销宏观环境包括共七种主要力量，即：人口环境、自然环境、汽车使用环境、科学技术环境、经济环境、政治法律环境以及社会文化环境。一般地说，这种环境是

汽车企业无法控制的力量,汽车企业对宏观环境因素只能通过调整营销策略和控制内部管理来适应其变化,并不能改变其宏观环境因素,汽车企业必须随时密切注意并采取措施。

（一）人口环境

人口环境是指一个国家和地区（汽车企业目标市场）的人口总量、人口质量、家庭结构、人口性别、人口年龄结构及地理分布等因素的现状及其变化趋势。

人口环境对汽车企业的市场需求规模、产品的品种结构、档次以及客户购买行为等市场特征具有决定性影响。人口总量是衡量一个国家或地区的市场潜在容量的重要因素；人口在地区上的分布,关系汽车市场需求的异同；年龄结构不同则所需求的汽车产品结构、档次也有不同。例如,供老年人所使用的汽车就应在安全、方便、舒适等方面满足老年人的需要,而不必过于强调汽车的最高车速和设计上的标新立异。同时,如果出现人口老龄化现象,将意味着适合老年人消费的车型的市场规模扩大。

汽车市场营销人员在分析研究人口环境时,应当注重区别人口环境中,不同的因素对国际、国内两个汽车市场的影响程度。例如,对西方发达国家而言,由于汽车,尤其轿车已经作为耐用消费品广泛地进入家庭,对于这样的汽车市场,营销者就应更加重视研究目标市场的人口环境特点,以便展开正确的营销活动。对国内汽车市场而言,由于汽车广泛进入家庭才刚起步,汽车企业营销人员在进行家用轿车市场的人口环境分析时,应着重分析高收入阶层的人口数量、职业特点、地理分布等因素的现状及其发展变化。同时,营销者还必须注意到随着我国经济的发展,人口环境也在发生变化。因而,汽车企业应加强根据我国人口环境因素具体特点,研究汽车市场需求的变化趋势,有针对性地做好各项营销准备,以抓住不断增加的营销机会。

（二）自然环境

自然环境主要是指汽车营销者所需要或受营销活动所影响的自然资源。汽车企业营销活动受自然环境的影响,反过来,汽车企业的经营活动一定程度上又会影响自然环境。自然环境主要包括自然资源状况、生态环境和环境保护等方面。

自然环境对汽车企业市场营销的影响是：①自然资源的短缺日趋严峻,将是长期约束汽车企业市场营销活动的一个条件。由于汽车生产和使用需要消耗大量的自然资源,汽车工业越发达,汽车普及程度越高,汽车生产消耗的自然资源也就越多；而自然资源的数量是有限的,这样将会使地球上许多非再生资源逐渐枯竭,资源短缺现象将长期存在,从而对汽车工业的发展形成非常大的制约力量。②环境污染严重,加强环境保护对汽车的性能提出了更高的要求。生态环境随着人类社会生产、生活的水平的提高而不断恶化,由于公众对环境问题的关心,促使政府在保护环境方面加强了干预力度。世界上的环保标准日趋严格,对汽车的环保要求也越来越高,这必然增加企业的产品开发的难度和成本的上升,对汽车企业的市场营销活动将产生重要影响。

汽车企业为了适应自然环境的变化,应采取的对策包括：①研制新型材料,提高原材料的综合利用率。“二战”以后,在汽车上由于大量采用新型材料,每辆汽车消耗的钢材平均下降10%以上,自重减轻达40%。②开发汽车新产品,加强对汽车节能、改进排放新技术的研究,如汽车燃油电子喷射技术、三元催化装置都有利于汽车的环保水平的提高。③积极开发新型动力和新能源汽车,国内外目前正在广泛研究电动汽车、燃料电池汽车、混合动力汽车以及其他能源汽车等。

(三)汽车使用环境

汽车使用环境是指影响汽车使用的各种客观因素,一般包括气候、地理、车用燃油、公路交通、城市道路交通等因素。

1.气候因素

自然气候包括大气的温度、湿度、降雨、降雪、降雾、风沙等情况以及它们的季节性变化。自然气候对汽车使用时的冷却、润滑、起动、充气效率、制动等性能以及对汽车机件的正常工作和使用寿命产生直接影响,因而汽车企业在市场营销的过程中,应根据目标市场自然气候特点开发和销售汽车,并进行相应的技术服务,使客户能科学地使用本企业的产品和降低客户的使用难度。

2.地理因素

这里所指的地理因素主要是指一个地区的地形地貌、山川河流等自然地理因素和交通运输结构等经济地理因素。

地理因素对汽车企业市场营销的影响主要表现在以下几个方面:①经济地理的现状及其变化,决定了一个地区公路运输的作用和地位的现状及其变化,它对汽车企业的目标市场及其规模和需求特点产生影响;②自然地理对经济地理尤其对公路质量(如道路宽度、坡度、弯度、平坦度、表面质量、坚固度、隧道、道路桥梁等)有很大影响,公路质量不同对汽车产品的性能有着不同的要求,因而汽车企业应针对不同地区的自然地理特点推出性能不同的汽车产品。

3.车用燃油的供应状况

车用燃油主要包括汽油和柴油两种成品油。它对汽车企业营销活动有以下几方面的影响:车用燃油供应量和价格受世界石油资源不断减少的影响,将对传统燃油汽车的发展产生制约作用。例如,20世纪在两次石油危机期间,全球汽车产销量大幅度下降,使得全球汽车产能过剩的矛盾加剧。车用燃油中汽油和柴油的供给比例影响到汽车工业的产品结构,进而影响到具体汽车企业的产品结构。例如,当柴油短缺时,柴油汽车的销量必定受到影响。燃油品质的高低对汽车企业的产品决策具有重要影响。比如燃油品质的提高,使汽车产品的性能也得到相应的提高。

车用燃油是汽车使用环境的重要因素,汽车企业应注意这一因素的变化,并及时采取相应的营销策略。例如,日本各汽车企业在20世纪70年代就成功地把握住了世界石油供给的变化趋势,大力开发小型、轻型、经济型汽车,在两次石油危机中赢得了营销主动,为日本汽车工业一跃成为世界汽车工业的强国奠定了基础。而欧美等国的汽车企业因没有把握好这一因素的变化,导致在以后的一段时期内的竞争中处于被动局面。

4.公路交通因素

公路交通是指一个国家或地区公路运输的作用,各等级公路的里程及比例,公路质量,公路交通量及紧张程度,公路网布局,主要附属设施如停车场、维修网、加油站及公路沿线附属设施等因素的现状及其变化。

公路交通对汽车营销主要产生以下的影响：①良好的公路交通条件有利于提高汽车运输在交通运输体系中的地位。公路交通条件好，有利于提高汽车运输的工作效率，提高汽车使用的经济性等，从而有利于汽车的普及。反之，公路交通条件差，则会减少汽车的使用。②汽车的普及程度增加有利于促进改善公路交通条件，从而对汽车企业的市场营销创造更为宽松的公路交通使用环境。

经过几十年的建设，我国公路交通条件已得到极大改善，公路通路里程大幅度增加，公路等级也得到大幅提高，路面状况大为改善，公路网分布密度日趋合理。预计到 2020 年，我国将建成"国家道路主干线快速系统"。该系统总规模 3.5 万公里，全部由高速公路、一级公路、二级汽车专用公路组成。这一系统以"五纵七横"12 条路线连接首都、各省省会、直辖市、中心城市、主要交通枢纽和重要口岸，通过全国 200 多个城市，覆盖全国近一半的人口，可实现 400～500 公里范围内汽车当日往返，800～1000 公里范围内可当日到达。到时，我国汽车企业将面临更好的汽车使用环境。

5.城市道路交通因素

城市道路交通是汽车尤其是轿车使用环境的又一重要因素，它包括城市的道路面积占城市面积的比例、城市交通体系及结构、道路质量、道路交通流量、立体交通、车均道路密度以及车辆使用附属设施等因素的现状及其变化。这一使用环境对汽车市场营销的影响，与前述公路交通基本一致。但由于我国城市的布局刚性较大，城市布局形态一经形成，改造和调整的困难很大。加之人们对交通工具选择的变化，引发了对汽车需求的增加，中国城市道路交通的发展面临巨大的压力。因而该使用环境对汽车市场营销的约束作用就更为明显一些。

有关方面现正着手考虑通过建立现代化的城市交通管理系统、增加快速反应能力和强化全民交通意识等手段，提高城市交通管理水平。同时，国家和各城市也将更加重视对城市交通基础设施的建设，改善城市道路交通的硬件条件。随着我国城市道路交通软、硬件条件的改善，城市道路交通对我国汽车市场营销的约束作用将得以缓解。

(四)科学技术环境

科技环境是指一个国家和地区整体科技水平的现状及其变化。科学与技术是社会生产力中最活跃的因素。科技环境作为汽车企业营销活动宏观环境的一个重要组成部分，不仅直接影响企业内部的生产经营，还同时与其他环境因素互相依赖、相互作用，所以科技环境对汽车市场营销的影响，不仅是直接的而且是非常显著的。科技环境对市场营销的影响应主要注意以下几个方面：

(1)科技进步对汽车企业的市场营销活动可能造成的直接或间接的冲击。

(2)汽车企业通过在汽车开发生产中应用新科技，新产品的开发速度加快，成本降低，汽车产品的市场竞争力得以提高。而今，汽车生产的柔性多品种乃至大批量定制是世界各大汽车公司为了满足日益明显的差异需求所采取的措施，这都是现代组装自动化、柔性加工、计算机网络技术发展和应用的结果。再从汽车产品看，汽车在科技进步作用下，已经经历了原始、初级和完善提高等几个发展阶段，汽车产品在性能、质量、外观设计等方面获得了长足的进步。

(3)科技进步对汽车企业提高服务质量和工作效率的影响。当今世界汽车市场的竞争非常激烈,几大汽车跨国公司基本上已经瓜分完世界汽车市场,这几大汽车公司十分注重高新技术的研究和应用,以保持在未来市场中的竞争力。我国汽车工业科技水平与几大跨国公司的差距非常大,只有不断地加强科技研究和加大科技投入,才能缩小同世界汽车工业先进水平的差距,赢得我国汽车企业发展的主动权。

（五）经济环境

经济环境一般指影响汽车企业市场营销方式与规模的经济因素,包括汽车客户现实居民收入与支出状况、商品价格、居民储蓄、经济发展状况等。

1.汽车客户实际收入状况

消费客户个人收入是指从各种来源所得的货币收入,通常包括个人工资、奖金、退休金、红利、租金、馈赠等。研究消费客户个人收入,首先要注意区分实际收入与货币收入。由于受通货膨胀、风险储备、个人税赋因素的影响,有时货币收入虽然增加,但实际收入可能下降,而且实际收入经常低于货币收入。实际收入是货币收入扣除通货膨胀、风险储备、税收因素影响后的收入。可能成为市场购买力的消费者收入还有"可支配的个人收入"与"可随意支配的个人收入"之分。前者是指货币收入扣除消费者个人各项税款（所得税、遗产税）以及非税性的负担（学费、罚款等）后可用于个人消费、储蓄的那部分个人收入,这是影响购买力和消费者支出的决定性因素;后者则是指可支配的个人收入扣除消费者个人或家人基本生活用品支出（食物、衣服等）和支付必不可少的费用后的那部分个人收入,这是影响消费需求变化的最活跃的因素。这部分收入越多,人们的消费水平就越高,企业的营销机会也就越多。因此,汽车企业市场营销人员必须注意经常分析汽车客户收入的变动状况以及客户对其收入的分配情况。一般情况下,可随意支配的个人收入主要用于对奢侈品的需求。

2.汽车客户储蓄与信贷状况

汽车消费客户实际收入为既定的前提下,其购买力的大小还要受储蓄与信贷的直接影响。储蓄指城乡居民将可任意支配收入的一部分储存待用。从动态的观点来看,汽车消费客户储蓄是一种潜在的、未来的购买力。在现代市场经济中,汽车客户的储蓄形式有银行存款、债券、股票、不动产等,它往往被视为现代家庭的"流动资产",因为它们大都可以随时转化为现实的购买力。在正常状况下,汽车客户的储蓄同国民收入成正比关系,但在超过一定限度的通货膨胀、物价上涨的情况下,消费者储蓄向实际购买力的转变就极易成为现实。

汽车客户信贷是指汽车客户以个人信用为保证先取得商品的使用权,然后分期归还贷款的商品购买行为。消费客户信贷是一种超前的消费方式,即个人可通过信贷方式预支未来的购买力。这种消费方式在西方发达国家广泛存在,是影响汽车客户购买力和消费支出的另一个重要因素。在西方国家,汽车客户信贷主要有四种形式:日常用品的短期赊销、购买住宅时的分期付款、购买耐用消费品时的分期计息贷款以及日益普及的信用卡信贷。消费信贷的规模与期限在一定程度上影响着某一时期内现实购买力的大小,也影响着提供信贷的商品的销售量。如购买住宅、汽车及其他昂贵消费品,消费信贷可提前实现这些商品的销售。因此,研究消费者信贷状况与了解消费者储蓄状况一样,都是现代企业市场营销的重要环节。

3.汽车客户消费支出模式的变化

所谓消费支出模式,其内容是指汽车客户收入变动与需求结构变动之间的关系。汽车客户消费支出模式主要取决于汽车客户的收入。其变化状况可以用恩格尔定律来表达,即:当家庭收入增加时,多种消费品支出的比例也会相应地增加,但用于购买食物的支出比例将会下降,用于住宅、家务的支出比例则大体不变,而用于服装、交通、娱乐、保健、教育以及储蓄等方面的支出比例会大大上升。食物费占总支出的比例,称为恩格尔系数。一般认为,恩格尔系数越大,生活水平越低;反之,恩格尔系数越小,生活水平越高。

除此以外,消费支出模式与消费结构的变化还要受多个因素的影响,其中主要因素有两个:一个是家庭生命周期,另一个则是消费者家庭所处的地点。显然,同样的年轻人,没有孩子的丁克家庭与普通家庭的消费方式差异较大。家庭所处的位置也会构成家庭支出结构的差异,居住在农村与居住在城市的家庭,其各自用于住宅、交通以及食品等方面的支出情况也必然不同。从经济学的角度来看,居民收入、生活费用、利率、储蓄和借贷形式都是经济发展中的主要变量,它们直接影响着市场运行的具体情况。因此,注意研究消费支出模式的变动走势,对于企业市场营销来说,具有重大意义,它不仅有助于企业在未来时期内避免经营上的被动局面,而且还便于企业制定适当的发展战略。

企业市场营销的重要任务之一,就是要把握市场的动态变化。市场是由购买力、人口和购买欲望三种因素共同构成的。因而了解购买力的分布、发展和投向,是企业宏观营销环境的重要内容。

4.经济发展状况

汽车企业的市场营销活动要受到一个国家或地区经济发展状况的制约,在经济全球化的条件下,国际经济形势也是汽车企业营销活动的重要影响因素。一般要考虑两个方面的因素:

(1)经济发展阶段。世界各国的经济发展是不平衡的,其所处的经济发展阶段也是不相同的,这样就造成其工业化程度和生产力水平的不同,汽车客户对汽车产品需求也不相同,从而对企业的营销活动产生了影响。

(2)经济形势。经济发展是否稳定、平衡,产业结构是否合理,就业问题是否突出,等等经济形势,对国际、国内的金融的稳定,经济的繁荣与萧条直接相关。因此,经济形势对汽车企业市场营销也有重要的影响。

(六)政治法律环境

政治法律环境是指企业经营活动所处的外部政治、法律形势和状况。一般分为国际政治法律环境和国内政治法律环境两部分。

1.政治环境

政治环境指汽车企业市场营销的外部政治形势。国内的政治形势稳定,不仅有利于国民经济发展和国民收入的增加,而且有利于汽车客户的消费心理稳定,避免汽车市场需求的动荡。政府的方针、政策,规定了国民经济的发展方向和速度,也直接关系到社会购买力的提高和市场消费需求的增长变化。同时,汽车企业应充分了解国际政治环境对企业营销活动的影响。

研究国际政治环境,要了解"政治权利"与"政治冲突"对企业经营活动的影响。政治权利指一国政府通过正式手段对外来企业的权利予以约束,包括进口限制、外汇控制、劳工限制、国有化等方面。政治冲突指国际上重大事件和突发性事件。这类事件给企业市场营销工作既带来了机会,又带来了一定的威胁。

2.法律环境

法律环境指国家或地方政府颁布的各项法规、法令和条例等。法律环境对市场需求的形成和实现,具有一定的调节作用。

法律环境对汽车市场营销的影响表现在以下几方面:

(1)法律对企业经营活动的限制。近几年来,世界各国通过了许多有关工商业行为、规范方面的法律,这些法律覆盖竞争、公平交易行为、产品安全、广告真实性、包装与标签、定价及其他重要领域。

发达国家在企业市场营销方面的立法主要有三种类型:

①保护企业相互之间的利益,维护公平竞争的立法。这种立法的目的是要说明何为不公平竞争,以及如何防止不公平竞争。国际上较为著名的此类法律有:美国1890年通过的旨在禁止垄断行为的《谢尔曼反托拉斯法》;1914年通过的旨在反对不正当竞争的《联邦贸易委员会法》;1936年通过的旨在禁止价格歧视的《鲁宾逊—帕特曼法》;1950年通过的有关企业兼并的《反吞并法》;等等。

②保护消费者利益免受不公平商业行为损害的立法。这种立法的核心在于防止企业以欺骗性广告或包装招徕客户,或以次品低价引诱客户的行为。美国等发达国家亦有许多此类的立法,比如《消费者公平信贷法》、《消费品定价法》、《广告法》等。

③保护社会公众利益的立法。为保护环境、防止经济发展与生活水平反向变化现象出现,以及避免企业在生产过程中造成的负担,制定的旨在约束企业行为的立法。这方面的立法有各种专门的国际公约,各国也有具体的立法,比如美国的《国家交通安全法》、《国家环境政策法》,我国的《道路交通安全法》等。

无论法律的具体类型如何,都会对企业的市场营销活动构成某种约束。从这种意义上说,企业的市场营销人员必须掌握关于公平竞争、消费者利益和社会利益方面的法律。一般说来,早期的法律重心多为保护竞争,而现代法律则着重于保护消费者利益。把握这种变化对于企业开展市场营销活动有重要意义。不过,在企业立法方面一直存在着一个国际性的争论,即何处才是管制成本与管制利益的均衡点。而且,立法的公正性与执法的公正性远不是一回事,这是法律经济学上的难题,也是市场营销活动中所要经常面对的问题。

另外,立法与执法是相同意向的前后相连的两个过程,它们的承载主体各不相同。例如,美国的执法机构主要有:联邦贸易委员会、联邦药物委员会、食品与药物管理局、联邦动力委员会、民用航空局、消费品安全委员会、环境保护局、消费者事务局等。显然,这些机构的行为状况对企业的市场营销行为与营销过程的影响作用不会完全相同。但这里却存在着一个具有国际普遍性的难题,即在立法机构与执法机构之间,真正熟知营销业务的人员在水平上并不完全对等;因此企业市场营销人员如果缺乏与其打交道的技巧,往往极易丧失机会与市场。

(2)国家政策和法律对工商业的保护。法律和政策将随新的经济形势的变化而不断变化。汽车企业管理人员在制定产品及其营销计划的时候,必须注意这些变化。

历经13年的艰苦谈判,我国终于加入了世贸组织,这将促使我国经济生活的方方面面发生深刻的变化。

根据入世协议,我国在2006年7月前,汽车整车的进口关税降至25%,汽车零部件的进

口关税降至10％;汽车进口配额在2005年前逐步取消。汽车的服务贸易领域进一步放开;在汽车信贷方面,允许国外非金融机构进入,从事汽车贷款业务。

从以上这些方面可看出入世对相对弱小的中国汽车工业的冲击是全方位的。因此,我国汽车企业在面临新的形势下对组织结构、规模经济、技术进步、管理文化和营销战略等各方面都要有新的进步与提高,方能提升竞争力水平。

中国在加入WTO以后,在承担相应开放市场义务的同时,对国内某些幼稚产业和战略性产业可通过产业政策、税收政策以及进出口管理等政策对幼稚产业进行保护。加入WTO以后,农业、汽车产业、金融服务业等被国家定为幼稚产业。

我国汽车企业应该学习、研究有关政策和法律以维护自己的合法权益。

(3)社会规范和商业道德的约束作用。除法律和规章以外,企业也要受社会规范和商业道德的约束。一方面,形成文字的法律法规不可能覆盖所有可能产生的市场弊端,而现有法律也很难全部执行;另一方面,大量出现的商业丑闻使人们重新重视社会规范和商业道德对约束企业行为的作用。因此,许多行业和专业贸易协会提出了关于道德规范的建议,许多公司制定了关于复杂的社会责任问题的政策和指导方针等。

另外,公众利益团体,如那些保护消费者利益方面的团体,包括消费者协会、动物保护委员会、妇女权益委员会等迅速崛起,他们会游说政府官员,呐喊、左右舆论导向,给企业的市场营销活动带来极大的影响。如果企业营销人员缺乏相应的斡旋技巧,就难免其会威胁企业原有的目标市场。

总之,市场经济并不完全是自由竞争的市场,从一定意义上说,市场经济本质上属于法律经济。因而在企业的宏观管理上主要靠经济手段和法律手段。政治与法律环境正越来越多地影响着企业的市场营销,企业要加强和重视这方面的研究。

(七)社会文化环境

社会文化环境是指一个国家、地区的民族特征、价值观念、生活方式、风俗习惯、宗教信仰、伦理道德、教育水平、语言文字等的总和。在市场营销中,文化因素是影响人们购买行为和欲望的最重要因素,所以,企业必须对社会文化环境给予特别重视。同时应该了解文化对企业营销的影响是多层次、全方位、渗透性的。文化包括核心文化和亚文化。核心文化是占据支配地位的,起凝聚整个国家和民族的作用,是由千百年的历史所形成的文化,包括价值观、人生观等;亚文化是在主体文化支配下所形成的文化分支,包括种族、地域、宗教等。文化环境通过间接、潜移默化的方式对企业营销组合、消费者的消费心理、消费习惯进行影响。

社会文化环境影响着企业的营销活动。同时,营销活动对社会文化环境也有一定的能动作用。

单元二　汽车营销市场环境分析

一、SWOT分析法

SWOT分析法是市场营销环境中最常用的一种方法,它是英文Strength(优势)、Weak(劣势)、Opportunity(机会)、Threaten(威胁)的意思。SWOT分析是一种对企业的优势、劣势、机会和威胁的分析,在分析时,应把所有的内部因素(包括公司的优势和劣势)都集中在一起,然后用外部的力量来对这些因素进行评估。这些外部力量包括机会和威胁,它们是由于竞争力量或企业环境中的趋势所造成的。

（一）外部环境分析（机会与威胁）

任何一个企业,在它的整个运作过程中,总是存在着不等的机遇和挑战。它们有可能成为企业进一步发展的动力也有可能成为制约企业发展的关键因素,直接影响企业的赢利程度和市场地位。准确地确认企业的机会和威胁对制定企业经营战略有着极其重要的作用。公司对企业的外部威胁主要表现为以下几种情况。

1. 市场将出现更为强劲的对手。

2. 市场将出现其他类似产品,替代品将直接影响企业的市场份额。

3. 汇率和外贸政策的不利变动。

4. 人口特征、社会消费方式的不利变动。

5. 客户或供应商的谈判能力提高。

6. 市场需求减少。

7. 地区经济发展停滞,经济萧条。

不管是遇到以上的哪一种情况,公司管理者都应当及时确认,并尽快做出评价和采取相应的战略行动来抵消或减轻它们所带来的影响。

不同的企业去感受外界环境所带来的影响是不均衡的,就算是同样的一个环境因素,对某些企业而言可能是机遇,但对有些企业而言却是一个危机。如政府颁布某种法律,诸如《环境保护法》,它对造成环境污染的企业来说,就构成了巨大的威胁;另一方面,企业的目标、任务及资源同环境机会相矛盾,如人们对自行车的需求转为对摩托车的需求,给自行车厂的目标与资源同这一环境机会造成矛盾。自行车厂要将"环境机会"变成"企业机会",需淘汰原来产品,更换全部设备,必须培训、学习新的生产技术,这对自行车厂无疑是一种威胁。摩托车的需求量增加,自行车的销售量必然减少,给自行车厂又增加一份威胁。所以外界环境能否为企业带来新的机遇主要取决于企业所制定的目标、资源和任务是否与该环境相协调,是否能适应该环境下的发展环境机会能否成为企业的机会,要看此环境机会是否与企业目标、资源及任务相一致,企业利用此环境机会能否比其竞争者带来更大的利益。

（二）内部环境分析（优势/劣势分析）

波士顿咨询公司的负责人乔治·斯托克提出,能获胜的公司是取得公司内部优势的企业,而不仅仅是只抓住公司的核心能力。影响公司内部环境的因素有很多,主要体现在以下几个方面:

1. 缺乏具有竞争意义的技能技术。

2. 缺乏有竞争力的有形资产、无形资产、人力资源、组织资产。

3. 关键领域里的竞争能力正在丧失。

4. 缺乏合理的管理模式和管理方法。

很多企业非常重视外部环境对企业的影响,却经常忽略内部环境因素的制约。其实企业的内部环境才是企业发展的根本,很多时候企业发展慢并不是因为它们的产品缺少竞争力,也不是说它们的员工不卖力,而是因为企业部门相互之间不能很好地协调配合。例如有些汽车公司技术人员轻视销售人员,认为他们"不懂技术只会耍耍嘴皮子";而销售人员又看不起服务人员,认为他们是"不会做生意的推销员"。就这样相互之间贬低,造成一种逆向循环。对任何一个企业而言,部门之间的和谐协调、员工之间的团队精神,员工对自己企业的热爱是企业解决一切内部环境问题,使企业有所发展的关键所在。没有一个企业可以依靠一、两个部门的成功而辉煌。如新产品开发、原材料采购、对订单的销售引导、对客户订单的现金实现、客户问题的解决时间等等。每一程序都创造价值和需要内部部门协同工作。虽然每一部门都可以拥有一个核心能力,但如何来管理和开发仍是一个挑战。斯托克把它称为能力基础的竞争。

客观分析企业所存在的内外影响因素,找到和解决企业所存在的问题至关重要,但发现并解决企业所存在的所有问题,化劣势为优势,并不一定是最好的解决途径。对企业而言,解决问题的关键在于很好地分析企业所拥有的优势和劣势,使得它能很好地融合于企业的发展计划中,在保证自己优势的同时去获取和发展一个新的机遇。

(三)SWOT 分析法的程序

SWOT 分析最终所要达到的是企业内部和外部环境的平衡,这些因素的平衡决定了公司应做什么以及什么时候去做。SWOT 分析法的程序包括以下几个步骤。

1.罗列企业的优势和劣势,可能的机会与威胁

一般情况下,企业可以通过制定 SWOT 分析表来完成这一步骤。在制作 SWOT 分析表的时候可以按照以下几个步骤来进行:

(1) 客观地分析企业的现状,找出企业的优势和劣势。

(2) 把识别出的所有优势分成两组,分的时候以下面的原则为基础:看看它们是与行业中潜在的机会有关,还是与潜在的威胁有关。

(3) 用同样的方法把所有劣势分成两组。一组与机会有关,另一组与威胁有关。

(4) 构建一个表格,每格占 1/4。

(5) 将公司的优势和劣势与机会或威胁配对,分别放在每个格子中。SWOT 表格表明公司内部的优势和劣势与外部机会和威胁的平衡。具体如图 2.14 所示。

图 2.14 SWOT 分析法图表绘制

2.优势、劣势与机会、威胁相组合,形成 SO、ST、WO、WT 战略

SWOT 分析还可以作为选择和制订战略的一种方法,因为它提供了四种战略,即 SO 战略、WO 战略、ST 战略和 WT 战略,如表 2.21 所示。

表 2.21　SWOT 矩阵

	优势(S)	劣势(W)
机会(O)	SO 战略(增长性战略)	WO 战略(扭转型战略)
威胁(T)	ST 战略(多种经营战略)	WT 战略(防御型战略)

SO 战略就是依靠内部优势去抓住外部机会的战略。如一个资源雄厚(内在优势)的企业发现某一国际市场未曾饱和(外在机会),那么它就应该采取 SO 战略去开拓这一国际市场。

WO 战略是利用外部机会来改进内部弱点的战略。如一个面对计算机服务需求增长的企业(外在机会),却十分缺乏技术专家(内在劣势),那么就应该采用 WO 战略,培养或聘请技术专家,或购入一个高技术的计算机公司。

ST 战略就是利用企业的优势,去避免或减轻外部威胁的打击。如一个企业的销售渠道(内在优势)很多,但是由于各种限制又不允许它经营其他商品(外在威胁),那么就应该采取 ST 战略,走集中型、多样化的道路。

WT 战略就是直接克服内部弱点和避免外部威胁的战略。如一个商品质量差(内在劣势),供应渠道不可靠(外在威胁)的企业应该采取 WT 战略,强化企业管理,提高产品质量,稳定供应渠道,或走联合、合并之路以谋生存和发展。

SWOT 方法的基本点就是,企业战略的制定必须使其内部能力(强处和弱点)与外部环境(机遇和威胁)相适应,以获取经营的成功。

3. 确定具体战略

对 SO、ST、WO、WT 战略进行分类和选择,确定企业目前应该采取的具体战略。

(四)SWOT 分析的主要内容

1. 优势/劣势分析(SW 分析)

优势/劣势分析又称为内部环境分析,是指站在现有潜在客户的角度,通过对企业自身的审视,对影响汽车营销活动和业务发展的各种内部因素进行分析,找出其拥有的优势和劣势,确定企业的市场地位的过程。

(1)优势/劣势分析的方法。把进行优势/劣势分析所需要的信息资料收集完成后,就可以将企业的各项能力用数量指数表示出来,从而了解企业的优势/劣势所在,方法如表 2.22 所示。

表 2.22　企业优势/劣势分析

项目		评价	权数	结果
制造/维修能力	制造/维修设备			
	人员技术水平			
	制造/维修质量			
营销能力	市场份额			
	市场覆盖地域			
	服务水平			

续 表

项目		评价	权数	结果
赢利能力	销售利润率			
	总资产报酬率			
	资本收益率			
抗风险能力	企业信誉			
	资产负债率			
	存货周转率			
组织能力	管理层水平			
	员工协作精神			
	创业导向			
发展能力	R&D开支比例			
	技术人员比重			
	培训费用			

第一列项目栏列出了汽车制造企业或销售与维修服务企业的内部环境的主要因素。根据企业的不同情况,可以进行项目的增减,但要注意分类列出。

第二列评价栏是对各个项目的评价。把评价结果量化,以百分制的形式给出,分数越高,表示评价越好。

第三列权数栏表明了各个项目在总体评价中所起的作用与重要性。权数在0到1之间,项目的重要程度越高权数就应越大,应根据企业所处行业的情况、企业自身具体情形决定,同时也受到分析人员个人倾向的影响。权数的给定还有一个限制,就是每一类中的各项权数之和为1。

第四列结果栏表示各个类目的最终得分。类目得分 $= \sum$(各项目得分×对应权数)。将各类的得分进行比较,就可以了解企业的长处是什么,短处是什么。

根据表2.22的数据,可以整理出表2.23的各项数据。

表 2.23 企业优势/劣势分析

类目	得分	权数	综合值
制造/维修服务能力			
营销能力			
赢利能力			
抗风险能力			
组织能力			
发展能力			

需要说明的是,表2.23中各个类目权数的确定不仅受到行业特点和企业状况的制约,同时还会受分析人倾向的影响。如果分析人属于谨慎型,那么抗风险性能力的权数就会设得高一些;如果分析人敢于冒风险,则该权数就会低一些。最后得出的综合值就是企业的市场得

分,企业的综合值＝$\sum$（各项目得分×对应权数）,这一结果表明了企业在市场中的地位。

（2）企业优势和劣势的把握。企业在维持竞争优势过程中,必须深刻认识自身的资源和能力,采取适当的措施。因为,一个企业一旦在某一方面具有竞争优势,势必会吸引到竞争对手的注意。一般来说,企业经过一段时期的努力,建立起某种竞争优势;然后,企业就处于维持这种竞争优势的态势,竞争对手开始逐渐作出反应;而后,如果竞争对手直接进攻企业的优势,或采取其他更为有力的策略,就会使这种优势受到削弱。

影响企业竞争优势持续时间的关键因素主要有3个:建立这种优势要多长时间? 能够获得的优势有多大? 竞争对手作出有力反应需要多长时间? 如果企业分析清楚了这3个因素,就会明确自己在建立和维持竞争优势中的地位。

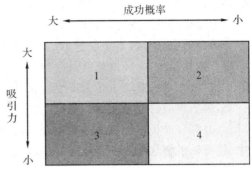

图 2.15　机会矩阵

2.机会/威胁分析（OT 分析）

机会/威胁分析（OT 分析）属于外部环境分析。

（1）机会分析,如图 2.15 所示。

第一类机会是最令人向往的,吸引力大且成功概率高。吸引力大,表明汽车营销活动的影响很大,同时在此项业务上成功的可能性也很大,应抓住这样的良机来加速发展。

第二类机会是应谨慎考虑的,吸引力大但成功概率不高。虽然,这类机会的吸引力很大,但成功的可能性小,不宜盲目跟风行动。

第三类机会是要着力分析的,吸引力小但成功概率高。虽然,这类机会的吸引力不大,但成功的可能性很大,此时应该深入进行效益分析,如果发现利用这一机会获得的收益大于付出的成本,也可以考虑利用这一机会,促进企业营销活动的开展。

第四类机会是不应考虑的,因为这类机会对营销活动的影响不大,企业利用这一机会的成功概率又小。

这里要说明的是,机会所处的位置是变化的,第二类机会可能会因自身的某些改变而变为第一类,第一类机会也可能因环境因素的相互作用而变成第三类。企业应做好环境监测,更好地利用机会,推动企业的发展。

（2）威胁分析,如图 2.16 所示。

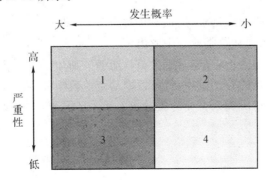

图 2.16　威胁矩阵

第一类威胁要高度重视并着力化解。这类威胁对汽车企业营销活动的影响很大,同时发生的可能性也很大。因此,对于这类威胁,一方面要密切地监控,另一方面要形成一套良好的常备反应机制,在威胁来临时迅速将其化解,将损失减到最小。

第二类威胁对汽车企业营销活动的影响很大但发生的可能性小。对这类威胁,要有一套灵敏的预警机制,不能因为其发生的可能性小而忽略它,同时还要有良好的应对措施。

第三类威胁是汽车企业在生产经营过程中经常遇到的,它对企业营销活动的影响很小,但是发生的可能性大。对这些威胁,企业要及时解决,不能因为其影响力不大而搁置起来,不然很可能会发生变化,造成巨大的影响。

第四类威胁对汽车企业营销活动的影响不大,发生的可能性也不大。对这类威胁,要做的是注意其动向,一经发现就及时解决,避免其转移为其他形式的威胁。

与机会一样,威胁也是会发生变化的,如第三类威胁可能因我们的不予理睬而变成为第一类,第二类威胁也可能因为应对措施得当而转化为第四类。

(3)综合分析。将机会分析与威胁分析结合起来,并将其运用到汽车企业的营销活动中,就可以了解这项业务所处的外部环境,从而为相关的营销决策提供依据。具体分析如图2.17所示。

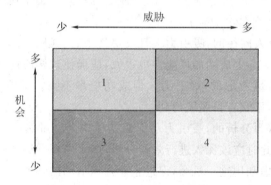

图 2.17　机会威胁综合分析矩阵

第一类业务是理想的业务,拥有的机会多,受到的威胁又少,是企业应着力发展的业务。

第二类业务所拥有的机会虽多,但受到的威胁也很多,是风险类业务,企业应慎重考虑,做好风险收益分析。

第三类业务所面临的机会与威胁都很少,一般是已经成熟的业务。企业在这类业务中所占的市场份额如果较大,则可以加强发展,不适宜新加入者来开展这类业务。

第四类业务是企业不愿做的业务,面临的威胁很多,拥有的机会却很少,是企业经营中的麻烦业务,企业可以考虑从这类业务中撤出。

通过对机会和威胁的分析,汽车营销人员就能够清晰地了解到企业所处的外部环境,再根据企业的情况进行恰当的营销策划,就可以推动企业营销活动的发展。

根据企业资源组合情况确认企业的关键能力和关键限制,如表2.24所示。

表 2.24 SWOT 分析的主要控制因素

潜在资源力量	潜在资源弱点	潜在机会	外部潜在威胁
• 有力的战略 • 有利的金融环境 • 有利的品牌形象和美誉 • 被广泛认可的市场领导地位 • 专利技术 • 成本优势 • 强势广告 • 产品创新技能 • 优质客户服务 • 优秀产品质量 • 战略联盟与并购	• 没有明确的战略导向 • 陈旧的设备 • 超额负债与恐怖的资产负债表 • 超越竞争对手的高额成本 • 缺少关键技能和资格能力 • 利润的损失部分 • 内在的动作困境 • 落后的 R&D 能力 • 过分狭窄的产品组合 • 市场规划能力的缺乏	• 服务独特的客户群体 • 新的地理区域的扩张 • 产品组合的扩张 • 核心技能向产品组合的转化 • 垂直整合的战略形式 • 分享竞争对手的市场资源 • 竞争对手的支持 • 战略联盟与并购带来的超额覆盖 • 新技术开发通路 • 品牌形象拓展的通路	• 强势竞争者的进入 • 替代品引起的销售下降 • 市场增长的减缓 • 交换率和贸易政策的不利转换 • 由新规则引起的成本增加 • 商业周期的影响 • 客户和供应商的杠杆作用的加强 • 消费者购买需求的下降 • 人口与环境的变化

二、汽车企业适应环境变化的策略

对汽车企业营销最大的挑战来自于不断变化着的营销环境。不同的成功汽车企业的成功原因固然不尽相同,但有一点是共同的,即能抓住汽车市场营销环境机会,适应环境变化,并能预测环境发展趋势,主动调整营销战略。而环境变化所带来的威胁,一般不为汽车企业所控制,但企业可冷静分析环境的变化,采取不同策略沉着应付。面对环境威胁,企业可以采取以下三种策略:

(1)促变策略(对抗策略)。这种策略要求尽量限制或扭转不利因素的发展。比如汽车企业通过各种方式促使或阻止政府或立法机关通过或不通过某项政策或法律,从而赢得较好的政策法律环境。显然企业在采用此种策略时必须要以企业具备足够的影响力为基础,一般只有大型企业才具有采用此种策略的条件。此外,企业在采取此种策略时,其主张和所作所为,不能倒行逆施,而应同潮流趋势一致。

(2)减轻策略。即通过市场营销组合来增强对环境的适应,以减轻环境威胁的严重性。此种策略适宜于企业在不能控制不利因素发展时采用。它是一种尽量减轻营销损失程度的策略。一般而言,环境威胁只是对企业市场营销的现状或现行做法构成威胁,并不意味着企业就别无他途。企业只要认真分析环境变化的特点,找到新的营销机会,及时调整营销策略,不仅减轻营销损失是可能的,而且谋求更大的发展也是可能的。

(3)转移策略。这种策略要求企业将面临环境威胁的产品转移到其他市场上去,或者将投资转移到其他更为有利的产业上去。如汽车公司面对竞争激烈的行业环境,将部分资金投入到房地产、烟草等其他行业,实行多角化经营。

在分析评价环境时,企业应特别注意分析那些表面上看起来对企业产生较大威胁,而同时又潜藏着某些机会的环境,以便及时将环境威胁转化为企业的机会。企业决策层要根据

对环境的变化评价结果,迅速调整有关营销决策,使企业营销活动与环境变化保持动态平衡。

三、汽车企业调节市场需求的策略

调节市场需求的水平、时间和特性,使之与供给相协调,是营销管理者的重要任务。现代市场营销理论总结出多种调节市场需求的方法。

(1)扭转性经营。即采取适当的营销措施,改变客户对本企业产品的信念和态度,把否定需求改为肯定需求。此策略适合于客户对本企业产品存有偏见或缺乏了解等情况下采用。

(2)刺激性经营。即设法引起客户的注意和兴趣,刺激需求,扩大需求规模。此策略一般适合于企业成功的新产品在推向市场时采用。

(3)开发性营销。当客户对现有产品已感到不满足,希望能有一种更好的产品取代时,即意味着某种新产品就有了潜在需求,企业应尽快推出适合客户需要的新产品,将客户的潜在需求变为现实需求。

(4)维持性营销。当某种产品目前的需求水平与企业期望的需求水平基本吻合,出现更大规模需求的可能性不大时,宜采用此策略,即维持营销现状,不再对此产品作更大的投资。

(5)限制性营销。当产品呈现供求不平衡时,企业可以通过宣传引导、提价等措施,以抑制部分需求;当产品供过于求时,企业可以加强促销,以扩大需求,必要时还必须减少产品的供给,实行限制性营销。

市场营销管理的实质就是需求管理,这说明了调节市场需求对企业市场营销的重要性,它体现了企业市场营销的水平。

2.2.3　任务实施

典型学习情境一:环境因素的资料收集

1.运用市场调研进行营销环境因素的资料收集。

营销环境的因素包括宏观因素和微观因素,具体内容见本任务知识准备相关内容。

(1)可采用深入的专家访谈法收集相关专家的看法。

(2)与一线销售人员进行交流,收集相关信息。

(3)运用文案调查法收集相关数据。

(4)采用各种市场调研方法收集第一手资料。

2.对收集到的数据进行以下归类整理。

机会：

威胁：

优势：

劣势：

3.对优势和劣势进行分析,指出我们的卖点和缺陷。

卖点：

缺陷：

4.运用环境分析综合评价矩阵图对机会与威胁进行评估。

典型学习情境二：运用 SWOT 分析法分析收集到的数据

根据前文所述 SWOT 分析程序进行分析。

5.罗列企业的优势和劣势,可能的机会与威胁。完成如下图中:

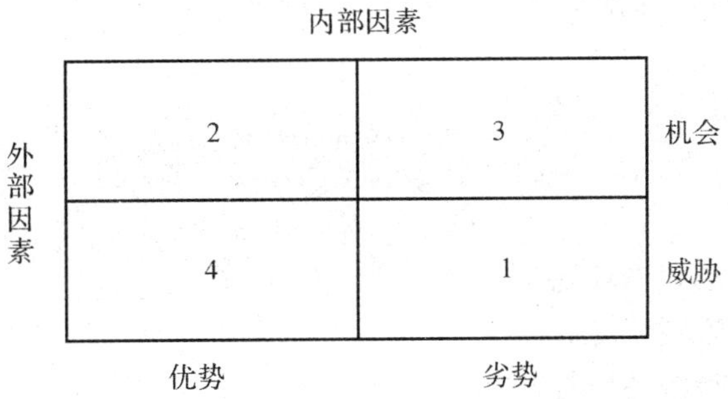

内部因素

外部因素	2	3	机会
	4	1	威胁

优势　　　　　劣势

6.优势、劣势与机会、威胁相组合,形成 SO、ST、WO、WT 战略。

把你分析的相关战略填入下表中:

	优势(S)	劣势(W)
机会(O)		
威胁(T)		

7.对 SO、ST、WO、WT 战略进行分类和选择,确定企业目前应该采取的具体战略。

8.对分析结果进行小结,提出相关建议。

2.2.4 任务评价

任务完成后,需要通过自我评价与反馈,看是否达到了预定要求,如果未达到既定学习目标,请调整学习计划进行自我完善。本学习任务可根据以下几个方面进行评价与反馈。

1.你了解影响汽车市场营销环境的宏观与微观因素了吗?

2.你会运用各种方法收集影响汽车市场营销环境的因素吗?

3.你能对影响汽车营销环境的因素进行 SWOT 分类吗?

4.你会对我们的优势与劣势因素进行分析吗?

5.你会对机会与威胁进行价值评估吗?

6.你会运用 SWOT 分析法确定企业目前应该采取的具体战略吗?

如果自我评价未通过,请从以下几个方面进行调整学习计划再改进:

1.结合本任务的复习思考题进行知识点的学习。

2.通过市场营销环境分析实训进行技能操作训练。

3.到汽车 4S 店进行观摩学习。

复习思考题

1.什么是汽车市场营销环境?

2.汽车市场营销宏观环境有哪些?

3.汽车市场营销微观环境有哪些?

4. 你了解当前国内有哪些主要影响汽车营销活动的法律法规吗？

5. 如果你现在要针对一个新车型在当地进行市场推广活动，你会去重点了解哪些环境影响因素？

6. 什么是 SWOT 分析法？

7. SWOT 分析流程是怎样的？

8. 环境因素中，机会与威胁因素的价值该如何评估？

任务三 汽车市场定位分析

2.3.1 任务引入

在本项目任务一中，小刘接到的工作任务中需要通过市场调研之后，对新车型的目标客户群和竞争对手做出分析，并在报告中给出分析结论。那么小刘该如何对收集到的数据进行分析呢？

以此任务为依托，我们在本任务的学习目标是：

1. 会进行竞品和目标客户群的信息收集工作；

2. 了解 STP（市场细分、目标市场营销、市场定位）基本原理；

3. 能正确分析目标客户群的特征，准备定位客户群；

4. 能对同行及竞品的竞争态势做出分析；

5. 会撰写市场分析报告。

通过本任务的学习可以为后续的市场营销策划工作打下良好的基础。

2.3.2 知识准备

现代市场营销非常重视 STP 营销，即汽车市场细分化（Segmentation）、选择汽车目标市场（Targeting）、汽车产品定位（Positioning）。企业无法在整个市场上为所有客户服务，应该在市场细分的基础上选择对本企业最有吸引力并能有效占领的那部分市场为目标，并制定相应的产品计划和营销计划为其服务，这样企业就可以把有限的资源、人力、财力用到能产生最大效益的方面上，确定目标市场。选择那些与企业任务、目标、资源条件等一致，与竞争者相比本身有较大优势，能产生最大利益的细分市场作为企业的目标市场并做出合理的市场和产品定位是 STP 营销的主要任务。

单元一 汽车市场细分

一、汽车市场细分的概念和作用

（一）汽车市场细分的概念

所谓汽车市场细分，就是企业根据市场需求的多样性和客户购买的差异性，把整个市场

划分为若干具有相似特征的客户群。每一个客户群就是一个细分市场,而每一个细分市场又包含若干细分市场。市场细分化就是分辨具有不同特征的客户群,把它们分别归类的过程。企业选择其中一个或若干个作为目标。

市场之所以能够细分的前提是市场需求的相似性和差异性。

(二)汽车市场细分的作用

汽车企业实行目标市场营销,对于改善汽车企业经营,提高经营效果具有重要作用,具体体现在以下几个方面。

1.有利于发现汽车市场营销机会

运用汽车市场细分可以发现汽车市场上尚未加以满足的需求,并从中寻找适合本汽车企业开发的需求,抓住汽车市场机会。这种需求往往是潜在的,一般不容易发现,而运用汽车市场细分的手段,就便于发现这类需求,使汽车企业抓住汽车市场机会。日本铃木公司在打开美国市场时,通过细分市场,发现美国市场上缺少为18～30岁年轻人设计的省油、实用的敞篷车,因此推出了小型轿车"铃木 SJ413",也就是"铃木武士"。

2.有效地制定最优营销策略

汽车市场细分是目标市场选择和汽车市场定位的前提,是为目标市场选择做基础的。汽车企业营销组合的制定都是针对所要进入的目标市场,离开目标市场的特征和需求的营销活动是无的放矢,是不可行的。

3.有效地与竞争对手相抗衡

通过汽车市场细分,有利于发现汽车客户群的需求特性,使汽车产品富有特色,甚至可以在一定的汽车细分市场中形成垄断的优势。汽车行业是竞争相当激烈的一个行业,几乎每一种车型都有相类似的车型作为其竞争对手,但是,如果选择细分市场正确,也可以在一定程度上具有垄断的优势。例如,福特公司为使凯迪拉克汽车减少竞争压力,恢复传统销售势头,曾做过一次市场调查,排列出在美国高档车市场上,凯迪拉克的竞争对手有以下几种:通用公司的林肯,奔驰的梅塞德斯—奔驰,另外还有宝马、沃尔沃和尼桑等。但是凯迪拉克并没有将劳斯莱斯作为自己的竞争对手,那是因为劳斯莱斯自建立以来至今一直采用全手工制作,从汽车产品的宣传到汽车企业形象,乃至劳斯莱斯的性能和售价,都决定了劳斯莱斯是豪华车中的王者之作,至今和任何品牌的豪华车都不存在竞争关系。

4.有效地扩展新的汽车市场,扩大汽车市场占有率

汽车企业对汽车市场的占有是从小至大,逐步拓展的。通过汽车市场细分,汽车企业可以先选择最适合自己占领的某些子市场作为目标市场。当占领这些子市场后,再逐渐向外推进、拓展,扩大汽车市场的占有率。

5.有利于汽车企业扬长避短,发挥优势

每一个汽车企业的营销能力对于整体市场来说都是有限的。汽车企业必须将整体市场进行细分,确定自己的目标市场,这一过程正是将汽车企业的优势和市场需求相结合的过程,有助于汽车企业集中优势力量,开拓汽车市场。

所以,汽车市场细分及其目标市场营销,既是汽车企业市场营销的战略选择,又是汽车企业市场竞争的有效策略。它不仅适合于实力较强的大型汽车企业,还特别适合实力不强的中小型汽车企业。因为中小型汽车企业的资源相对有限,技术力量相对缺乏,竞争能力相

对低下,通过汽车市场细分并结合汽车企业自身特点,选择一些大型汽车企业不愿顾及、汽车市场需求相对较小的汽车细分市场,集中精力做出成绩,取得局部优势,是立足汽车市场和求得生存发展的秘密武器。

二、汽车市场细分的常见标准

汽车产品市场的细分标准多种多样,下面介绍一些常见的细分标准。

1. 按地理位置细分

就是把市场分为不同的地理区域,如国家、地区、南方、北方、高原、山区等。由于各地区自然气候、经济文化水平等因素,影响消费者的需求和反应,例如在城市用的汽车和山区用的汽车就是有差别的。

2. 按人口特点细分

这是按照人口的一系列性质因素来辨别消费者需求的差异。就是按年龄、性别、家庭人数、收入、职业、教育程度、民族、宗教等性质因素来细分的,如在研究轿车市场时,就通常按居民的收入水平进行市场细分。

3. 按购买者心理细分

这就是按照消费者的生活方式、个性等心理因素上的差别对市场加以细分。生活方式是指一个人或一个群体对于生活消费、工作和娱乐的不同看法或态度;个性不同也会产生消费需求的差异。因此,国外有些企业根据消费者的不同个性对市场加以细分。例如,有的市场学家研究发现,有活动折篷的汽车和无活动折篷的汽车的购买者的个性存在差异,前者比较活跃、易动感情、爱好交际等等。

4. 按购买者的行为细分

所谓行为的细分化,就是根据客户对产品的知识、态度、使用与反应等行为将市场细分为不同的购买者群体。属于这些的因素有多种,主要有:

(1)购买理由。按照购买者购买产品的理由而被分成不同的群体。例如,有的人购买小汽车是为自己上下班用,有的是为了好玩。生产厂家可根据客户不同的需求理由提供不同的产品,以适应其需要。

(2)利益寻求。消费者购买商品所要求的利益往往各有侧重,这也可作为市场细分的依据。这其中可能有追求产品价廉实用的、也有追求名牌的、或者是追求造型、颜色的等。

(3)使用者情况和使用率。对于消费品,很多市场可按使用者的情况,细分为某一产品的未使用者、曾使用者、以后可使用者、初次使用者和经常使用者等类型。也可以按某一产品使用率进行细分,则可分为少量使用者、中量使用者和大量使用者等类型。

(4)品牌忠诚程度。消费者的忠诚程度包括对企业的忠诚和对产品品牌的忠诚,也可作细分的依据。

(5)待购阶段。消费者对各种产品特别是新产品,总处于不同的待购阶段。据此可将消费者细分为六大类:即根本不知道该产品;已经知道该产品;知道得相当清楚;已经发生兴趣;希望拥有该产品;打算购买。按待购阶段不同对市场进行细分,可以便于企业针对不同阶段运用适当的市场营销组合,以促进销售。

(6)态度。消费者对于产品的态度可分为五种:热爱、肯定、冷漠、拒绝和敌意。对待不同态度的消费者应当结合其所占比例,采取不同的营销措施。

5.按最终客户的类型细分

不同的最终客户对同一种产品追求的利益不同。企业分析最终客户,就可针对不同客户的不同需要制定不同的对策。如我国的汽车市场按客户类型,可以分为"生产型"企业、"非生产型"组织、"非生产型"个人(家庭)、个体运输户等细分市场;还可分为民用、军用两个市场。

6.按客户规模细分

根据客户规模,可将汽车市场划分为大、中、小三类客户。一般来说,大客户数目少但购买额大,对企业的销售市场有着举足轻重的作用,企业应特别重视,注意保持与大客户的业务关系;而对于小客户,企业一般不应直接供应,可以通过中间商销售。

大多数情况下,市场细分通常不是依据单一标准细分,而是把一系列划分标准结合起来进行细分,目标市场取各种细分市场的交集。

如我国某国有大型集团公司,主要生产各种重型汽车,其重型汽车在市场占据重要地位。为进一步开拓国内市场,市场部进行了市场细分并据此确定目标市场。

大的层次上,以省、直辖市为区域,按工业布局、交通发展、资源性质、原有集团产品保有量等情况,将国内市场细分为:重要市场、需开发市场、需重点培育市场、待开发市场。如按行业类别划分市场,运输需求量大的煤炭、石油、金属等行业为重要市场,基础设施建设如高速公路建设、铁道建设、港口建设等为重点开发市场,远离铁路的乡镇矿山及采石场、乡镇小化肥厂等为需重点培育市场。

在此该市场在划分标准上就把重要程度、地理、行业、基础设施建设等标准结合起来对市场进行细分。

三、汽车市场细分原则

1.可衡量性

用于汽车细分市场的特征必须是可以衡量的,细分出的汽车市场应有明显的特征和区别。例如,整车销售中,业界比较通用的市场细分方法有两种:一是按照排量分,二是按照价格划分。后者可以将市场划分为高、中、低三种,每一种市场都有鲜明的特征。比如,高档车客户注重车辆的外观、性能、豪华程度,对价格不敏感;而低档车客户则对价格相当敏感,要求耗油量小、耐用等。

2.可进入性

要根据汽车企业的实力,量力而行。汽车细分市场本来就是为了让汽车企业可以扬长避短,只有可以充分发挥汽车企业的人力、物力、财力和营销能力的子市场才可以作为目标市场,不然,就是对汽车企业资源的浪费。

3.效益性

在汽车细分市场中,被汽车企业选中的子市场必须具有一定的规模,即有充足的需求量,能足以使汽车企业有利可图,并实现预期利润目标。因此,细分出的市场的规模必须恰当,使汽车企业能得到合理赢利。

汽车企业要在汽车细分市场中获得赢利,除了考虑汽车市场的规模外,还要考虑汽车市场上竞争对手的情况,如果该市场已经有大量竞争对手,而汽车企业又没有明显的优势,同样不适宜进入该市场。

4.有发展潜力

汽车市场细分应当具有相对的稳定性,汽车企业所选中的目标市场不仅要为汽车企业带来目前利益,还要有发展潜力,有利于汽车企业立足于该市场后可以拓宽汽车市场。因此,汽车企业选择的目标市场不能已经处于饱和或者即将饱和状态。

单元二　汽车目标市场营销

市场细分为企业展现多处营销机会,接着要对这些细分市场进行评估,相应确定准备为哪些细分市场服务。

一、细分市场的评估

1.细分市场的规模和发展评估

主要是对目标市场的规模与企业的规模和实力相比较进行评估,以及对市场增长潜力的大小进行评估。

2.市场吸引力评估

这里所指的吸引力主要是指企业目标市场上长期获利能力的大小。而这种获利能力的大小主要取决于五个群体(因素):同行业竞争者、潜在的新参加的竞争者、替代产品、购买者和原材料供应商,如图2.18所示。

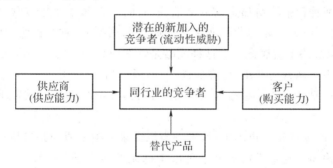

图2.18　影响细分市场吸引力的五个因素及其关系

如果某个市场已有为数众多或实力强大的竞争者;或有可能招致更多的竞争者;或替代产品竞争能力很强;或购买者谈判能力很强而各种苛求又太多;或企业的供应者能够在很大程度上控制企业对该市场产品的供应,那么这个细分市场的吸引力就会下降。企业是否将这样的细分市场作为目标市场就应审慎决策。反之,细分市场的吸引力就会增强。

3.汽车企业本身的目标和资源

如某个细分市场具有一定规模和发展特征,其组织结构也有吸引力,企业还必须对该市场是否符合企业的长远目标,是否具备获胜能力以及是否具有充足的资源等情况进行评估。

汽车企业对细分市场进行科学评估后,接下来就可以制定相应的目标市场营销战略。

二、制定目标市场营销战略

(一)目标市场营销战略的类型

目标市场营销战略是企业在市场细分和评估基础上,对拟进入的目标市场制定的经营

战略。主要有以下类型。

1.整体市场营销战略

这种战略就是要面对整个市场,为满足各个细分市场上不同的需要,分别为之设计不同的产品,采取不同的市场营销方案,分别向各个细分市场提供各种不同品种的汽车产品,并以所有的细分市场为目标的营销战略。

这种战略比较适合于我国的大型汽车企业(集团),例如以宽系列、全品种发展汽车产品的营销战略便是面对各个细分市场。

2.密集性市场营销战略

这种战略是选择一个或少数几个细分市场作为目标市场,制订一套营销方案,集中力量为这一两个目标市场服务,争取在目标市场上占有大量份额。由于目标集中,产品更加适销对路,专业化经营,生产成本和营销费用可降低。但这种战略也有风险,一旦市场发生变化,由于产品集中此市场,会使企业亏损。

这种战略最适于实力一般的中小型汽车企业,一些出口汽车企业的最初进入国外市场时也常采用此种战略,它们开始时以一个不被竞争者重视的细分市场为目标,集中力量在这个目标市场上努力经营,提供高质量的产品和服务,赢得声誉后再根据自己的条件逐渐扩展到其他市场上去。据研究,日本、韩国的汽车公司大多数是运用了这种战略,才在国际汽车市场上取得惊人成绩的。

以上讨论的两种营销战略都是以市场细分为前提,都属于差异性营销战略。在有些情况下,企业也可以采取无差异的营销战略。例如美国福特公司20世纪20年代前期所生产的T型车,在营销战略上就属此类。这种战略是针对市场共性的一种求同存异的营销战略。它的优点是节约生产和营销费用,可降低成本,但因产品单一,竞争能力差,不能满足客户的多方面需求。同样是T型车,在20年代后期就因形势变化,消费者的需求改变而导致企业损失惨重。

目前,对我国的家用轿车市场来说,影响市场需求的主要原因是价格过高和使用上的门槛太多,因此,国内企业在这个市场上就可以实行无差异市场营销战略,生产出老百姓买得起的价廉物美的汽车。

另外,企业在选择营销战略时,必须考虑到企业的实力;产品的差异性及所处生命周期阶段;市场的差异及市场规模;竞争对手的营销战略等因素对目标市场营销战略选择的影响。企业应以自身的优势选择营销战略。

(二)目标市场战略选择时应考虑的主要因素

1.汽车企业的实力

实力强则实行差异性营销,否则宜选择无差异性营销或密集营销。

2.产品的差异性及所处的生命周期阶段

如果汽车产品的性能和结构差异性大,汽车企业就应采取差异性营销战略。同样,汽车产品生命周期不同,汽车企业亦应采取不同的营销战略。当产品处于市场导入期或成长期时,营销的重点应放在启发和巩固消费者的偏好上,在此阶段汽车企业若精力有限,可以不必提供太多的品种,可采取无差异性营销或密集营销战略。当产品处于成熟期时,由于市场竞争激烈,消费者需求也日益多样化,在此阶段汽车企业可以改用差异性营销战略,大力发展新品种,以开拓新汽车市场,延长汽车产品生命周期,提高汽车企业的市场竞争能力。

3.汽车市场的差异及市场规模

如果汽车市场需求偏好、购买特点以及对营销刺激的反应等存在较大差别,宜进行差异性营销。此外,如果每一品种的汽车产品市场容量都不足以维持大量营销,汽车企业则应采取差异性营销的战略。

4.市场供求情况

市场供不应求时可采用整体市场营销策略,甚至是采取不进行市场细分的无差异市场营销战略,反之则采用差异性策略。

5.竞争者的营销战略

一般来说,汽车企业如果比竞争对手实力强,可采取差异性营销,差异的程度可与竞争对手一致或更强。如果汽车企业实力不及竞争对手,一般不应采取完全一样的营销战略。在此种情形下,汽车企业可采取密集营销战略,坚守某一细分市场,也可采取差异性营销,但在差异性方面,应针对竞争对手薄弱的汽车产品项目形成自己的优势。

单元三 汽车市场定位

一、市场定位的概念

当企业选定一个目标市场后,同行的竞争对手也在争夺这一目标市场。如果大家都向这个市场推出同类产品,消费者就会向价格最低的公司购买,最终大家都降价,没有什么利益可得。唯一的办法是使自己的产品与竞争者的产品有差别,有计划地树立自己的产品有某种与众不同的理想形象,有效地使自己的产品差异化,去获得差别利益。这就是市场定位的功能。

所谓市场定位就是企业根据客户对所生产产品的需求程度,根据市场上同类产品竞争状况,为本企业产品规划一定的市场地位,即为自己的产品树立特定形象,使之与众不同。市场定位的过程就是在消费者心目中为公司的品牌选择一个希望占据的位置的过程。我们也可以理解为市场定位就指企业以何种产品形象和企业形象出现,以给目标客户留下一个深刻印象的过程,是一个使自己产品个性化的过程。

市场定位是现代市场营销学中的一个重要概念,是市场细分化的直接后果。

对于汽车产品来说,因其产品繁多,且各有特色,广大客户又都有着自己的价值取向和认同标准,企业要想在目标市场上取得竞争优势和取得较大效益,市场定位是非常必要的。

二、市场定位的战略类型

汽车企业要做到准确定位,首先要决策采取何种市场定位的战略。市场定位的战略类型包括:

1.产品差别化战略

这是从汽车产品质量、产品特色等方面实现差别的战略。汽车企业通过寻求汽车产品特征的方法实现产品的差别化,如丰田的安装、本田的外形、日产的价格、三菱的发动机都是非常有特色的。

2.服务差别化战略

这是向目标市场提供与竞争者不同的优质服务的战略。一般地,汽车企业的竞争能力越强,越能体现在客户服务水平上,越容易实现市场差别化。如果汽车企业将服务要素融入产品的支撑体系,就可以为竞争者设置"进入障碍",通过服务差别化提高客户总价值,保持牢固的客户关系,从而击败竞争对手。

3.人员差别化战略

这是通过聘用和培训比竞争对手更优秀的人员以获取差别优势的战略。实践早已证明,市场竞争归根到底是人才的竞争,一支优秀的人员队伍,不仅能保证汽车产品质量,还能保证服务质量。一个受过训练的员工的基本素质应包括人员的知识和技能、礼貌、诚实、可靠、责任心、反应灵活、善于沟通等内容。

4.形象差别化战略

这是在汽车产品的核心部分与竞争者无明显差异的情况下,通过塑造不同的汽车产品形象以获取差别的战略。如在豪华汽车中宝马的蓝天和白云的标志,就会联想到"驾乘宝马,感受生活,与成功人士有约"。

三、市场定位的方法

汽车企业在市场定位过程中,一方面要了解竞争者汽车产品的市场定位,另一方面要研究目标客户对汽车产品的各种属性的重视程度,然后选定本汽车企业产品的特色和独特形象,从而完成汽车产品的市场定位。

汽车企业的市场定位,一般应参照以下工作程序进行:

1.调查研究影响定位的因素

调查内容主要包括:①竞争者的定位状况。即汽车企业要对竞争者的定位状况进行确认,并要正确衡量竞争者的潜力,判断其有无潜在的竞争优势。②目标客户对汽车产品的评价标准,弄清楚客户最关心的问题,并以此作为定位决策的依据。

2.选择竞争优势和定位战略

汽车企业通过与竞争者在汽车产品、促销、成本、服务等方面的对比分析,了解自己的长处和短处,从而认定自己的竞争优势,进行恰当的市场定位。

3.准确地传播汽车企业的定位观念

汽车企业在做出市场定位决策后,还必须大力宣传,把汽车企业的定位观念准确地传播给潜在客户。但要避免因宣传不当在公众心目中造成三种误解:一是档次过低,不能显示出汽车企业的特色。例如,面向社会集团销售的轿车就应避免给人档次过低的印象。二是档次过高。三是混淆不清,在公众心目中没有统一明确的认识。上述误解将会给汽车企业形象和经营效果造成不利影响。

四、汽车市场定位常见策略

(1)比附定位。这种定位方法就是攀附名牌,比拟名牌来给自己的产品定位,以借名牌之光而使自己的品牌生辉。如沈阳金杯客车制造公司金杯海狮车的"金杯海狮,丰田品质"的定位就属此类。

(2)属性定位。这是指根据特定的产品属性来定位。如"猎豹汽车,越野先锋"就属此类。

（3）利益定位。这是指根据产品所能满足的需求或所提供的利益、解决问题的程度来定位。如"解放卡车，挣钱机器"即属此定位。

（4）与竞争者划定界线的定位。这是指某些知名而又属司空见惯类型的产品做出明显的区分，给自己的产品定一个相反的位置。

（5）市场空当定位。企业寻找市场尚无人重视或未被竞争对手控制的位置，使自己推出的产品能适应这一潜在目标市场的需要的定位策略。如国内去年推出 MPV 车时在定位上就采用了这一策略。把 MPV 车定位在"工作＋生活"这个市场空当，并获得了较好的效果。

（6）质量／价格定位。这是指结合对照质量和价格来定位。如物有所值、高质高价或物美价廉等定位。例如一汽轿车的红旗明仕 18 的市场定位"新品质、低价位、高享受"即属此类。

2.3.3　任务实施

典型学习情境一：竞争态势分析

1.结合任务二收集到的信息，分析当地汽车市场总体态势。

市场需求量的增长情况及趋势：

市场供给情况及趋势：

新车价格变化情况及趋势：

客户汽车需求特点及变化趋势：

宏观环境的变化情况：

2.当地区域内同品牌经销商的竞争分析。

区域内的经销商有：

各家的优劣情况：

3.当地区域内同其他品牌经销商的竞争分析。

4.区域内竞品情况分析。

5.可能存在的竞争态势分析。

典型学习情境二：目标消费群分析

6.本企业所经销品牌商品的产品与市场定位情况。

7.本企业所经销品牌商品的目标客户定位及变化情况分析。

8.目标消费群人文特征分析。
(1)年龄特征：

(2)学历特征：

(3)职业状况：

(4)家庭收入状况：

(5)家庭人口结构特征：

(6)成长背景：

(7)业余爱好：

(8)购车动机：

(9)目前日常出行习惯：

小结：

9.购车者的总体选择倾向。
(1)对车型的偏好选择：

(2)消费者较为认可的主要车型分析：

(3)对新车主要特点或风格的偏好：

(4)对本品牌及代表车型的认识：

小结：

10.目标群购车心理及习惯分析。
(1)消费者将要购买的车型：

(2)消费者希望的汽车价格：

(3)消费者希望的汽车配置情况：

(4)消费者对交车时间的要求：

(5)消费者对试乘试驾的要求：

(6)影响目标消费者购车的因素分析：

(7)目标消费者购车决策过程：

(8)消费者对售后服务的要求：

小结：

典型学习情境三：市场分析报告的撰写

把本项目三个任务综合起来，把收集到的信息与分析结果概括起来就可以撰写市场分析报告了。

11.确定市场分析报告的提纲。

市场分析报告的格式多种多样，要根据分析目的、作用等不同有所不同，未有固定模板。本任务中，要求小刘为新车型的上市活动做一个市场分析报告，为策划活动决策提供依据，因此报告应包括以下几个部分：

(1)封面

(2)摘要

(3)目录

(4)正文

(5)结语

其中正文主要包含以下内容：

(1)背景

(2)区域汽车市场总体态势分析

(3)本经销商及所销售新车型的SWOT分析

(4)竞争态势分析

(5)目标客户群分析

(6)结论与建议

12.完成各部分文稿的组织，尽量用图表说话。

13.优化报告内容，美化文稿版面。

14.打印并提交报告，完成任务。

2.3.4 任务评价

任务完成后,需要通过自我评价与反馈,看是否达到了预定要求,如果未达到既定学习目标,请调整学习计划进行自我完善。本学习任务可根据以下几个方面进行评价与反馈。

1.你了解汽车市场细分的概念与作用吗?

2.你了解汽车细分市场的常见标准吗?

3.你能对细分的目标市场进行评估吗?

4.你了解汽车市场定位的概念吗?

5.你了解汽车市场定位的常见策略吗?

6.你会分析你所销售汽车商品的细分市场与市场定位情况吗?

7.你会对你所销售商品的目标消费群体进行分析吗?

8.你能对竞品及竞争企业情况进行分析吗?

9.你会撰写汽车市场分析报告了吗?

如果自我评价未通过,请从以下几个方面进行调整学习计划再改进:

1.结合本任务的复习思考题进行知识点的学习。

2.通过汽车市场定位分析实训进行技能操作训练。

3.到汽车4S店进行观摩学习。

复习思考题

1.简述汽车市场细分的作用。

2.简述汽车市场定位的程序。

3.请对一汽丰田的卡罗拉产品的市场定位、目标客户群、竞品等情况进行分析,提交分析报告。

 项目实训

实训课题:比亚迪 F0 的市场分析

某省会城市有5家比亚迪F0经销店,现为配合新车型上市,某家经销商准备在区域内策划一系列市场推广活动。为了使策划的市场活动能成功,策划活动时有科学依据,现请你为其做一次市场调研,并提交详细的市场分析报告。

下面就以该任务为依据,组织学生进行市场调研与市场分析的实践教学。

一、实训目的及基本要求

(一)实训的目的

理论联系实际,使学生进一步熟悉和巩固所学知识,以便牢固掌握市场调研与市场分析的工作过程。

(二)实训的基本要求

1.会分析市场调研的内容,会制订市场调查策划案。

2.能掌握问卷设计、资料收集、调查资料的审核、编码及整理等理论知识与方法,并能运用这些方法完成市场调查任务。

3.能合理选择市场调查的方式与方法。

4.能独立或与他人合作完成市场调查的全过程。

5.熟悉市场预测的步骤与常见市场预测方法的选择,能借助 Excel 等统计分析软件对数据进行统计分析。

6.会撰写市场分析报告。

二、实训内容

1.通过市场调查收集以下资料:

(1)市场营销环境资料;

(2)目标客户群资料;

(3)竞争态势资料。

2.运用 SWOT 分析方法进行环境分析。

3.撰写完整的市场分析报告。

三、实训流程

1.分析调研内容,进行抽样设计,制定调研计划;

2.设计并制作调查问卷;

3.实地调查与资料收集;

4.调查数据汇总与整理;

5.分析调查数据;

6.撰写市场分析报告。

同学们可以参考前面三个任务的实施过程,按步完成实训项目。

四、实训组织

1.学生以小组为单位进行分组实训,每个小组配备一位指导老师。

2.实训时间根据学校安排执行。

3.实训地点在本市城区进行。

其他根据具体情况安排。

五、实训考核

学生实训成绩将根据平时成绩(占 30%)、市场分析报告(占 30%)和答辩成绩(占 40%),按优秀、良好、中等、及格、不及格五级制评定。

 **项目评价**

开心时刻!项目完成后,我们来开个研讨会,大家一起来总结一下,对自己的工作与学习过程进行评价反馈,看看是否达到了预定要求。

学习评估是收集教学系统各个方面的信息,并根据一定的客观标准对学习过程和学习效果做出客观的衡量和判定过程。

1.各小组分别制定一个汽车市场分析这一项目的评价标准,经讨论后,形成全班的标准。

制定项目评价标准时重点考虑以下几个方面:

（1）学习态度：包括出勤、回答问题、作业提交、学习主动性等方面。

（2）知识掌握程度：包括作业正确率、知识考核情况。

（3）实训考核情况。

（4）职业习惯与素养：职业化程度、团队合作情况。

2.根据以上标准，每个学生对自己的工作进行一个自我评价，并填入表 2.25 中。

表 2.25　汽车营销市场分析项目学生自我评价表

指导老师：

项目\姓名	评价标准一	评价标准二	评价标准三	评价标准四	评价标准五	总得分
王五						
评分理由						

注：总得分为各评价标准得分之和；评分理由不得空白。

组长（签名）：　　　　　　　日期：

3.按照这一标准，对本小组其他成员的工作进行评价，并将评价结果填入表 2.26 中。

表 2.26　汽车营销市场分析项目小组评价表

组别：

指导老师：

项目\姓名	评价标准一	评价标准二	评价标准三	评价标准四	评价标准五	总得分
张三						
李四						
王五						
……						
平均分						

注：总得分为各评价标准得分之和；平均分可以对比用。

组长（签名）：　　　　　　　日期：

4.指导老师对你的项目工作完成情况进行评价了吗？

指导老师根据任务的完成情况，学生工作责任心等方面，再结合学生的评价标准制定相应的评价标准，并按小组评价表的格式制作评价表，把学生的评分结果填入表 2.27 中。

表 2.27　汽车营销市场分析项目教师评价表

班级：

指导老师：

项目 姓名	评价标准一	评价标准二	评价标准三	评价标准四	评价标准五	总得分
张三						
李四						
王五						
……						
平均分						

注：总得分为各评价标准得分之和；平均分可以用来对比分析用。

5.对学生的学习成绩进行总评。

根据一定的比例计算得到学生完成本项目的总得分，并记录在册。记录表格如表 2.28 所示。建议按以下比例进行总评：总评分＝学生自评分×10％＋小组评分×20％＋指导老师评分×70％。

表 2.28　汽车营销市场分析项目学生评价得分总表

班级：

项目 姓名	学生自我评价得分 （10％）	小组评价得分 （20％）	指导老师评价得分 （70％）	总得分
张三				
李四				
王五				
……				
平均分				

指导老师(签名)：　　　　　　　　　　日期：

项目三
汽车营销活动策划

 学习目标

1. 能运用汽车市场营销组合策略等理论与知识进行汽车营销活动的策划；
2. 会独立撰写汽车市场营销活动策划书；
3. 能与他人合作共同完成营销活动策划案的实施；
4. 会使用各种促销方法进行汽车商品的促销。

 项目描述

本项目以汽车营销活动策划过程为载体,培养学生掌握汽车营销市场组合的基础知识和各种促销方法,掌握必要的策划撰写和实施技能。

本项目的主要学习内容包括:

1. 市场营销 4P 组合理论；
2. 汽车市场促销方法及应用；
3. 营销策划的要点；
4. 营销策划的原则；
5. 营销策划的程序；
6. 营销活动策划书的基本内容；
7. 营销活动策划实施的要点；
8. 营销活动策划实施的关键技能；
9. 营销活动策划实施的现场控制；
10. 营销活动策划实施的评价。

为了更好地达到教学目标,完成以上内容的教学,我们为本项目设计了两个学习任务,分别是:

任务一　汽车营销活动策划案的编写；

任务二　汽车营销活动策划案的实施。

任务一　汽车营销活动策划案的编写

3.1.1　任务引入

　　小陈大学毕业一年多了,一直在东风本田的一家4S店工作,由于表现不错,思路敏捷,最近被公司调到市场部主要负责营销活动的策划工作。小陈非常高兴,决定要好好把握机会,在市场部能有一番作为。

　　这天,市场部经理把小陈叫过去,表扬了他近段时间的表现,同时也给他布置了一个任务。思铂睿是东风本田不久前才推出的一款新车,在美国市场销量很好,在国内关注的人也很多。市场部经理希望小陈能根据这款车型,有针对性地策划一次营销活动,在4S店所在区域内扩大影响,吸引新的潜在客户来店看车,增加新车销售的机会。接到这个任务后,小陈既高兴又有所担忧,领导这么器重自己,可是自己又该如何来编写策划案呢?策划案的格式又是如何的呢……小陈思考着走出了经理办公室,看来他要学的东西还有很多。

　　汽车营销活动策划案的编写首先得了解营销市场组合,编写过程中涉及的内容有很多,本任务的学习目标包括:

　　1.能准确地叙述汽车营销市场组合策略;

　　2.能根据实际情况正确应用各种促销方法;

　　3.会进行营销策划并撰写策划案。

　　通过本任务的学习可以熟悉汽车营销市场策划的相关内容,为营销活动策划的实施打下良好的基础。

3.1.2　知识准备

单元一　汽车营销市场组合策略

　　1953年,尼尔·博登(Neil Borden)在美国市场营销学会的就职演说中创造了"市场营销组合"(marketing mix)这一术语,其意是指市场需求或多或少地在某种程度上受到所谓"营销变量"或"营销要素"的影响。为了寻求一定的市场反应,企业要对这些要素进行有效的组合,从而满足市场需求,获得最大利润。4P理论正是随着这种营销组合理论的提出而出现的。

　　20世纪60年代,美国学者麦卡锡教授在其《营销学》中最早提出了著名的4P营销组合策略,他认为一次成功和完整的市场营销活动,意味着以适当的产品、适当的价格、适当的渠道和适当的促销手段,将适当的产品和服务投放到特定市场的行为。

一、市场营销要素

　　4P理论是指产品(Product)、价格(Price)、渠道(Place)和促销(Promotion)四个企业可

以控制因素的有效组合。那么这四个因素具体指的是什么呢?

1.产品

产品是指能够提供给市场被人们使用和消费并满足人们某种需要的任何东西,产品注重开发的功能,要求产品有独特的卖点,把产品的功能诉求放在第一位。产品的组合,主要包括产品的实体、服务、品牌、包装。它是指企业提供给目标市场的货物、服务的集合,包括产品的效用、质量、外观、式样、品牌、包装和规格,还包括服务和保证等因素。

在汽车整车厂,汽车产品组合主要是包括产品线(车型)和产品项目(品种)的组合。例如,一汽集团生产的重型载货汽车、中型载货汽车、轻型载货汽车、高级轿车、中级轿车、普及型轿车、微型轿车等,这就是产品组合;而其中"重型载货汽车"或"中型载货汽车"等就是产品线;每一大类里包括的具体品牌、品种则为产品项目。如图 3.1 所示为某一汽车生产厂家的汽车产品组合示意图。

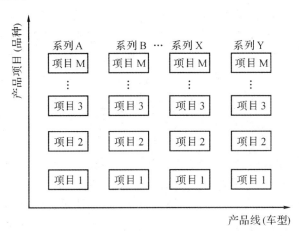

图 3.1 汽车产品组合示意

2.价格

价格是指客户购买产品时的价格,包括折扣、支付期限等。价格或价格决策,关系到企业的利润、成本补偿以及是否有利于产品销售、促销等问题。影响定价的主要因素有三个:需求、成本、竞争。最高价格取决于市场需求,最低价格取决于该产品的成本费用,在最高价格和最低价格的幅度内,企业能把这种产品价格定多高则取决于竞争者同种产品的价格。

(1)汽车产品的定价策略。价格确定是汽车定价的开端。所谓价格确定,是指企业为了实现自己的定价目标,根据汽车市场的供需状况等,为汽车确定适当价格,从而有利于市场营销和汽车促销的价格策划。

一般来说,企业的产品定价,并非确定一个确切的数值,而是划定一个大致的范围,这个大致的范围,我们称之为"定价幅度"。其中,定价幅度的上限,是企业努力争取的目标;定价幅度的下限,是企业尽力避免的结果。以定价幅度来为汽车定价,不但可以保证企业的经济效益,而且可以提高汽车定价的灵活性,产生既有利于生产厂家也有利于中间商的结果。但是,在相当多的情况下,企业大都采取"最低限价"的形式,即下有底线、上不封顶的形式来为汽车定价。1996 年,上汽集团汽车销售总公司曾做出决定,从 7 月 1 日起,调低部分桑塔纳新车的售价,并以此为基础,实行"最低限价"的销售政策;自此以后,天汽集团汽车销售公司于1997年，东风集团汽车销售公司于1998年，也都采取了这种"自我约束、自我规范、平等竞争、相互监督"的定价机制。

①就低定价策略。就低定价策略，也可以称之为低价位渗透策略，是指企业以较低的成本利润率为汽车定价，以求通过"薄利多销"来实现利润指标的定价策略。

低价促销是一种比较常见的促销手段，它利用人的求实、求廉心理定价，一般只适用于价格弹性较大的产品，即消费者对价格反应敏感的产品，如生活资料的定价。一般来说，品牌投入期和产品衰退期的汽车，常常会采取就低定价的策略。前者的目的是为了迅速占领市场，后者的目的是为了加快更新换代。

就低定价，不但是占领市场的手段，而且是更新换代的策略。美国汽车的更新非常频繁。一辆96款车如果在1999年还没有卖掉，即便是"零公里"新车，其价格都可能跌至两三千美元。

②就高定价策略。就高定价策略，也可以称之为高价位取脂策略，是指企业以较高的成本利润率为汽车定价，以求通过"厚利少销"来实现利润指标的定价策略。

高价促销是一种比较反常的促销手段，它利用人的求名、求美心理定价，一般只适用于价格弹性较小的产品，即消费者对价格反应迟钝的产品，如生产资料的定价。一般来说，处于投入期和成长期的汽车，常常会采取就高定价的策略。前者的目的是为了迅速收回投资，后者的目的是为了获得高额利润。

新车就高定价是最为常见的定价策略。新车刚刚投入市场，客户尚且缺乏了解，无疑为新车的就高定价提供了基础。1997年4月23日，本田在泰国首都曼谷举行了"都市"新车发布会。尽管"都市"的价位早已被媒体烘上了云天，但是，揭开盖头，人们还是感到"比预想的要贵"。其中，最廉价者也高达39.8万铢，约合170万日元。对此，本田的松下课长解释说："虽然贵了2到3万铢，但为了让人感到社会地位，使该车具有高级感，客户也是可以接受的。"使汽车具有高级感，使车主具有地位感，这位课长说得多好啊！事实也确定如此，"都市"自投入市场以来，销售最快和销量最高者，还不是39.8万铢的经济型，而是44.8万铢的高档车。在我国，广州本田"雅阁"也被炒到了42万元，比原定价位29.8万元高出了30%。

③统一定价策略。统一定价策略是一种无视市场差异，以单一价格面对整体市场的定价策略。2000年，东风公司对于新推出的轻卡"小霸王"，制定了"封闭区域、控制资源、恒定价格"的策略，从而使"二传手"和"皮条客"们失去了存在的市场。一位湖南客户想买5台东风"小霸王"，长途到达襄樊专营部，询问能否买到"优惠车"。结果发现，他们得到的报价竟与湖南市场上的零售价格一个样。

④差异定价策略。差异定价策略是一种在市场细分的基础上分别定价的策略。这种差异既可表现为针对销售者的价格差异，如经销价和代理价、批发价和零售价；也可表现为针对消费者的价格差异，如以客户为基础的定价和以关系为基础的定价。

(2)汽车价格的调整策略。所谓价格调整，是指企业在汽车销售的过程中，根据企业营销战略的发展变化和汽车销售市场的价格波动，以及市场竞争对手的价格特点，对已经确定下来的汽车价格进行调整，从而有利于市场营销和汽车促销的价格策划。

同价格确定一样，价格调整也有一个"调价幅度"。但是，调价幅度与定价幅度又不尽相同。一般来说，调价幅度的上限应是升价调整的极限，超过了这个极限，消费者的需求就会下降；调价幅度的下限应是降价调整的心理极限，低于这个极限，消费者也会视而不见。

1997年,进口轿车关税下调了20%,但是,有关的调查发现,进口轿车的销售状况并没有因此而发生变化。其原因显然是降价幅度太小。以本田雅阁为例,关税降低以前,价格为39.5万元,关税降低以后,降低为38万元。区区1万多元,根本吊不起购买者的胃口。同时,无论是暴利还是倾销,也都会受到《价格法》的制约。

①降价调整策略。所谓降价调整,是指企业通过将汽车价格在原来的基础上下调的形式来达到其调价目的的价格策略。一般来说,企业之所以进行降价调整,不外乎生产成本降低、生产能力过剩、需求弹性增大、市场竞争加剧,以及为了适应经济形势、照顾客户关系等几个方面的原因。据国外有关专家估计,由于桑塔纳已经形成规模生产,生产成本降低,边际效益增大,且生产线投资已经回收完毕,即便以7.8万元定价,仍然有利可图。2000年3月,上海帕萨特亮相京城,其性能价格比高于桑塔纳2000。质高价低,桑塔纳2000要保持其市场份额,就必须降价。

价格调整讲究适时、适度、规矩、主动四原则。所谓适时,即把握好降价调整的时机;所谓适度,即把握好降价调整的尺度;所谓规矩,即中规中矩,这就是说,降价是一种循规蹈矩的行为;所谓主动,即伺机而动,这就是说,降价调整并非是一种被动的防御策略,而是一种主动的进攻战术。但是,就其形式而言,降价调整又可分为形式类降价和实质类降价两种类型。

形式类降价调整是一种直截了当的降价形式,即"明降"或现金形态进行的降价调整,如价格折扣或优惠、让利或返还利润、减收或免收费用、低息或无息贷款等。美国汽车市场价格竞争的显著特点就是现金回扣,几乎所有汽车生产厂家都向客户提供这种所谓的"福利"。就价格折扣而言,又可分为累计数量折扣和非累计数量折扣两种类型。其中累计数量折扣也可以称之为积点优惠,即根据客户在一定时期内购买本企业产品的累计数量或金额向他们返还一定比率的企业利润;非累计数量折扣也可称之为一次性数量优惠,即根据客户一次性购买本企业产品的数量或金额向他们返还一定比率的企业利润。

实质类降价调整是一种隐晦曲折的降价形式,即"暗降"或实物形态进行的降价调整,如提高质量、附加配置、超值服务、赠送礼品等形式,让客户得到实惠,从而达到降价调整的目的。2000年3月22日,上汽与方正集团联手推出了为期一个月的"121行动",凡购买一辆"时代超人"者可以获赠一台价值5000元的方正卓越电脑,凡购买一辆普通桑塔纳者可以获赠一套价值3500元的摩托罗拉声控免提通讯系统即属此类降价策略。

②升价调整策略。所谓升价调整,是指企业通过将汽车价格在原来的基础上上调的形式来达到其调价目的的价格策略。一般来说,企业之所以进行升价调整,大都是因为成本上涨、通货膨胀、市场需求强劲和产品开发加快等几个方面的原因。除此以外,选装配件增加、豪华程度提高、技术含量增加、安全系数提高等也是价格上涨的原因。且不说新增加的空调、音响、电动车窗、自动变速、安全气囊、ABS系统和催化净化器等都比较昂贵,仅就电子装置而言,20世纪80年代,一辆普通轿车上的电子装置只需要700美元,而现在则已经超过了2000美元。在国外,汽车更新换代很快,每一次更新换代,都会引起价格的上扬。在我国,环保要求越来越严格。北京市实行新的排放标准之后,10万元以下的汽车就会被拒之门外,如果再加上安全技术方面的要求,15万元以下的汽车也会在长安大街上消失。就此而言,我们认为,尽管消费者对汽车降价情有独钟,国产轿车降价似乎是"大势所趋",但是,在世界范围内,汽车价格的上涨则是大势所趋。

3. 渠道

渠道是指在商品从生产企业流转到消费者手上的全过程中所经历的各个环节和推动力量之和,主要包括分销渠道、储存设施、运输设施、存货控制,它代表企业为使其产品进入和达到目标市场所组织、实施的各种活动,包括途径、环节、场所、仓储和运输等。

分销渠道的主要职能有以下几个方面:

A. 售卖。即将产品卖给最终客户。这是分销渠道最基本的职能和作用。

B. 投放。即决策好将何种产品、以何种数量、在何时投放到哪个市场上去,以实现企业的营销目标,并获取最佳效益的功能。

C. 物流。也称实体储运职能。即保质保量地将产品在指定时间送达指定地点的功能。

D. 研究。即收集市场信息,进行市场预测的功能。

E. 促销。即进行关于所供应的物品的说明性沟通。

F. 接洽。即寻找可能的购买者并与之进行沟通。

G. 融资。即为补偿渠道工作的成本费用而对资金的取得与支出。

H. 服务。即为客户提供满意的服务的功能。对汽车产品来说,售后服务是很重要的。

I. 风险承担。即承担与渠道工作有关的全部风险。

此外,销售渠道还有信息反馈、自我管理、谈判等功能。

4. 促销

促销是公司或机构用以向目标市场通报自己的产品、服务、形象和理念,说服和提醒他们对公司产品和机构本身信任、支持和注意的任何沟通形式。促销主要包括广告、人员推销、营业推广与公共关系等等,各种促销手段将在单元二中重点阐述。

二、4P 理论的延伸

随着市场竞争的日益激烈,产品、价格、营销手段愈发趋于同质化,互相模仿的现象比较严重,在众多的竞争中找寻合适的产品营销组合已经成为了各大商家取胜的主要着力点,因此很多商家认为原有的营销理论框架已经很难实现,很多学者针对市场新观点,随之也产生了新的 4C、4R 等理论。

4C 理论是以追求客户满意为目标,1990 年由罗伯特·劳特朋提出。他以消费者需求为导向,重新设定了市场营销组合的四个基本要素,即客户(Consumer)、成本(Cost)、便利(Convenience)和沟通(Communication)。他强调企业首先应该把追求客户满意放在第一位,其次才是努力降低客户的购买成本,再次要充分注意到客户在购买过程中的便利性,而不是从企业的角度来决定相应的销售渠道,最终他提出要以消费者为中心来实施有效的营销沟通。4C 理论以消费者为导向,着重满足消费者的需求,但是市场经济还存在着竞争,企业不仅要看到需求,而且还需要更多地关注到竞争对手。其次,在 4C 理论下,企业往往被动地适应客户的需求,为被动地满足消费者需求付出更大的成本。

21 世纪初,艾略特·艾登伯格提出了 4R 营销理论。他阐述了 4 个全新的营销组合要素,即关联(Relativity)、反应(Reaction)、关系(Relation)、回报(Retribution)。4R 理论强调企业与客户在市场变化的动态中应建立长久互动的关系,以防止客户流失,赢得长期而稳定的市场;其次,企业应学会倾听客户的意见,建立快速反应机制以对市场变化快速做出反应;再次,企业与客户之间应建立长期而稳定的朋友关系,从实现销售转变为实现对客户的责任与承诺,以维持客户再次购买和客户忠诚;最后,企业应追求市场回报,并将市场回报当作企业进一步发展和保持与市场建立关系的动力与源泉。但由于 4R 理论要求同客户建立关联,需要企业具备一定的实力基础或某些特殊条件,这并不是所有的企业都能轻易做到的。

三、市场营销的新形式

随着经济的发展和市场环境的变化,市场营销的形式也有了很多创新,例如:文化营销、知识营销、关系营销、网络营销等。

1. 文化营销

文化营销是指通过激发产品的文化属性,构筑亲和力,把企业营销转化为文化沟通,通过与消费者及社会文化的价值共振,将各种利益关系群体紧密维系在一起的营销活动过程。文化营销就是指把商品作为文化的载体,通过市场交换进入消费者的意识,它在一定程度上反映了消费者对物质和精神追求的各种文化要素。文化营销既包括浅层次的构思、设计、造型、装潢、包装、商标、广告、款式,又包含对营销活动的价值评判、审美评价和道德评价。文化营销包括四个方面:一是企业借助于或适于不同特色的环境文化开展营销活动;二是企业在制定市场营销战略时,须综合运用文化因素实施文化营销战略;三是文化因素须渗透到市场营销组合中,制定出具有文化特色的市场营销组合;四是企业应充分利用营销战略全面构筑企业文化。

2. 知识营销

知识营销就是商家通过深入浅出地向消费大众传播新产品所包含的科学技术知识及其对人们生活的影响,使消费者不仅知其然,而且知其所以然,进而萌发对新产品需求的一种促销行为。知识营销相对于传统营销方式,更注重通过供给来创造需求,是对一般由需求决定供给的营销的升华。

3. 关系营销

所谓关系营销,是把营销活动看成是一个企业与消费者、供应商、分销商、竞争者、政府机构及其他公众发生互动作用的过程,其核心是建立和发展与这些公众的良好关系。1985年,巴巴拉·本德·杰克逊提出了关系营销的概念,使人们对市场营销理论的研究,又迈上了一个新的台阶。关系营销的实质是在买卖关系的基础上建立非交易关系,以保证交易关系能持续不断地确立和发生。

4. 网络营销

网络营销作为新的营销方式和营销手段,它的内容非常丰富。从网络营销的实现手段——网络的角度理解,凡是以网络为主要营销手段,为达到一定营销目标而开展的营销活动,都称为网络营销。从网络营销的本质特征——产品交换的角度理解,网络营销是指个人或企业等组织借助于计算机、网络和交互式多媒体等技术,在虚拟的市场环境中交换商品,满足目标消费者的需求和欲望,实现企业营销目标的一种营销方式,其核心思想是将网络上客户潜在的需求转化为现实的交换。

随着互联网的不断壮大,很多商家通过不断探索整合多方面资源将传统 4S 店和网络营销优势相结合,汽车营销找到了新的营销渠道——网上 4S 店。2008 年 11 月 13 日新浪汽车在中国第一个推出了其整合多项优势资源、颠覆传统营销理念的全新购车工具——"网上4S 店"。这是一种全新的购车方式,它运用 Webex 强大的协同功能,通过整合文字、图片、视

频、音频、互动、网络导航等多种演示手段,彻底颠覆了业界传统的购车方式,为汽车终端销售市场带来了一场全新的变革。

单元二　汽车市场促销方法

汽车市场促销是指汽车企业在市场实施一系列以说服客户采取购车行动为最终目的的活动。合适的促销方法不但可以激发潜在客户的购买兴趣、强化客户的购买欲望,甚至能创造购买需求。好的促销活动更能帮助企业建立与客户之间的良好关系,成为企业的忠实客户。

从销售额的构成来说,正常的自然销售占到了销售额的70%,促销则占到了30%,选择合适的促销方法对整个促销环节而言起着举足轻重的作用,不同的促销方法有着不同的效果。促销人员必须能正确理解每一种促销方法的作用和适用范围,能根据其特点灵活运用。常见的促销方式有以下几种。

一、人员推销

人员推销是指通过推销人员与一个或几个潜在客户进行交谈,进行产品的介绍和推广,从而扩大产品销售的一系列活动。成功的人员推销不但能达成产品的销售,还能帮助建立起长期良好的关系。常用的人员推销方法有:销售演示、销售恳谈、奖励推动等。

1.人员推销的特点

(1)面对面接触。由于人员推销是发生在两人或多人之间的直接和交流式的沟通与促销,推销人员可以根据推销对象的说话和表情的变化,及时进行话题的调整,当销售对象有购买意图时可以及时地促成销售。

(2)涉入面小。人员推销虽然有很高的针对性和交流性,但是单靠推销员的促销是不可能有很高的涉入面,因此一般只适合于客户数量小且相对集中的产品促销。

(3)费用大。费用大是人员推销最大的一个问题,在美国每年的人员推销费用是广告费用的两倍以上,这笔费用主要部分是用来培养一支优秀的推销队伍,因为维持一支推销队伍是一种长期的支出行为。

(4)培育关系。人员推销能够与客户建立起良好的关系,不论是业务性的销售关系,还是更深的个人友谊,都对推销是十分有益的。一个优秀的推销人员会把客户的兴趣爱好时刻放在心上,投其所好;或者在特定的日子里送上一句问候和关心,这些都将有利于建立起客户与推销人员和企业之间的良好关系。

由于人员推销的实际效果显著,对客户最后确认与购买行动有着特殊的刺激作用,所以人员推销常应用在消费者购买过程的最后几个阶段。

2.人员推销的基本过程

(1)寻找客户。寻找客户是一个寻找、识别、鉴定潜在客户的过程。推销人员首先要寻找出销售线索,企业可以提供某些线索,但最重要的是自己寻找那些可能成为客户的目标线索。推销人员必须对各种销售线索进行识别,剔除没有价值的不可能成为现实客户的销售线索。

(2)事前准备。这是接触可能客户前的准备工作。推销人员应该尽可能多地了解销售线索的情况与特征,了解他们的背景、产品需求、决策人和采购员的个人情况以及在购买中的作用等等。推销人员还要根据可能客户的具体情况确定走访目标和恰当的走访方式。走访目标一般有以下几种:一是通过走访考查鉴别目标对象的资格;二是收集更多的信息资料;三是达成交易。走访的方式也有很多种,可以直接面访,也可以电话访问和发函询问等。

(3)接近。推销人员必须知道接近目标客户时的方式、如何问候、如何开场等都要事先做好准备。并要注意自身的礼仪形象,争取能在第一次跟客户见面的时候树立良好的印象。接近的方式也取决于对象是新客户还是老客户,如果是老客户可以采用电话约谈的方式,如果是新客户,销售人员则要更加主动,可以直接上门拜访也可以先电话预约等。

(4)介绍。在引起注意和兴趣后,推销人员就可以向推销对象介绍产品的具体特点了,推销人员在这个过程中可以利用多种手段如图片、直接演示、视频播放等多种方式来促成购买欲望的形成。介绍要基于客户利益进行,其关键是寻找到客户需求点并满足之,充分刺激其购买欲望。

(5)处理异议。推销人员在推销过程中势必会跟客户产生异议与抵触,推销人员应根据这些方面,巧妙地加以处理。具体处理方式前面已经介绍。

(6)达成交易。当客户明确提出购买欲望时,整个推销活动就成交了,推销人员则可以准备成交的手续性工作。但是很多情况下,客户的购买欲望并不是非常的明显,这时候销售人员就应该学会正确识别客户的成交信号,在客户犹豫之际给予适当的促进。

(7)售后追踪。这是保证客户满意的重要方面,也是稳定跟客户之间的关系的一个关键步骤。推销人员应该确保交货时间和其他所允诺的条件,及时给予交付,及时提供指导与服务。

整个过程具体如图 3.2 所示。

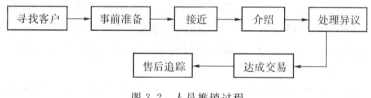

图 3.2　人员推销过程

3.人员推销的方法

人员推销的方法较多,主要有直接推销法、应用推销法、关系推销法、连锁推销法、优惠推销法和互换推销法等。

(1)直接推销法。是指企业营销人员直接对不确定的销售对象所进行的一种推销方法。这种推销方法比较简单,多为新营销人员所使用;一些老营销人员到新市场去推销产品,有时也使用。

(2)应用推销法。是指企业营销人员采用现场表演、现场试用、现场操作等手法向人们推销产品的一种方法。这种销售方法虽较古老,但能收到"百闻不如一见"的效果。

(3)关系推销法。是指企业营销人员利用各种人际关系,通过曲线手法向人们推销产品的一种方法。每一个人都有一定的人际关系,推销人员在工作中也可通过人际介绍,收到"不看僧面看佛面"的效果,从而获得较多的推销对象。

(4)连锁推销法。它是利用营销人员建立起来的基本客户介绍新客户的推销方法,也称滚雪球式推销。

(5)优惠推销法。是指企业营销人员在向客户推销产品时,采用适当的优惠手法,促使产品成交的推销方法。它利用消费者的实惠心理、求廉心理、喜庆心理,以取得消费者的欢心。

(6)互换推销法。是指一企业的营销人员与另一企业的营销人员彼此交换客户的推销方法。

4.销售人员的培训

销售人员的培训应围绕推销员的推销方法与技巧、职业道德与敬业精神、企业特色等三个内容进行训练与教育。企业知识培训主要是要求推销员熟悉产品、懂得技术、了解市场、心有客户、勇于竞争、勤于服务,使推销员能够向客户介绍产品和企业的情况,供其所需、释其所疑;不但要让客户了解产品,还要让他们了解生产产品所用材料的优质性、技术的先进性、设备的精密性、工艺的稳定性及试验检测的严格性,使客户对产品了解、放心。

此外,对推销员的培训,还应包括市场营销相关法律知识、推销员守则、考核与奖惩制度、公司销售管理等内容。

企业对推销员的培训应有层次地进行。从层次来讲,推销员的培训应包括:

(1)基础性培训。这种培训主要是针对新职员进行的,培训的主要内容是让推销员掌握基本的推销技能和有关基础知识,让推销员了解卖车程序、手续等。

(2)完善性培训。这是一种对经过基础性培训,实际从事过一段时间推销工作的初级推销员的培训。

(3)骨干培训。这是一种针对推销员骨干,拟提拔作为带头人或者担任基层推销领导人的培训。

推销员培训除上述按层次有步骤的综合培训外,还有专门化培训。如针对企业某种新产品的上市,专门进行的推销员培训。此类培训则主要围绕新产品的技术、使用以及市场特点进行。又如企业为了打入一个新市场而进行的专门培训。此类培训则应主要围绕目标市场的特点进行。

培训推销员的形式应采取课堂教学、模拟实验和现场训练三种方式相结合。也可建立专门的培训学校。推销员培训结束时,一般应采取书面与实战演习相结合的考试方式进行结业考试,并将考试成绩与推销员的岗位安排或待遇适当挂钩。

二、广告促销

广告是指广告者通过购买而获得的非人员沟通的促销形式,是利用大众媒体为广告者的产品/服务或意图进行宣传。一般当采用人员直接接触的方式难以经济而有效地沟通时,广告就是最好的方法,广告的媒体非常多,常见的形式有:报纸、杂志、电视、户外广告等方式。一般来说,电视、广播、报纸和杂志是广告的四大媒体。只有巧妙运用这些形式才能产生意想不到的效果。

1.广告促销的特点

(1)可控性强。广告是企业可控的,可以根据需要多次重复传递信息,从而可以强化促销效果,实现企业的营销意图。

(2)涉及面广。广告是一种高度公共性的沟通和传递方式,具有极强的覆盖率,涉及面在理论上达到了广告媒体所能达到的程度和区域,涉及面内的所有对象都覆盖在内。

（3）表现力强。广告可以通过巧妙的编导和艺术的手法来表现沟通的主要思想,可视效果好,可读性强,对消费者的直接冲击力度大。但是,过分的渲染有些时候反而会冲淡观众对产品本身的注意力。

（4）针对性较差。广告虽说可以让所有观看者都能有效地接受广告的内容,但同时,广告的效果也会受到客户的年龄、学历、性别等多种因素的影响,企业无法满足所有人的喜好,所以推销的针对性差,效果会受到影响。

广告推销不但能帮助企业建立一个品牌的长期良好形象,也能够促进产品在一定时间内的快速销售,同时也可能使人员推销变得容易,特别是能帮助推销人员快速地圈定企业的潜在客户。因此广告推销是企业常选择的一种推销方式。

2.广告促销的步骤

广告促销步骤具体如图3.3所示。

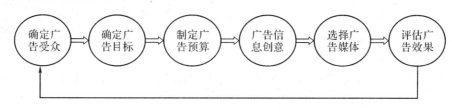

图3.3　广告促销流程

3.广告定位策略

（1）广告的实体定位策略。就是在广告中突出宣传产品本身的特点,主要包括功能定位、质量定位和价格定位,确立怎样的市场竞争地位,在目标客户心目中塑造何种形象,从而使广告最富有效果。

（2）目标市场定位策略。目标市场定位使广告传播更加具有针对性。例如,中国中央电视台黄金时间是晚7点至晚9点,如果是农用机械,这种广告最好不选择夏秋两季晚7点至8点播出,因为这段时间我国大部分地区的农民还在劳作。另外,进入外国市场,也要按照当地特点进行重新调整,使之符合当地的文化和传统习惯。

（3）心理定位策略。心理定位主要包括正向定位、逆向定位和是非定位三种方法。正向定位主要是正面宣传产品的优异之处,逆向定位主要是唤起客户的同情与支持,是非定位则强调自己与竞争对手的不同之处,把强大的竞争对手逐出竞争领域。

4.广告创意与设计

确立了广告的媒体之后,还必须根据不同媒体的特点,设计创作广告信息的内容与形式,立意应独特、新颖,形式要生动,广告词要易记忆,宣传重点要突出。切忌别人看了广告后,却不知道广告要表达的是什么产品的什么特点。广告应达到讨人喜欢、独具特色和令人信服之效果,或者说要达到引起注意,激发兴趣,强化购买欲望并最终导致购买行为。综观国内外的汽车广告,宣传的主题主要是围绕汽车产品的安全性、环保性、节能性、动力性、驾驶性、舒适性和浪漫性等内容展开。

5.广告时间决策

广告在不同时间宣传,会产生不同的促销效果。这一决策包括何时做广告和什么时刻做广告。前者是指企业根据其整体市场营销战略,决定自什么时候至什么时候作广告。是集中时间做广告,还是均衡时间做广告;是季节性广告,还是节假日广告等。后者则是决定

究竟在哪一时刻做广告,如电视广告是在黄金时间做广告,还是在一般时间内做广告,是否与某一电视栏目相关联等。

三、营业推广促销

营业推广促销是指采用一系列如赠券、奖券等短期诱导性强、对客户刺激性强的促销方式来激发目标客户的购买欲望,从而达成销售目的。营业推广促销能帮助企业形成一个快速而强有力的市场反应,造成一个消费热潮。

1. 营业推广的特点

(1)激励性强。营业推广促销所借助的工具能给予消费者最直接的实惠,能很好地激励消费者采取非常的购买行为。

(2)具有邀请性性质。营业推广促销所借助的促销工具就是促销人员所执有的特殊的邀请函,可以吸引消费者前来购买。例如,优惠券、赠券等就是最好的邀请函。

(3)信息沟通。营业推广促销能借助各种工具和手段来形成一种关注点,提供相应的产品信息与供给信息,引导消费者去注意产品。

(4)见效快。只要企业选择恰当的营业推广的方式,其效果可以很快在企业的推销工作中显示出来,而广告、公共关系的效果要在较长时间里才能显示出来。

营业推广促销是一种短期的、临时性的促销方式,它只能作为其他销售方式的补充,对建立长期的品牌形象没有太大的作用,甚至会起到反面作用。

2. 营业推广的作用和局限性

营业推广的对象主要包括目标客户和汽车经销企业两类。对目标客户的营业推广,目的主要是鼓励客户试买、试用,争夺其他品牌的客户。其形式主要有服务促销、价格折扣、展销、卖方信贷等。对经销商的营业推广,目的是要鼓励多买和大量购进,并建立持久的合作关系。其主要形式有批量和现金折扣、展销、业务会议、推销奖励、广告补贴、商业信用、价格保证、互惠等。

营业推广在销售中引起的反应虽然比广告等促销手段快,但由于营业推广主要吸引的是追求交易优惠的客户,因此,它不易产生稳定长期的购买者,且这种做法容易使人感到卖主有急于求售心理。

3. 营业推广的步骤

(1)确定营业推广的目标对象。这是营业推广成功开展的一个重要内容,例如商店打折优惠应该因目标对象而异,如果对象是成年男性,则过分的打折反而会降低品牌形象;如果对象是成年女性,则价格对其会比较敏感。

(2)明确营业推广的目标。营业推广的目标企业应根据实际情况加以选择。例如,营业推广的目标可以是鼓励对新产品的试用;鼓励中间商增加进货;刺激消费者增加购买量;激发冲动型购买;寻找新的客户等等。

(3)制订营业推广的预算。根据营业推广的管理成本、打折优惠成本和预期的购买人数来测算费用,再按总的促销费用规模确定营业推广费用的比例。另外,如果企业是与若干商店合作进行营业推广活动的,那么经费可以与商店分摊预算,由于打折等活动的幅度直接影响到预算的大小,企业可以在经验的基础上,对刺激的强度进行测试与调查,可以通过少量消费者的评估来进行,最后确定折扣比例。

（4）选择营业推广的手段。营业推广手段的确定主要要考虑推广活动的目标,如果目标是鼓励中间商加强销售努力,那么手段的选择与刺激最终消费者购买就有所不同。

（5）制订营业推广的方案。制定营业推广的方案是具体安排企业销售促进活动,一般要对整个活动进行统筹布置。主要工作有:确定刺激强度;分析参加者的条件;促销的时间;推广方案的发布;与经销商和零售商之间的合作安排;意外事件的应急处理安排等。

（6）实施与效果评估。在活动实施后,应该对本次活动进行效果评估。这个环节是对营业推广活动促进目标达成程度的检查,一般可以从市场占有率的变化、产品知名度的提高、分销渠道的扩展和稳固等方面来进行。常见的效果评估方法有以下几种:

①阶段比较法。对企业在营业推广活动实施前后的产品销售进行比较评价。

②追踪调查法。追踪那些在营业推广活动中先是购买甲产品,后来又转向购买乙产品的客户。通过追踪调查,揭示出客户进行转移性购买的原因。

③回忆测试法。开展对客户的调查,了解有多少人参加了营业推广活动,他们的印象如何,活动中受益人有多少等。

④测试法。企业由于在不同的市场采用不同的营业推广方法,或在同一个市场采用不同的营业推广方法逐个试验,以便对不同的营业推广的效果做出比较评价。

四、公共关系促销

对企业来说,在日常营销活动中,要和企业外部的原材料供应商、产品经销商、代理商、客户、政府管理部门、各种公众团体打交道,要和企业内部的合伙人、股东、董事、职工等内部公众打交道,因而存在错综复杂的公共关系。

所谓公共关系就是一种与公众的沟通过程,以期维护企业在公众心目中的良好形象与美誉度,解释企业所追求的目的或要实现的目标,纠正对企业的错误印象。企业目前越来越重视公共关系作用,其最大的特点就是能帮助企业树立良好的形象,提升企业的品牌知名度和美誉度。

1.公共关系的内容

（1）汽车企业与消费者的关系。在市场经济体制下"客户就是上帝",汽车企业要加强与消费者的沟通,促使其对企业及其品牌汽车产生良好的印象,提高公司和产品在社会公众中的知名度与美誉度。

（2）汽车企业与相关企业的关系。汽车作为一种集机械、电子、化工等产品为一体的商品,企业是不可能独立完成从自然原料到产品销售的整个过程的,它无时无刻不与中间商、供应商及竞争企业发生着各种各样的关系。

（3）汽车企业与政府及社区的关系。汽车工业是国家的支柱性产业,汽车企业必须处理好与政府相关职能部门的关系,赢得政府的信赖和支持;必须建立起融洽的社区关系,树立起企业在社区居民中的良好形象,为企业发展创造良好的周围环境。

（4）企业与新闻界的关系。在现代社会中,新闻媒体和新闻工作者的作用日益突出。它不仅可以创造出社会舆论,而且会引导消费,从而间接调整企业行为。汽车作为一种耐用消费品,公众在购买时是很谨慎的,汽车企业要想争取社会公众,必须处理好与媒体的关系。

（5）企业内部公共关系。通过完善企业的规章制度,加强企业文化建设,满足员工的物质和精神要求,加强企业内部团结,协调好企业、员工及投资者的关系,生产出优质的汽车产

品,实现企业的经营目标。

2.公共关系促销的方法

公共关系促销是一种面向公众的促销方式。所谓公众就是指任何现实的或潜在的与企业有利益关系或影响企业行为的团体。公共关系促销常用的方法有以下几种:

(1)公开出版有关文字材料。例如企业可以通过年报、小册子、视听材料、文章等来触及与影响目标市场,帮助消费者了解企业状况和产品,树立企业形象,提高企业美誉度。

(2)制造新闻。这是公关的主要工作之一,为产生新闻,需要一定的技能去形成新闻故事的概念创意,研究它并写成具有吸引力的报道。

(3)开展公关活动。企业可以通过某些事件来吸引市场的注意力,集中到企业新产品或其他企业活动上,如新闻发布会、学术讨论会、展销会、企业庆典等等。

(4)参与公益事业。企业可以积极参与和资助公益事业,例如可以帮助失学少年、关心残疾人员等等,从而建立与改进企业的美誉度。

(5)关心社会热点。企业可以积极参加热点问题的讨论,关心社会焦点,通过企业主管或发言人的演讲让公众了解企业的态度与立场,以及企业已经或将要采取的行为。

3.汽车企业公共关系的对象

公共关系工作的对象是公众,这些公众的利益为某一个机构的行动和政策所影响,反过来这些公众的行动和意见也影响着这个机构。一般来说,公众可以分为内部公众和外部公众;现在公众、潜在公众和将来公众;重要公众、次要公众和边缘公众等。

汽车企业的公众对象有着自己的特点:

(1)作为汽车厂家,有众多品种的原材料、零部件供应厂家和配套单位,产品客户以及各行各业。

(2)对中外合资企业而言,还涉及各投资方、政府涉外部门和许多国外的组织和个人。

(3)汽车企业一般在规模和影响方面较大,它的许多事务涉及各方面、各层次的政府部门和企事业单位。

(4)同其他企业一样,公司需要新闻、法律方面的工作,需要商业、服务业等方面的配合支持,同时也有着员工、家属及各种社会关系。

五、技术服务促销

技术服务促销是指将产品的技术作为一种促销手段,从而来促成产品的成功销售。例如汽车公司的销售技术服务促销是指企业重视汽车产品在售前、售中和售后的技术服务工作,以良好的质量、信誉、方便服务等方式来吸引客户,形成一个系统的、完善的销售流程。它具有以下两个明显的特点:

(1)专业性强,客户信赖程度高,效果明显。

(2)能将售前、售后与销售有效地结合在一起,切实满足客户的需求。

单元三 市场营销策划

一、营销策划的概念

营销策划是企业通过激发创意,有效地配置和运用内外的资源,选定可行的营销方案,达成预定的目标或解决某一问题。

营销策划由策划人、策划目标、策划资源和策划方案四大要素组成。营销策划的定义有广义和狭义之分。狭义的营销策划属于传统策划思想,即传统公式:产品＋价格＋渠道＋促销,它是以营销策略性策划为核心的营销组合策划。广义的营销策划定义实际上超越了传统的现代营销策划思想,即 4P＋2P＋1S＋1C,其中 4P 是指产品、价格、渠道、促销;2P 是指权利和公关;S 是指服务;C 是指客户。

要准确地理解营销策划的定义,我们要掌握营销策划的特点和要点。

1.营销策划的特点

(1)营销策划需要创新思维。按照创造学原理,创造一般包括三种层次,创新是创造的最高层次。营销策划实质上是一种经营哲学,是市场营销的方法论,因而是一门创新思维的学科。其特点主要是:①独创性或新颖性;②灵活性;③艺术性。

(2)营销策划是市场营销系统工程的设计。营销策划实质上是运用企业市场营销过程中所拥有的资源和可利用的资源,构造一个新的营销系统工程,并对这个系统中的各个方面,根据新的经营哲学和经营理念设计,进行轻、重、缓、急的排列组合。

营销策划必须根据企业的需要来设计项目,衡量一个企业项目是否成功,要看它是否"出成果、出机制、出人才、出品牌"。

(3)营销策划是具有可操作性的实践活动。营销策划是实践性非常强的一种经济活动。营销策划就是在创新思维的指导下,为企业的市场营销拟定具有现实可操作性的营销策划方案,提出开拓市场和营造市场的时间、地点、步骤及系统性的策略和措施,而且还必须具有特定资源约束条件下的高度可行性。营销策划不仅要提出开拓市场的思路,更重要的是在创新思维的基础上制订市场营销的行动方案。

2.营销策划的要点

(1)营销策划必须有明确的目标。营销策划若没有目标,就成了一些无目的的构思和拼凑,根本没有成功可言,更不用说解决问题了。

(2)营销策划必须有崭新的创意。营销策划的内容及手段必须新颖、奇特、扣人心弦,使人观后印象深刻,能打动对方的心。

(3)营销策划必须有现实的可能性。在现有人力、财力、物力及技术条件下,有实现的可能性;否则,再好的营销策划均属空谈。

(4)营销策划必须有超前的决策。营销策划集策略性和技巧性为一体,通过激发创意,选定可行的方案,实现预定的目标。

因此,营销策划是:杰出的创意×实现的可能性＝最大的预期效果。

二、营销策划的程序

市场营销策划是一个科学的运作过程。一般来说,企业市场营销策划包括以下 10 个基本步骤。

1.界定问题

策划人将企业发展中的问题按照简单化、明确化、重要化的原则加以界定和提炼,最终提出真正面临的需要加以解决的问题。

2.市场调查

市场调查的目的在于了解企业的营销环境,为企业的营销策划提供真实可靠的信息。市场调查,包括企业营销外部与内部环境的调查与分析。主要内容包括:市场形势、产品情况、竞争形势、分销情况、宏观环境等。

这是整个营销策划的前提,只有充分掌握了企业、产品的情况,才能为后面的营销策划打下基础。具体的市场调查流程与方法见项目二。

3.市场情况分析

一个好的营销策划必须对市场、竞争对手、行业动态有一个较为客观的分析。市场分析的方法有很多,常用的有 SWOT 分析方法。

(1)机会与风险分析。找出市场上该产品可能受到的冲击,寻找市场上的机会和"空挡"。

(2)优势与弱点分析。找出该企业的弱项和强项,同时尽可能充分发挥其优势,改进或弱化其不足。

(3)结果总结。通过对整个市场综合情况的全盘考虑和各种分析,为制定出应当采用的营销目标、营销战略、营销组合策略和构想及措施等打下基础。

具体参见项目二的市场分析相关内容。

4.营销战略确定

企业营销战略策划主要包括 STP、Brand、CI 和 CS 策划。

STP:市场细分(Segmenting)、目标市场(Targeting)和市场定位(Position)。

STP 策划就是要根据企业的总体战略、营销目标和营销重点,进行"市场细分"确定目标市场和市场定位。

Brand:品牌建设。主要包括品牌架构、品牌定位、品牌个性等;品牌营销策划可分为:品牌形象策划、品牌传播策划、综合创意策划等过程和内容。

CI:企业形象(Corporate Identity)的缩写形式。其本质是一种塑造企业形象为目标的组织传播行为。CI 策划主要包括理念识别(MI)、行为识别(BD)和视觉识别(VI)。

CS:客户满意(Customer Satisfaction)的缩写形式。客户满意系统把企业的客户分为外部及内部客户,CS 策划就是满足内外部客户需求,提升销售业绩、促进企业发展壮大。

5.营销战术

营销战术注重企业营销活动的可操作性,是为实现企业的营销战略所进行的战术、措施、项目策划。它的内容包括以下方面:

(1)营销组合策划。根据企业的营销战略,对企业的营销因素进行整合策划。现代市场营销组合应该是 4P＋4C。4P,即产品(product)、价格(price)、渠道(place)、促销(promotion);4C,即客户(Customer)、成本(Cost)、方便(Convenience)、沟通(Communication)。

(2)营销项目策划。根据企业营销战略所确定的营销重点,企业还可以进行一些项目策划,如市场调研策划、产品策划、价格策划、分销策划、促销策划、广告策划、公关策划、推广策划。

6.产生创意

所谓创意,就是具有创新的想法和建议。创意分为产生灵感的(线索)启示、产生灵感、产生创意构想三个阶段。每个阶段信息的收集、整理、加工、组合方法的优劣决定最终创意乃至最终策划的优劣。

7.选择方案

当策划者有了足够多的创意及构想之后,就必须认真评估创意方案的优劣,并从中选定一个可行方案。所谓"可行"方案,可从下面三点理解:

(1)方案切实可行;

(2)高层主管的信任与支持;

(3)其他职能部门的全力配合。

8.撰写文案

企业营销策划文案是将最终成果整理出书面材料即营销策划书,也叫企划案。它是表现和传送营销策划内容的载体,一方面是营销策划活动的主要成果,另一方面也是企业进行营销活动的行动计划。其主体部分包括现状或背景介绍,分析、目标、战略、战术或行动方案。方案还包括效益预测、控制和应急措施。各部分的内容可因具体要求不同而详细程度不一。

营销策划书中不可缺少的项目包括:

(1)方案名称;

(2)单位人员;

(3)策划目标;

(4)策划内容;

(5)成本预算;

(6)参考资料;

(7)注意事项等。

9.模拟布局

营销策划者必须根据已经拟妥的预算表与进度表,运用"图像思考法"模拟出营销策划实施的布局与进度。模拟布局可以预测营销方案实施的过程及进度。也可预测营销策划书实施后的效果。只有在想象中或在模型中预演后,才能做到心中有数。

10.实施总结

企业的营销策划方案完成以后,要通过企业的营销管理部门组织策划的实施。这是策划的最后一个阶段。它指的是营销策划方案在实施过程中的组织、指挥、控制与协调活动,是把营销策划方案转化为具体行动的过程。为此,企业营销管理部门必须根据策划的要求,分配企业的人、财、物等各种营销资源,处理好企业内外的各种关系,加强领导与激励,提高执行力,把营销策划的内容落到实处。

应当指出的是,一个具体的营销策划,内容与形式都十分复杂,不会严格按照以上几个程序进行,程序只是人为总结出来的基本框架,而在实际的操作过程中,要灵活运用。

三、营销策划方案的基本内容

营销策划方案没有一成不变的格式,它依据产品或营销活动的不同要求,在策划的内容与编制格式上也有变化。但是,从营销策划活动一般规律及特性来看,其中有些要素是共同的。因此,我们重点谈一下如何设计营销策划方案的各部分内容及编制要求。

1.营销策划方案的内容和编制要求

一部完整的营销策划方案,包括封面、策划主体、附录等,下面就对营销策划方案的主要内容及编制技术进行说明。

(1)封面。策划方案的封面可提供以下信息:①策划方案的名称;②被策划的客户;③策划机构或策划人的名称;④策划完成日期及适用时间段;⑤编号。

例如,"××汽车"小型车展活动策划方案

名称:"××汽车"小型车展活动策划方案

策划单位:××公司

策划人:王××

完成日期:2009 年 4 月 10 日

(2)前言。前言或序是对策划方案的高度概括,让人一目了然,引起客户的注意和兴趣。其内容主要是:①接受委托的情况。如:×××公司接受××××公司的委托,就××汽车的广告宣传计划进行具体策划。②本次策划的重要性与必要性。③策划的概况,即策划的过程及达到的目的。

(3)目录。策划方案的目录和其他书籍的目录一样,它涵盖了全方案的主体内容和要点,读过后应能使人对策划的全貌、策划人的思路、策划方案的整体结构有一个大体的了解,并且为使用者查找相关内容提供了方便。

(4)概要。概要包括策划的目的、意义、创意形成的过程,相关策划的思路、内容等介绍,阅读者通过概要提示,可以大致理解策划的要点。概要应简明扼要,篇幅不能过长,可以控制在一页纸内,即四五百字左右。

(5)界定问题。在这一部分中,需要明示策划所实现的目标或改善的重点。如何提出问题、如何界定问题主次、哪些问题必须定义、哪些问题可暂时不理,等等。在进行营销策划之前要找到一个最佳切入点,以及实现那些目标的战略直觉。这主要是通过界定问题来解决,即把问题简单化、明确化、重要化。

(6)环境分析。"知己知彼,百战不殆",这一部分需要策划者对环境较了解。环境分析的内容包括宏观营销环境、微观营销环境分析等。

(7)问题点和机会点。营销策划方案是对市场机会的把握和策略的运用,因此分析问题、寻找市场机会,就成了营销策划的关键。找准了市场机会,可以极大地提高策划成功率。通常采取 SWOT 分析法。

(8)营销目标。无论是什么方面的营销策划方案,其营销目标的主体内容都要具体明确,如市场占有率、销售增长率、分销网点数、营业额及利润目标等。

(9)营销战略。在营销策划方案中的"营销战略"部分,要清楚地表述企业所要实行的具体战略,主要包括市场细分(Segmenting)、目标市场(Targeting)和市场定位(Positioning)三方面的内容。S 市场细分,其目的在于帮助企业发现和评价市场机会,以正确选择和确定目标市场。T 目标市场,根据企业资源状况及实力,找准目标市场。P 市场定位,是指企业为在目标客户心目中寻求和确定最佳位置而设计产品和经营特色的活动。

(10)营销组合策略。确定营销目标、目标市场和市场定位之后,就必须着手准备在各个细分市场所采取的具体营销策略,以及确定相关的营销组合策略。

现代市场营销组合应该是 4P+4C。4P 和 4C 在本任务的单元一中已介绍。4P+4C 的组合关系如图 3.4 所示。

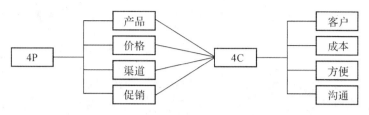

图 3.4　营销组合 4P+4C

（11）行动方案。要实施营销策划,还要将各项营销策划转化成具体的活动程序。为此,必须设计详细的策划行动方案。在行动方案中,需确定以下的内容:要做什么作业、何时开始、何时完成,其中的个别作业为多少天、个别作业的关联性怎样、在何地、需要何种方式的协助、需要什么样的布置、要建立什么样的组织机构、由谁来负责、实施怎样的奖酬制度、需要哪些资源、各项作业收支预算为多少等等。

（12）费用预算。主要是对策划方案各种费用的预算,包括营销过程中的总费用、阶段费用、项目费用等,其原则是以较少的投入获得最优效果。

预算费用是策划方案必不可少的部分。预算应尽可能详尽周密,各费用项目应尽可能细化。预算费用应尽可能准确,能真实反映该策划案实在的投入大小。同时,应尽可能将各项花费控制在最小规模上,以求获得最大的经济效益。

（13）方案调整。这一部分是作为策划方案的补充部分。在方案执行中都可能出现与现实情况不相适应的地方,因此方案在贯彻过程中必须随时根据市场的反馈及时对方案进行调整。

（14）结束语与前言呼应,使策划方案有一个圆满的结束,主要是再重复一下主要观点并突出要点。

（15）附录。附录是策划方案的附件,附录的内容对策划方案起着补充说明作用,便于策划方案的实施者了解有关问题的来龙去脉。附录为营销策划提供有力的佐证,如引用的权威数据资料、消费者问卷的样本、座谈会记录等等。列出附录,既能补充说明一些正文内容的问题,又显示了策划者负责任,同时也能增加策划案的可信度。作为附录也要标明顺序,以便查找。

营销策划方案的编制一般由以上几项内容构成。企业产品不同,营销目标不同则所侧重的各项内容在编制上也可有详略取舍。

2.营销策划方案的一般格式

营销策划方案是关于营销活动及其行动方案设定的文字载体。它为企业营销行为作出周到的事前安排,方案的基本结构分为两大部分:

第一部分为策划基础部分。主要是对企业营销背景、环境、市场竞争对手进行分析,也就是项目二所叙的市场分析。因策划目的和内容不同,市场分析的内容也会有所不同。

第二部分为行动方案部分。主要是对企业营销活动的范围、目标、战略、策略、步骤、实施程序和安排等的设计,这也是本项目重点学习的内容。

一般格式如下:

一、封面:方案名称/方案制作者

××××营销策划方案

×××制作

二、方案目录

将方案中的主要项目列出。

三、方案内容

(一)市场环境分析

1.背景分析。包括宏观环境分析和微观环境分析,其中宏观环境分析主要包括政策法律、经济、技术、社会文化因素分析;微观环境分析包括企业的历史情况、现实生存状况及未来发展设想、企业内部优劣势分析等。

2.消费者分析。

3.消费区域分析。

(二)竞争对手分析

1.竞争对手概况:以往销售情况、市场占有率、销售额、利润等经济指标;

2.销售理念及文化:公司哲学、共同价值观、经营方针、经营风格、企业使命、目标。

(三)市场分析

1.市场调查、市场规划、市场特性;

2.主要竞争对手的市场表现、营销方案、竞争策略、竞争优势;

3.本项目的营销机会与障碍点。

(四)项目定位

1.项目定位点及理论支持;

2.项目诉求及理论支持。

(五)市场定位

1.主市场(目标市场)定位及理论支持点;

2.副市场(辅助市场)定位及理论支持点。

(六)营销活动的开展

1.营销活动的目标;

2.目标市场;

3.面临的问题;

4.竞争策略、竞争优势、核心能力。

(七)营销策略

1.产品策略:(1)产品概念;(2)品牌与包装规划。

2.价格策略:(1)定价思路与方法;(2)价格政策;(3)价格体系的管理。

3.渠道策略:(1)渠道的选择;(2)渠道体系建设/管理;(3)渠道支持与合作;(4)渠道冲突管理。

4.促销策略:(1)促销总体思路;(2)促销手段/方法选择;(3)促销概念与主题;(4)促销对象;(5)促销方案/计划原件、广告计划、广告策略、广告脚本;(6)促销活动过程;(7)促销活动效果;(8)促销费用。

5.活动开展策略:(1)活动时机;(2)应对措施;(3)效果预测。

(八)营销/销售管理

1.营销/销售计划管理

2.营销/销售组织管理:(1)组织职能、职务职责、工作程序;(2)人员招聘、培训、考核、报酬;(3)销售区域管理;(4)营销/销售人员的激励、督导、领导。

3.营销/销售活动的控制:(1)财务控制;(2)商品控制;(3)人员控制;(4)营销/业务活动控制;(5)营销/业务活动控制指标、方法以及使用表格。

(九)销售服务

1.服务理念、口号、方针、目标;

2.服务承诺、措施;

3.服务体系(组织结构、职责、程序、过程、资源);

4.服务质量标准及控制方法。

(十)总体费用预算

(十一)效果评估

四、营销策划书的撰写

策划书是策划人的策划成果,因此要认真对待。在写作过程中要注意的是,营销策划书并非仅仅用文字的方式来表现其内容,一般情况下,为了更形象、更直观地表现策划内容,通常采用文字、框图、数据及视觉图片等四种方式来表现策划的内容。

策划书的写作要求如下。

(1)策划案表达要求简洁明了

策划书如果长篇大论,文辞优美,反而在阅读上造成困难,不易抓住策划书的主题。具体要求如下:

①文体统一。在整个策划书中,前后问题必须统一,避免使用口语化的文体及过于书面化的文体,同时要求策划用语统一、数字使用方法统一。

②文字简洁、准确。简洁在文字表现中是非常重要的,一段文字最好掌握在 40～50 字左右,另外最好能将文字内容分条列出。先做结论,后再简单阐述。

③结论明确。营销策划书中应避免内容含糊、态度模糊的表现。例如在文中出现"也许"、"大概"等,容易给人不真实的感觉。

(2)要强调方案的可操作性

策划方案不是论文,而是可以直接拿来实施的、可操作性极强的方案,因而在策划书写作中,能够具体的一定要具体,尽量少出现"可以"的字眼。

(3)加强方案的说服力

首先,策划书的内容组织要有逻辑性,符合人们的阅读习惯;其次,策划书还应在内容、结构和语言上增强说服力。

3.1.3 任务实施

下面我们就结合任务引入中的情景,按工作流程来进行任务实施,通过完成任务来进一步学习达到项目目标所需的知识与技能。

从任务引入的情况看,小陈首先要做的就是根据思铂睿的特点和销售目标,拟定一份策划案。下面就一起来制定一份可行的营销策划案吧。根据策划案编写的流程,我们总结出两个典型学习情景,供同学在实施任务时使用。

典型学习情境一:撰写策划书前的准备

要想完成一份营销策划书,首先要学会分析市场环境,然后再有针对性地设计相应活动主题。撰写营销策划案之前,小陈可以先从以下几个方面做好准备工作。

1.分析市场环境,尤其是区域市场环境。

市场环境分析是编写策划案中非常重要的一块内容,营销环境分析的主要内容和各分析工具已在项目二中详细介绍,这里就不再重复。

2.明确活动主题,即明确策划目标。(请具体写下通过本策划所要实现的目标或要解决的问题,如提高市场占有率、销售增长率和营业额等)。

注:市场占有率又称为市场份额,指一个企业的销售量(或销售额)在市场同类产品中所占的比重,直接反映企业所提供的商品和劳务对客户的满足程度,表明企业的商品在市场上所处的地位。

销售增长率是指企业本年销售增长额与上年销售额之间的比率,反映销售的增减变动情况,是评价企业成长状况和发展能力的重要指标。其计算公式为:

销售增长率＝本年销售增长额÷上年销售额＝(本年销售额－上年销售额)÷上年销售额

营业额是指为纳税人提供应税劳务、转让无形资产或者销售不动产向对方收取的全部价款和价外费用。

3.明确活动所涉及的各单位,包括:主办方、承办方、协办方、参加人员及活动的机构设置和责任分工。特别是如果活动的地点需要外借,则必须要注意与对方的沟通和交流。

4.进行营销活动整体设计(即营销战略的选择和营销组合策略的使用)。

5.行动方案的设计。小陈该如何来设计行动方案呢? 具体可以参考表3.1。

表 3.1　行动方案设计要素

要素	关键点	备注
要做什么活动	活动的形式? 涉及面有多广?	
活动时间	何时开始? 活动一共需要多少天,各项活动的关联如何?	
活动地点	需要何种方式协助? 需要什么样的布置?	
组织机构	要建立什么样的组织机构? 由谁来负责?	
奖惩制度	如何责任到人? 如何来进行奖励?	

6.进行费用预算。具体可以参考表3.2。

表 3.2　营销费用预算

序号	项目	时间	单位	单价	数量	金额	备注

7.请在心理上做好组织实施活动的准备。

8.对可能出现的问题给出提供解决方案。

如活动是在室外进行,遇到不好的天气该如何处理?

典型学习情境二:策划案的撰写

策划书的撰写是策划人的策划成果,如果你是小陈,你会如何来撰写这份策划书? 可以参照以下的流程来进行。

9.进行封面设计。(封面设计要做到生气、突出重点、层次分明,要给人很好的视觉效果)

10.营销策划书的目录设计。

11.营销策划书正文内容撰写。现在很多策划机构开始使用 PPT 来制作策划书,这样可以更加醒目,小陈可以对此进行必要的研究,以符合时代的发展要求。正文的主要内容可以参考表 3.3。

表 3.3　营销策划书正文基本内容

结构	基本内容
前言	策划的背景、策划的目的和意义、策划的宗旨
策划目标	营销职能目标、财务目标
环境分析	企业内外部环境分析
营销战略	市场细分、目标市场、市场定位
营销组合策略	4P 策略
行动方案	活动项目、活动方式、人员分工、时间、地点等的安排
费用预算	营销过程中的总费用、阶段费用、项目费用等
实施进度计划	项目及实施的起止时间
结束语	重复主要观点、突出策划内容要点

12.备用方案、市场问卷、调研报告、参考文献等数据资料作为附录放在策划书的最后。

13.撰写的过程中应随时记录下所碰到的问题,以供完善策划书和后面实施策划书参考。

以上两个典型学习情景,如果你都能做好了,那么本任务也基本能顺利完成了。小陈在这两个引导文的指引下,完成了他的作品,参考如下:

思铂睿媒体网友试驾会策划书

(封面和目录省略)

封面设计要求有一定的视觉感,目录一般只涉及正文的二级标题即可。特殊情况下,也可以深入到三级标题。目录的生成可以采用 WORD 目录自动生成加以实现,也可以通过手工操作来实现。在操作过程中,要注意文字大小、缩进和页码对齐。此外,目录页码一般是单独标示的,与正文页码不连续。

一、市场环境分析

1.背景了解

2009 年 7 月 27 日,东风本田首款中型车思铂睿(Spirior)正式发布中文名称,这是东风本田的首款中型车定位高端运动型轿车,主要任务是创造市场以及品牌提升。售价 18.78 万～27.18 万,思铂睿共推出 2.4L 排量 5 款车型,其中三款基本车型和两款运动车型,车型外观时尚。新车推出六款车身颜色,包括塔夫绸白、彩晶黑、钛金银、炫影蓝、炫动紫、炫速红。其中炫速红只有运动版车型才具备。

思铂睿的整体车身造型成楔形,宽大而具有低重心感,向前俯冲的腰线直至轮眉,这样的设计会令它在跑动中的空气阻力更小,棱角分明的车身,也让它的运动性得到了更好的加强和较为充分的修饰。

2.现有市场竞争分析

东风本田思铂睿的目标客户群体是 25～35 岁之间的年轻一代。主打运动派,对手定位讴歌 TL、宝马 3 系以及奥迪 A4L(竞品具体情况这里不再介绍,但实际操作过程中应仔细分析)。东风本田公司给出的目标月销量为 5000 辆左右。

3.消费者分析

消费者结构分析:

(1)在我国最新购车年龄的调查中,目前在 25 岁至 35 岁之间的人群,已经成了汽车市场消费的主力。他们追求的是时尚前卫、运动个性及实用性,所以在购车时往往要求外形、内饰不落俗套,又要质量好、安全性高,对中档以上的车型比较看好。思铂睿的外形和特点能较好地满足这个年龄阶段年青人的需求。

(2)25～35 岁这个年龄段的人平常接触最多的就是网络,是电子商务中最活跃的一个群体。

(3)25～35 岁这个年龄段的人比较具有活力,能快速接受新事物,喜欢参与富有挑战的活动。

消费区域特征分析:

(1)杭州是一个相对比较成熟的市场,各种品牌都占有一席之地,品牌竞争较为激烈,消费者消费观念比较理性;

(2)东风本田品牌在杭州知名度较高,美誉度较好,之前的几款车型,包括思域等销售不错,消费者认可度较高。

4.市场发展趋势分析

2010 年中国国内市场销售火热,2010 年上半年,汽车产销 892.73 万辆和 901.61 万辆,同比增长 48.84%和 47.67%。乘用车产销 668.38 万辆和 672.08 万辆,同比增长 51.20%和 48.20%。但火热的销售并不能掩盖各细分市场的激烈竞争,特别是诸强齐聚的中高级车市场。目前中高级车市场上有超过 15 个品牌(指国产合资品牌产品,自主品牌没有计算在内)可供消费者选择,本田、丰田、通用、福特、大众、雪铁龙、马自达等跨国汽车集团都至少有一款国产中高级轿车产品销售。

在价格体系上,随着新的竞争对手的不断加入和原有竞争对手的更新换代,中高级汽车市场的竞争越来越激烈,整个价格体系在不断地调整,经过近两年的调整之后,新的价格体系已经基本确立。目前,中高级车细分市场新的价格体系,与前两年相比约下调了 2 万元左右,20万元不再是中高级车市场的最低界限。目前,大多数车型的最低配置车型的价格都已调整到了18万元左右,而多数品牌2.4L(包括和2.4L动力相近的2.3L、2.5L、1.8T车型)主力车型的价格也都已调整到23万元左右。这样,中高级车市场低配2.0L车型18万元左右、2.4L主流车型22万元左右的新价格体系已经基本正式确立。

在车型风格上,长期以来,国内中高级车市场可以划分为两个市场,一个是以雅阁、凯美瑞、天籁、领驭、君越等为代表的偏重工商务风格的细分市场,一个是以锐志、睿翼、新君威、思铂睿等为代表的偏重运动休闲风格的细分市场。但是,由于国内中高级轿车市场长期以来侧重工商务用车的消费为主体,偏重运动休闲的细分市场起步较晚、可供选择车型又比较少,所以两个细分市场的总销量相差也比较明显。

二、竞争对手分析

官方将思铂睿对手定位讴歌TL、宝马3系以及奥迪A4L。在品牌认可度上,宝马3系、讴歌和奥迪都是享誉全球的知名豪华品牌,东风本田长期以来的定位是大众品牌。从配置上看,思铂睿的豪华配置对比其他三款车型并不逊色。思铂睿以其丰富的配置与同为运动派的新君威、迈腾以及锐志等进行竞争,又将以性价比高的姿态去对比奥迪A4和宝马3系等豪华品牌。具体参数如图3.5所示。

思铂睿竞争车型分析			
	思铂睿	讴歌TL	宝马320i	奥迪A4L 2.0L
售价	23万起	58-62万元	28.30-49.50万元	29.88-53.88万元
尺寸(mm)	4730×1840×1450	5015×1880×1455	4531×1817×1421	4763×1826×1426
轴距(mm)	2705	2775	2760	2869
发动机	2.4L	3.5L	2.0L	2.0L
最大功率(马力)	181	285	156	180
最大扭矩(N·m)	225	344	200	320
变速箱	5挡自动	5挡手自一体	6挡手自一体	8挡CVT手自一体
前悬挂	双叉臂加横向稳定杆悬挂	双叉臂式独立悬架	双球节弹簧减震支柱前桥	五连杆式独立悬挂
后悬挂	多连杆加横向稳定杆悬挂	多连杆独立悬架	5连杆后悬架	梯形连杆式独立悬挂

中国汽车消费网制表

图3.5 思铂睿竞品分析

三、市场分析(主要是针对思铂睿的销售现状进行分析)

1. 东风本田的知名度、美誉度和企业形象

东风本田汽车有限公司是一家由东风汽车集团股份有限公司与日本本田技研工业株式会社各出资50%共同组建的整车生产经营企业。公司成立于2003年7月16日,注册资本5.6亿美元。

公司先期导入Honda CR-V(思威)运动型多功能车,严格按本田技术标准生产和检测,保持全球同一品质。该车发动机排量2.0L/2.4L,采用本田独有i-VTEC技术,适时四轮驱动,手/自动变速器,具有高安全性、高动力性、低排放、低油耗等卓越的综合性能。2004年、

2005CR-V两度荣获CCTV年度SUV车型。

2006年4月,导入的CIVIC(思域),作为Honda的主要车型,已在世界上超过160个国家和地区销售,累计销售超过1600万辆,成为Honda单一车型中最畅销的产品。其搭载的新开发的1.8L i-VTEC发动机具备相当于2.0L级别发动机的动力性能的同时,实现了相当于1.5L级别的发动机的油耗。2007年11月19日思域混合动力车(CIVIC Hybrid)隆重上市。经过清华大学和本田合作进行的试验结果表明,它比常规汽油节省36%~41%,综合节油效果为38%,体现了绿色产品的内涵。

公司成立以来,快速发展,经营质量持续看好,连续3年销量增长超过100%,随着生产能力逐步扩大,产品趋于丰富,销售网络日渐形成,目前,公司在全国拥有256家销售服务店,销售满意度在J. D. Power亚太公司2007年9月中国新车满意度调研中名列第二。与此同时,在J. D. Power亚太公司2008年中国新车满意度调研(IQS)报告中位居国内汽车企业第一名。

2.思铂睿进入市场后的销售现状分析

2009年7月,东风本田高端运动型轿车思铂睿(SPIRIOR)发布。思铂睿(SPIRIOR)秉承Honda豪华品牌"先进、智能、动感"的开发理念,将先进的驾驶性、智能化的品质、动感的设计融入每一个细节,成为集Honda尖端技术之大全的高端车型。作为一款高端运动型轿车,在注重驾乘舒适性的同时,更为强调操控性能。

思铂睿的具体参数可以参考图3.5,这里不再重复介绍,思铂睿的核心目标客户定位于欲换购和懂车的人。

四、项目定位和市场定位

(1)项目定位。能让更多的消费者关注到思铂睿,能感受到思铂睿的优越性,刺激消费者产生购买行为。

(2)市场定位。要选择有一定知名度和美誉度的网站进行合作,首推易车网。挑选易车网为主要活动伙伴是因为其创办年代久,创办于2000年,知名度高,深度影响95%以上的中国汽车客户和潜在客户。其次推荐太平洋汽车网。

活动场地的选择一定要有特色,能让参与者充分体验到思铂睿汽车的优越性。主推场地为三墩试驾场。杭州三墩汽车试驾体验中心坐落在拥有12000亩独特风光的国际标准性城镇——杭州三顿镇,是杭州首家按照专业试车场标准建造的,集汽车运动文化、试乘试驾、赛车培训于一体汽车互动体验中心。其次推荐蒋村驾驶中心。

诉求对象:各网站网友、版主,有购买意向的思铂睿潜在客户。

广告主题:"秀我风采"网友有奖试驾会。

五、企业营销战略

1.营销目标

短期目标:通过宣传让更多消费者了解思铂睿,购买思铂睿;

长期目标:令消费者思铂睿和东风本田拥有品牌忠诚度。

2.目标市场

易车网网友、关注思铂睿的潜在客户、有购买意向的客户。

3.面临问题

活动时间的选择?如何吸引更多的消费者关注此次试驾活动?如何报名?宣传的途

径？活动现场的互动/控制？天气情况如何控制（雨天活动的安排,晴天活动的安排）？安全问题？

4.营销策略

产品策略——产品优势、独特性分析讲解；

广告策略——除主办媒体易车网外其他媒介的选择,包括报纸、户外广告、电视、网络、杂志等；

促销策略——思铂睿产品了解情况有奖问答、有奖试驾、车内寻宝等促销活动；

公共关系策略——现场宣传东风本田企业文化、企业精神。

六、营销组织

(1)做好组织职能分配,工作程序和相应职责；

(2)做好人员培训工作(包括易车网电话报名专员、车型讲解员、现场试车员等)；

(3)做好财务控制、人员控制、现场管理等控制活动。

七、行动方案

制定行动方案,做到环环相扣。本活动主要分为四个阶段。

第一阶段：与相关合作商洽谈(主要是易车网和太平洋汽车网等知名网站以及活动场地的洽谈),确定主合作媒体(以下暂定易车网为主合作媒体),商量确定具体环节设置和活动相关流程。

第二阶段(造势,11月1日—11月28日)：活动招募期。

通过在易车网上的宣传、店内宣传、平面广告宣传等方式,在杭州开展"都市激情,体验跨界"易车网有奖试驾会的宣传造势和报名,这个过程要广泛邀请相关行内人士、易车网网友、思铂睿汽车的关注者和新闻媒体的共同参与,目的在于扩大活动的影响面。

操作：公布试驾环节,试驾具体信息,透露试驾活动大奖及经销商优惠政策,吸引网友报名参加。

网友报名流程如图3.6所示。

图3.6　网友报名流程

对相关人员进行培训,在企业内部营造活动氛围。做好各种资料的准备,例如试驾登记表的设计,可以参考表3.4。

表3.4　试驾登记表

思铭睿读者试驾会　报名登记表(第二阶段)

媒体：

城市：

序号	姓名	性别	联系方式	年龄	驾龄	职业	年收入水平	地区(城市)	目前驾驶的车型品牌	近期是否有购车意向	新购车还是换购车	近期关注的车型	是否接受本次活动的其他相关信息？	入选记录	落选记录
备注	(填空)	(选择)男/女	(填空)	(选择:20岁以下;20~25岁;25~35岁;35~45岁;45岁以上)	(填空)	(填空)	(选择:5万以下;5~10万;10~20万;20万以上)	(选择)	(填空:非厂品牌,如没有则留空)	(选择:三个月内;半年内;一年内;一年以上)	(选择:新购/换购)	(填空:除思铭睿以外的其他品牌)	(愿意/不愿意)	入选者为填写"1"	
1															
2															
3															
4															
5															
6															
7															
8															
9															
10															
11															
12															
13															
14															
15															
16															
17															
18															
19															
20															

吸引大众的促销措施:

- 加大礼品吸引,提高礼品额度。报名即送礼,得奖率100%。
- 加大宣传力度。如增加有关广告资源位的露出和时长,对活动宣传需要进行紧急备用。
- 联合自有媒体及其他合作媒体的加盟,特别是可以挑选一些比较有号召力的版主发帖号召大家报名。
- 利用易车网强大的看车团网友数据库,以电话邀约的形式,邀请活动潜在目标网友参加。
- 与东风本田旗下的各俱乐部合作,邀请有一定影响力的相关人员参加。

第三阶段(攻势,11月28日—12月1日):活动进行时。

操作:

(1)以最大的声势公布所有入围选手名单,进一步加强宣传攻势。

(2)提前合理布置活动场地,并购买相应礼品和相关物品。

(3)活动当天可以邀请国内外知名的赛车手担任特邀嘉宾,担任活动的裁判,并进行现场表演。

(4)活动现场媒体的报道。

(5)对相关人员进行培训。

(6)活动当天流程安排,可以参考表3.5。

表3.5 活动流程表

日期	时间	内容	地点
	9:00—9:30	所有选手公司门口集合,统一出发	试驾场
	9:30—10:00	签到、分组(同时发放产品宣传册)	试驾场
	10:00—10:50	思铂睿等车型的现场展示与讲解	试驾场
	10:50—11:20	讲解试驾流程、路线、安全事项	试驾场
12月1日	11:20—11:45	车手表演	试驾场
	11:45—13:00	午餐	试驾场
	13:00—14:30	选手试驾	试驾场
	14:30—15:00	颁奖典礼	试驾场
	15:00	结束	试驾场

(7)可以安排问卷调查,试驾者对思铂睿的感受、对本次活动的感受以及对其购买思铂睿的影响等情况的检查,以便直观有效地评估本次活动效果。

第四阶段(守势,12月2日—12月31日):活动持续时。

操作:

(1)全程活动资料汇编,活动的后续宣传报道。

(2)对获奖者的宣传,可以作为思铂睿的特殊讲解嘉宾,在一些重要活动中安排出席。

(3)销售的后续跟进。

八、总体费用预算

主要包括以下费用：宣传费用、礼品、现场布置、奖品、场地费、租车费用等，但具体费用多少，应根据实际情况来确定。

九、活动效果预测、评估

通过活动的开展，顺利提升思铂睿的销售量，取得了显著的经济效益；并能提升大众对东风本田公司的忠诚度。具体到各活动过程，可以进行如下预测：

(1)活动应有足够的报名人数，人数控制至少在100人以上，11月20日前完成，否则启动应急方案。

(2)活动媒体和大众关注度高，活动当天能有较多人参加，能得到较多媒体的报道。

(3)活动效果好，大众、媒体评价高，能进一步推动思铂睿的销售量。

3.1.4 任务评价

任务完成后，需要通过自我评价与反馈，看是否达到了预定要求，如果未达到既定学习目标，请调整学习计划进行自我完善。本学习任务可根据以下几个方面进行评价与反馈。

1.你在实施任务前做好准备工作了吗？

2.你能叙述市场营销要素吗？

3.你知道4P理论和4C理论的区别吗？

4.你知道有哪些促销方法吗？

5.你知道营销策划的程序吗？

6.你了解策划案的具体内容应该包括哪些吗？

7.策划书的写作有哪些要求与技巧？

如果自我评价未通过，请从以下几个方面进行调整学习计划再改进：

1.结合本任务的复习思考题进行知识点的学习。

2.通过筹划案写作的实训进行技能操作训练。

3.学习和参考完成较好的策划案。

4.到汽车4S店进行参观学习。

复习思考题

1.市场营销组合策略中的4个要素指是什么？

2.4C指的是什么？

3.常见的促销方法有哪些？

4.一份典型的营销策划书一般包括哪些内容？

5.策划书的写作有哪些要求和技巧？

6.营销策划的程序是怎样的？

任务二 汽车营销活动策划案的实施

3.2.1 任务引入

小陈的策划案已经得到了市场部经理的认同,在进行了多次商量修改之后,公司决定对小陈的思铂睿营销策划案进行实施,并指定小陈为此项目的负责人。小陈非常高兴自己的策划案能得到经理和公司领导的重视。但是高兴之余,小陈也在思考,要做好这一次策划案的实施工作,这对自己来说是一次挑战,自己必须要打起12分的精神把项目做好。可是把项目做好,自己又该准备些什么呢?一步一步该如何去做呢?策划案实施的过程中自己又要注意哪些事项呢?自己又该如何来对策划效果进行评价呢⋯⋯看来小陈又要忙碌一阵子了。

汽车营销活动策划案的实施所涉及的事情很多,本任务将进行详细介绍。本任务的学习目标主要包括:

1. 能准确地了解策划案实施时的注意事项;
2. 能熟悉策划案实施的关键点;
3. 能与团队成员合作实施策划活动;
4. 能运用策划实施效果评价方法进行活动效果评估。

通过本任务的学习可以熟悉策划案实施的要求,并为实际操作打下良好的基础。

3.2.2 知识准备

单元一 策划案实施时的注意事项

营销策划的目的在于实施,没有成功的实施,最后的策划案也不过一堆废纸而已。通过方案实施可以使梦想成真,可以在实施过程中说服更多的人去理解和支持营销策划活动,同时也可以发现营销策划方案是否合理、周全,是否需要补充、修正。营销策划方案的实施不同于策划工作,它的着重点不在于分析、判断、描述和评价,而在于组织各种活动,进行资源分配和利用,将方案付诸现实,使其转变为有效的成果。因此,方案的实施是企业营销策划成功不可忽视的关键环节。

一、策划案实施的基本策略

1. 宣传造势

营销策划方案实施前和实施过程中,企业要注意进行对外宣传造势,这样能够扩大影响,有助于提升企业形象,改善公共关系。对于产品品牌的策划,宣传造势有利于品牌力的提升;对于价格策划,宣传造势有利于突出产品的市场定位;对于客户满意策划,宣传造势有利于体现企业为客户着想的形象。宣传造势形式有:广告、新闻稿、对外宣传册、多媒体作品等。

2.企业渗透

企业渗透是指在企业营销策划方案实施之前和实施过程中,通过各种方式使企业全体员工了解策划方案,理解策划活动的必要性,从而支持并认真执行企业营销策划方案的过程。营销策划的企业渗透可以通过以下方法进行:印发内部刊物、举行报告会、进行培训、召开座谈会、填写调查表、进行非正式沟通等。

3.办理手续

在营销策划方案活动确定以后,活动的开展要合法合理,因此企业还应该得到有关单位的审批。例如,某地一单位曾做过一个敬老活动策划,是整个营销策划方案的一个亮点。当时虽然该地还没有规定在城市放烟花要经过审批,但在公众场所进行活动必须经过审批。这个单位是一个局级单位,他们认为有权在自己的场地上做敬老活动,就没有向有关单位报批。活动办得很热闹,有文艺节目演出,有很多赞助单位给老人送礼品,最后放烟花,但烟花一放,遭到了公安机关的追究,为什么? 因为他们在飞机航线上放烟花,没有办审批手续,也缺乏民航管理规范知识,无论如何都是违法的。

二、策划案实施的几个关键点

1.高层支持

成功实施的一个关键是赢得企业的高层支持。高层支持的项目,或称"一把手"工程,往往能够推行得比较顺利。在项目实施中,最经常的项目牵头人是客户方负责运营的老总或总经理。企业营销策划方案实施,不应当仅仅是营销部门的事情,而应当是整个企业在高层领导的直接参与指导之下的多方协同调整,因为实施涉及的是市场、销售、服务等多个与客户打交道的部门和流程。企业内部的高层管理者必须承担起项目负责人角色,才能让策划实施顺利地开展。

2.过程监控

过程监控是保证策划成功实施的必要的管理手段。监制通过收集信息,掌握策划的执行结果,来确定策划方案与执行结果的偏差,进而找出产生偏差的原因,制定相应的对策和措施,然后再进行信息反馈,以纠正偏差或继续实施策划或进行新的企业策划活动。这就要求策划者如同重视编制策划方案一样来重视策划实施过程中的管理,正确处理策划实施与法律、政府有关机构、社会团体和组织以及大众传播媒体的关系,科学地运用策划实施所需的人、财、物、信息等资源,实现企业、环境、企业经营目标、策划目标与策划执行结果的协调统一。

3.组织协调

一方面,协调好项目内部组织关系。协调的内容主要是明确组织内各部门机构及人员的责权及相互关系,强化内部组织的配合协助。也可以说越能够活用组织的力量,并高度发挥团队力量的策划,越是高明的策划。因此策划者应该充分考虑策划与组织的关系,想办法借着组织力量,达到优秀的成果。另一方面,在实施策划过程中,经常会遇到现场排斥的现象,从组织性格来说,这是必然的。为了突破这种敏感的排斥性,使组织的成员协助策划的推行,就不得不将策划意图渗透到组织末端,尤其必要的是实行部门负责人的支持、协助与共鸣。

4. 评估标准

正确的做法是设计营销实施效果测评办法,力争做到量化,力争通过分析调整方案的角度,使实施效果更好,更适宜市场需要。有诸多方案做好以后,往往忽略做评估标准方案,包括客户很少要求做评估方案,更不愿意付出费用,让专业公司给他做评估报告。实践证明,评估标准应该在策划方案的时候把它设计出来,这样可以让客户在完成这个方案以后,根据设定的标准作出科学评估。

单元二　营销策划案实施的主要工作内容和技能要求

营销策划案的实施最重要的是执行力,提高营销人员执行力,就是要提高营销运作的四项执行技能,即分配、监控、组织和关系技能。

一、营销策划案实施的主要工作内容

1. 成立相应的方案执行机构

在策划案实施前一定要组建有效的执行机构和将责任落实到个人,并且要确定每个职位的职权范围、职责及其关系,以便各司其职、各负其责,高效运作。

2. 拟定行动方案

行动方案具体包括营销策划方案的实施计划和保证方案实施的制度和政策。实施方案的拟定要详细具体,明确关键性决策和任务,运用目标管理法,把营销策划目标层层分解,落实到每一个执行单位和个人。行动方案必须是行动的具体步骤,各步骤的任务和执行的方法,以及完成这些任务的先后顺序、时间进度和资源安排等。

3. 实施前充分沟通

要确保有关营销策划方案的各项内容为参与人员所充分了解和接受。因此必须要加强对执行人员的培训,让他们具备执行方案所必备的素质和技能。同时必须让他们充分接受和了解方案的全貌和具体细节,了解方案的关键之处和具体的注意事项。

4. 建立有效的奖惩制度和有效的监督机制

大多数人是需要激励才会努力工作的,缺乏有效的奖惩激励制度,方案的执行人员就看不到自己努力工作的回报,这样会严重挫伤他们的工作积极性。但是所有的激励措施都必须要能和方案的实施进程情况相适应,及时调整行动。

二、营销策划案实施的技能要求

1. 分配技能

分配技能是指营销管理者根据营销任务,分配时间、资源和人员的能力,其中一个重要环节,是为自己的下属员工或部门设立实施与完成任务的时间表。这一方面可以提高员工或部门经理的责任心,另一方面可以让员工或部门对自己的任务做到心中有数。

2. 监控技能

监控就是在任务落实后,营销管理者要经常过问或监督,以便每一个员工或部门都能按时完成自己的任务。另外,出现问题时,还要帮忙解决。

3. 组织技能

组织技能是指营销管理者通过建立组织机构和协调机制,使营销策划方案得以顺利实施的能力。组织有正式组织和非正式组织之分,需要注意的是,管理人员要充分认识非正式组织的地位和作用,使非正式组织与正式组织达到良好配合,促进营销策划方案的顺利实施。

4.关系技能

关系技能是指借助于他人的关系力量来完成自己工作的能力。营销管理者不仅要做到组织员工去有效实施营销方案,而且要有较强的社交能力,能充分利用外部的关系力量,为实施营销方案,达成目标提供帮助。

单元三　策划实施效果评价方法

方案实施后,其效果如何,要用特定的标准、方法及报告来进行检测和评价。

一、实施效果测评的形式

策划方案实施的效果测评,可分阶段性测评和终结性测评。

阶段性测评主要是指在营销策划方案实施过程中进行的阶段测评,其目的是了解前一阶段方案实施的效果如何,并可以为下一阶段实施营销策划方案提供指导及经验教训等。

终结性测评主要是指在策划方案实施的最后阶段所进行的总结性测评,其目的是要了解和掌握整个营销策划方案的实施效果,为以后的方案设计提供依据。

二、实施效果评价的方法和内容

因为营销策划的目的有经济目的和非经济目的之分,所以对于非经济目的实施效果的测评,如社会效果、政治效果、文化效果、法律效果等,可以用定性方法来进行测评,而对经济效果的测评主要采用定量测评方法,选择可用的指标来进行考察。

1.市场占有率

又称"市场份额"。是指某一品牌产品某一时期在某地区的市场占有率,是指该品牌在该时期内的实际销售(量或额)占整个行业的实际销售(量或额)百分比。市场占有率既是评价企业经营态势和竞争能力的重要指标,也是进行市场营销方案实施效果测评的重要指标。

2.品牌及企业形象

品牌及企业形象是反映企业在市场中的地位的重要指标,也是作为测评营销策划方案实施效果的一个重要指标。在今天的市场环境中,人们除重视商品实际功能外还注重"软价值",如所获得的良好感、优越感、幸福感、超价值的服务等等。所以在营销策划中,提升品牌及企业形象作为策划的重要内容。在测评时,品牌及企业形象是否得到提升以及提升程度成为方案实施测评的常用指标。在具体测评过程中,可以根据实际情况对品牌及企业的知名度、美誉度、反应度、注意度、认知度、传播度、忠诚度及追随度等进行测评。

3.成本指标

在营销策划方案实施进程中,成本指标也是测评的一个重要指标。这里所讲的成本指标是指在策划活动进程中各项成本的控制,如付给相关工作人员的报酬,调查、公关活动等专案费用。如果成本能控制恰当,可以表明此营销策划方案收到的效果是较理想的。

三、实施效果测评的报告

实施效果测评报告的主要内容与具体结构包括:

（1）扉页。包括题目、执行该项目研究的机构的名称、负责人的姓名、所属结构、完稿日期。

（2）目录或索引。

（3）引言。包括测评背景和测评目的。

（4）摘要。阅读测评报告的人只知道测评所得的主要结果、主要结论，以及他们如何根据测评结果行事。因此，摘要也许是测评结果得益的客户唯一阅读的部分。这部分应当用清楚、简洁而概括的手法，扼要地说明测评的主要结果。

（5）正文。包括测评的全部事实，从测评方法确定，直到结论形式及其论证等一系列步骤都要包括进去。之所以要全部，其原因：一是让阅读报告的人了解所得测评结果是否客观、科学、准确可信；二是让阅读报告的人从测评结构得出他们自己的结论，而不受策划人员作解释的影响。

（6）结构。测评方法；测评地区、对象；样本容量、结构；资料采集方法；测评结果；包括说明、推论和讨论三个层次；结论和建议；附录。

单元四 营销策划方案控制

在营销策划方案实施的过程中，由于种种不确定性因素的干扰，或者策划方案所依据的环境发生了变化，使得方案的实施常常偏离预先设定的计划轨道，为了保证策划项目成功和各项目标的实现，有必要对这种偏离采取必要的、有针对性的措施加以纠正，此过程即为策划方案的控制过程。

营销策划方案付诸实施后，我们必须了解：方案的实施效果如何？方案所确定的目标是否顺利得以实现？策划目标本身是否制定得合理？要掌握这些情况并处理出现的问题，就需要开展有效的控制工作。

一、营销策划方案控制定义

营销策划方案的控制是指方案实施人员就营销方案的实施活动是否符合预订的营销目标进行测定，并采取相应措施确保目标实现的过程。从狭义的角度来看，控制工作是"纠偏"，即按照策划方案标准衡量策划方案的完成情况，针对出现的偏差情况采取纠正措施，以确保营销目标得到最终实现。广义的控制并不仅限于"纠偏"，它同时包含着必要时修改策划方案，甚至启动备用方案，以使策划方案更加符合实际情况。现实中，我们的营销活动是有链接的过程，上一阶段的控制就可能导致确立新的营销目标，提出新的策划方案。因此，控制也可以理解成为下一个工作的起点。

二、营销策划方案控制的目标

营销控制工作主要有以下两个目标：

1.限制偏差积累

一般来说，市场营销策划方案实施过程中不免要出现一些偏差。小的偏差和失误不会立即就给组织带来严重的损害，但随着积少成多，最终就可能对策划目标的实现构成威胁，有效的控制系统应当能够及时地获取偏差信息，及时地采取措施矫正偏差，以防止偏差积累而影响到策划目标的顺利实现。

2.适应营销环境的变化

营销策划方案及其目标在制定出来后总要经过一段时间的实施才能够实现。在这个过程中,企业的外部环境和内部条件都可能发生变化,这些变化不仅会妨碍策划方案的实施进程,甚至可能导致策划的前提条件发生改变,从而影响到策划方案本身的科学性和现实性,因此,在营销策划实施过程中,执行人员必须时刻监测和把握营销环境的变化,并对这些变化带来的机会和威胁作出正确、有力的反应。

营销策划方案实施控制无论是着眼于纠正执行中的偏差还是适应营销环境的变化,都是紧紧围绕策划的目标进行的,具有很强的目的性特征。

三、市场营销策划控制的基本类型和内容

1.控制的基本类型

根据控制信息获取的方式和时点不同而将控制分为前馈控制、现场控制和反馈控制三类。

(1)前馈控制。前馈控制是在营销策划方案实施前对实施过程中可能产生的偏差进行预测和估计并采取防范措施,将可能产生的偏差或问题消除于产生之前。如制定一定的规章制度让执行人员遵守,对执行人员进行培训,使他们能透彻了解方案的内容和提高他们的工作水平等。策划方案中的"控制和应急措施"也属于前馈控制。

前馈控制的优点在于能够防患于未然,尽量避免偏差的出现。缺点是前馈控制需要及时、准确的信息和较强的预测分析能力。现实生活中,营销环境瞬息万变,要做到这些都是非常困难的。

(2)现场控制。现场控制实在营销策划方案实施进程中的控制,是指管理者深入现场对正在进行的工作进行指导和监督,发现偏差及时予以纠正。现场控制是在偏差一发生或出现苗头时就进行纠正。

现场控制有利于及时纠正偏差,防止偏差的积累,但这种控制方式应用范围较窄,受方案实施指导者的时间、精力的制约。

(3)反馈控制。反馈控制是在已经结束的实施活动或行为发生后的控制。这种控制把注意力集中于实施结果上,将它与控制标准相比较,发现偏差及原因,然后采取措施对下一步的实施活动或营销方案进行纠正。在矫正措施实现之前,虽然偏差、损失已经产生,只能"亡羊补牢"。但反馈控制可以清除偏差对后续活动过程的影响,同时为下一步工作的正确开展提供依据。

这三种控制都是很有价值的控制方式,把这三种类型控制结合起来使用,控制效果会更好。

2.对市场营销方案实施控制的内容

对方案实施控制的主要内容包括三个方面:一是目标控制,即根据营销策划设定的长远目标和阶段目标,控制其实现目标的状况;二是进度控制,即根据营销策划方案的要求,控制其不同阶段的实现程度,从而保证策划目标按期实现;三是重大问题控制,通过对实施的关键环节、重大问题的控制,及时发现执行方案中出现的新的机会或障碍,以便利用机会,减少障碍。

四、市场营销策划控制的步骤

营销策划控制的步骤可以分为制定目标,建立控制标准和衡量方案实施工作以及鉴定偏差采取矫正措施三个步骤。

1. 制定目标,建立控制标准

控制目标和标准是开展控制工作的首要步骤,是检查和衡量实施工作的依据和尺度。从逻辑关系上说,策划本身实际上构成控制过程的第一步。但由于策划方案相对来说比较概括,不可能对方案实施制定出非常具体的工作标准。所以一般来说,策划目标并不能直接被作为控制的标准,还需要制定专门的控制标准作为控制过程的开始。控制标准的制定首先要选择好控制点,然后确定具体的控制标准。

(1)确定控制对象。进行控制首先遇到的是"控制什么",这是在决定控制标准之前首先要考虑的问题。因而策划的最终成功应优先作为控制的重点对象。基于此,策划方案执行者要正确分析策划活动要实现的目标,把总体目标、总体任务层层分解,落实到各执行部门和各执行人员。

影响策划目标成果实现的主要因素有:营销环境,资源投入,活动过程等。

(2)选择关键控制点。对于关键控制点的选择一般包括三个方面:影响整个营销策划方案运行过程的重要操作与事项;能在重大失误之前显示出差异的事项;关键控制点数量的选择应以使实施管理者对方案的总体实施状况有一个比较全面的把握为依据。在选择关键控制点的过程中,实施人员可以提出下列问题:什么信息可以让我最快、最准确地了解实施的进度情况? 什么信息能让我最有效地确定偏差? 等等。

(3)确定控制标准。控制标准中最为简单的情况是,可以把策划方案中可考核的目标直接作为控制标准,但如前所述,现实中更多的情况往往是通过一些科学的方法将某一计划目标分解为一系列具体可操作的标准。由于控制的对象不同,控制标准的类别有很多,方案实施人员究竟要以何种方法制定何种控制标准,取决于所衡量的绩效成果及影响因素的领域和性质。

2. 衡量方案实施工作

如果偏差还没产生以前就为我们所发现,从而采取预防措施,这当然是最理想的一种状态,但并非所有的未来情况我们都能准确预测,因此,最好的控制应该是在偏差产生后能迅速采取必要的纠正行动。因此,在实际执行控制工作中应注意持续跟踪,不断获取最新信息,主要考虑以下几个问题:

(1)要采取适宜的衡量方式。衡量执行工作的目的是取得控制对象的相关信息。执行人员应该对衡量的项目、衡量的方法、衡量的频度和衡量的主体等作出具体合理的安排。

(2)建立有效的信息反馈系统和重要工作报告制度。这样有利于管理人员及时掌握反映执行情况的信息,并且能够采取有效的纠正措施。方案的执行信息来自多种渠道,既有正式的信息渠道,也有非正式的。正式的信息渠道包括报告、简报、参加回顾会议等。

(3)通过衡量成绩,检验控制标准的有效性。衡量执行工作是以预订的控制标准为依据来进行的,出现的偏差有可能是执行中出现的问题,也有可能是控制标准本身存在的问题。如果是前者,当然需要纠正,如果是后者,则要修正和更新预定的控制标准。

3.鉴定偏差采取纠正措施

(1)找出偏差产生的原因。在策划方案本身和执行过程中都会产生偏差,当然有些偏差也有可能是某种偶然、暂时和局部的因素引起的,不一定会对策划目标成果产生影响。因此,在采取矫正措施以前,必须首先要对反映偏差的信息进行评估和分析。首先要判别偏差的严重程度,判断其是否会对策划目标的最终实现产生影响,其次要找出导致偏差产生的原因,以便对症下药。

(2)确定矫正措施实施的对象。在控制过程中,需要矫正的不仅是策划方案的实施活动,也包括指导这些活动的策划方案或事先确定的衡量这些活动的标准。如果原先的策划方案或标准制定得不科学,在执行中发现了问题,或者由于营销环境发生了预料不到的变化,原来的营销策划不再适应新形势,这时方案执行人员和控制人员就必须适时地实现矫正措施。

(3)选择适当的矫正措施。在控制过程中常见的矫正措施有三种:

①对于执行造成的问题,控制的方法主要是"纠偏",即通过管理和监督,确保执行工作与策划要求相符合。

②若策划目标不切合实际,那么就要根据实际情况修改策划目标或提出新的目标。

③如果营销环境发生了重大变化,使原先据以策划的依据发生了不同程度的变化,这时就应该启用备用方案,或重新策划,提出新的策划方案。

以上后两种措施统称为"调适",它们都是着眼于对策划方案不同程度的调整,以更好地适应环境。

五、有效控制的原则

为了使营销策划方案做得更加切实有效,一般需遵守以下几个原则:

(1)控制应同策划方案相适应。控制的目的是为了保证策划目标得以顺利实现,它不能脱离策划方案而采取任何控制活动。它应该按策划方案的目标和要求来制定,为策划方案的顺利实施服务。

(2)突出重点,强调例外。在一个完整的营销策划方案执行过程中应找出关键点,把关键点及其影响因素作为控制重点。执行工作往往错综复杂,涉及面广,不可能对每个细节都进行控制。因此,根据"关键的少数,次要的多数"的统计规律,找出最能体现策划目标成果的关键因素,并加以控制,这就可以成为一种有效的控制方法。

(3)把握控制的灵活性、及时性和经济性的特点。控制工作本身是变化的,其依据的标准、衡量工作所用的方法都可能随着情况的变化而变化。控制工作还必须注意及时性,首先是信息的收集和传递必须及时,其次是采取的矫正措施必须及时,这样才能使失误减少到最低水平。同时控制工作一定要坚持适度的原则,以便提高经济性,保证总收益的最大化。

(4)控制过程应避免目标扭曲。控制是为了实现策划的目标服务,要防止出现为了遵守规则程序或完成预算而不顾实际控制效果的扭曲行为。因此,控制人员在控制工作过程中要特别注意标准的从属性和服务性地位。这点对于营销策划方案的有效实施控制至关重要。

3.2.3 任务实施

下面我们就结合任务引入中的情景,按策划活动的执行流程来进行任务实施,通过完成任务来进一步学习达到项目目标所需的知识与技能。

在任务一中,小陈已经根据思铂睿的特点和销售目标制定好了策划案。一般策划案的实施过程中,企业都会制定相应的执行手册,小陈为了更好地完成任务,也制定了相应的执行手册,进一步将策划案进行了具体诠释。以下流程是小陈的具体实施过程,仅供学习参考。以下根据策划方案的实施内容,我们总结出四个典型学习情景,供同学在实施任务时学习用。

典型学习情境一:成立相应的方案执行机构

执行方案要涉及每个职位的职权范围、职责及其关系,以便各司其职、各负其责,高效运作。

1. 公司成立以市场部为主的对外新闻发布机构,小陈担任对外新闻发布的负责人。

2. 根据工作先后顺序,进行机构设置和任务分配。

小陈根据工作需要设置了以下几个小组并确定了各个小组的负责人与工作分工。

(1)招募组

负责人:＊＊＊

分工:

● 携手易车网,制作招募页面,主题("秀我风采"网友有奖试驾会);

● 统一收集报名名单,确认报名有效性;

● 统计、筛选有网友;

● 电话邀请试驾,针对网友可能提出的问题进行假设和解释;

● 选择活动场地,并负责组织、布置活动现场;

● 确定试驾路线,当天活动流程安排设计;

● 主持人、车手邀请;

● 发放奖品、更新获奖名录、回访奖品发放情况;

● 活动总结报告的提交(活动结束后 2 个工作日内提供参与情况、现场图片、报名及参与人员名单)。

(2)宣传组

负责人:＊＊＊

分工:

● 与广告公司携手制定相应的店内宣传、平面广告宣传等宣传资料;

● 做好现场宣传所用的宣传资料;

● 做好现场活动的布置;

● 加大宣传力度,如增加有关广告资源位的露出和时长,对活动宣传需要进行紧急备用等。

（3）培训组

负责人：＊＊＊

分工：

● 培训陪驾人员,使其具有陪驾资格,且对思铂睿达到所要求的理解程度；

● 被培训者包括：媒体工作人员,作为现场活动的陪驾者,必须是媒体内部懂车的人（如：汽车栏目的编辑）；

● 确定试驾人员具体路线。

（4）销售组

负责人：＊＊＊

分工：

● 递交店头报名材料；

● 现场试驾陪同；

● 售车讲解；

● 活动当场订单签署；

● 后续销售跟进。

（5）协调组

负责人：＊＊＊

分工：

● 确认各项礼品及活动流程；

● 协调各项工作；

● 协调好活动当天的所有后勤跟进工作；

● 做好活动当天的安保工作。

3. 邀请企业副总到场,召集相应工作人员开会,要求大家都明确自己的分工。

4. 对重要岗位的相关人员进行培训。

典型学习情境二：拟定行动方案

行动方案的拟订要详细具体,明确关键性决策和任务,运用目标管理法,把营销策划目标层层分解,落实到每一个执行单位和个人。小陈认为行动方案是行动的具体步骤,各步骤的任务和执行方法,以及完成这些任务的先后顺序、时间进度和资源安排等。

5. 为保证策划活动的顺利实施,在确定各个小组负责人和工作分工的基础上,小陈将营销策划目标进行层层分解,落实到每一个单位和个人。

6. 确定行动方案中各步骤的任务和执行方法。

7. 编制各行动计划的进度安排。进度安排的方法有很多,例如甘特图、里程碑计划、网络计划和项目计划表等,由于计划时间比较紧,而且对每个项目的具体任务非常了解,所以这里小陈采用的是制定项目计划表,可以参考表3.6。

表3.6 项目计划表

序号	工作任务	工作时间(天)	开始时间	结束时间	备注(地点)
1	与相关合作商洽谈,确定合作媒体等	10	10月20日	11月1日	
2	活动造势阶段	28	11月1日	11月28日	
	(1)对相关人员进行培训	3	11月1日	11月3日	
	(2)网络招募试驾员	24	11月4日	11月28日	
	(3)店内招募试驾员	5	11月23日	11月28日	店内报名比网络报名要晚,主要考虑到合作媒体
	(4)各类广告宣传	28	11月1日	11月28日	
	(5)活动当天到场嘉宾、主持人等的联系	3	11月20日	11月23日	
3	活动攻势阶段	4	11月28日	12月1日	
	(1)公布入围名单	1	11月28日	11月28日	
	(2)活动当天工作人员培训,任务布置	1	11月29日	11月29日	
	(3)布置场地	3	11月29日	12月1日	12月1日主要是对活动场地布置的再次检查
	(4)购买和清点相关物品、用车	3	11月29日	12月1日	
	(5)通知各相关人员和确认到场嘉宾、主持人	1	11月29日	11月29日	
	(6)活动当天流程的再次确认和通知	1	11月30日	11月30日	
	(7)活动当天的问卷调查设定和执行	3	11月29日	12月1日	
	(8)活动当天的协调	1	12月1日	12月1日	负责人:小陈

序号	工作任务	工作时间(天)	开始时间	结束时间	备注(地点)
4	活动持续阶段	29	12 月 2 日	12 月 31 日	
	(1)活动资料汇编成册	10	12 月 2 日	12 月 12 日	
	(2)活动的后续报道和宣传,主要把握店内宣传	29	12 月 2 日	12 月 31 日	
	(3)活动的后续跟进	29	12 月 2 日	12 月 31 日	主要是后续的销售跟进

注:表中的工作时间仅为举例用。

8. 对活动各个阶段所需资源进行详细安排,尤其是活动当天的现场布置与所需材料进行重点安排。

小陈对活动当天的现场布置与所需材料的安排如下:

物料:包括背景板、休息区、A 版、易拉宝、演讲台、签到台、茶点台、洽谈桌、宣传资料和赛程说明等。

AV 设备:音响、功放、播放器、无线麦克、调音台、均衡器等。

其他:租赁大巴、活动保险、对讲机、胸牌、食品、矿泉水、秒表、签到物品、工作证、休息椅、所有嘉宾和工作人员的午餐等。

礼品:汽车上小饰品 100 份、香水 50 份、环保袋 150 份。

活动现场安排:主持人 2 人、摄影 1 人、专业车手 2 人、工作人员 3 人、秩序维持人员 2 人。

9. 为有效发挥协调部的控制职能,做好控制工作,请对协调部的工作进行安排。

在活动开展的各个阶段,小陈充当活动开展的协调者和监督者。

试驾活动当天,小陈没有给自己安排任何工作,因为他是对整个活动安排最为了解的人,所以他担负起了当天所有的监督和协调工作。

典型学习情境三:实施前充分沟通与准备

充分沟通的目的是要确保有关人员对策划方案的各项内容为参与实施人员充分接受和彻底了解。

10. 对活动整个过程及试驾当天的安排进一步与市场部经理进行沟通确定。

试驾当天是活动的重点与关键,小陈用以下执行表与经理进行了详细的沟通确认,还做了进一步的完善。

日期	时间	内容	地点
12月1日	9:00—9:30	所有选手公司门口集合,统一出发	试驾场
12月1日	9:30—10:00	签到、分组(同时发放产品宣传册)	试驾场
12月1日	10:00—10:50	思铂睿等车型的现场展示与讲解	试驾场
12月1日	10:50—11:20	讲解试驾流程、路线、安全事项	试驾场
12月1日	11:20—11:45	车手表演	试驾场
12月1日	11:45—13:00	午餐	试驾场
12月1日	13:00—14:30	选手试驾	试驾场
12月1日	14:30—15:00	颁奖典礼	试驾场
12月1日	15:00	结束	试驾场

11. 制定相应的奖惩机制、建立监督与重要工作报告机制。

12. 公司内部宣传,让所有的人都了解活动的背景、意义和目的,统一思想认识。

为了强调活动的重要性,在活动开始前及试驾当天小陈还邀请企业副总到场召集相应工作人员开会,要求大家都明确活动的主题、时间和具体任务。

13. 加强和媒体、相关企业的沟通和交流,安排好广宣工作,与媒体签订好广宣外包合同。

由于活动涉及易车网,活动前必须要做到与对方的沟通和交流,明确双方的职责。为此小陈与易车网进行了多次洽谈,就每一个细节进行磋商,并达成最后协议。

14. 为了保证活动的顺利开展,在活动正式实施前有必要进行模拟训练。

15. 根据各方沟通的情况,以及模拟训练的情况,对活动的细节进行预处理。

为了更好地实施这次策划案,小陈做了最细致的准备,现场有可能碰到的问题,小陈都进行了预测,并做好解决方案,包括如下细节的应对。

试驾者安全问题:
● 要求每位试驾者签订试驾安全免责协议;
● 由于露天比赛,选手对路段不了解,在比赛前给选手发放各路段安全指导说明;
● 参与试驾活动的读者,必须统一购买保险。

天气问题：

小雨：添加户外遮阳伞、现场提供雨伞等雨具、活动正常进行；

大雨：简化车手表演（视技术和条件情况合理简化），取消户外互动活动，以室内活动代替；

雾天：取消车手表演，适当缩短试驾路线保证安全。

概括而言，小陈在实施策划案之前做了以下工作：

● 找到易车网进行沟通，将双方的职责明确；

● 小陈在人员分配之前，先和企业领导进行了沟通，并汇报了活动的计划和进程；

● 对涉及的所有人员，小陈对他们进行了相应的培训，要求大家都必须明确活动的主题、时间和具体任务；

● 加强在企业内部的宣传，做到让所有员工都能知道此项活动的目的和意义。

典型学习情境四：策划活动正式执行

16. 策划活动执行当天，按预定计划实施，营造良好的活动氛围。

17. 活动执行过程中要及时对所碰到的问题进行记录并解决。

典型学习情境五：营销活动执行后的效果评估

18. 确定每一阶段的预期达到的目标，并把它填入表3.7中，我们把此目标作为评价标准。

表 3.7 实施效果评价参考表

评价项目	预达到的目标	实施效果
活动的主题和目的达到情况		
工作人员表现情况		
新闻媒体达到情况		
活动实施过程		
各项资料准备情况		
经费使用情况		
现场布置情况		
礼品发放情况		
获奖情况		

19. 为每一个评价项目的实施效果选择测定方法,并把测定结果填入表3.7的实施效果栏。

策划案实施效果测定的方法很多,可以设立观众留言簿、可以召开座谈会听取意见、检验公众对车子的留意程度等,我们可以根据评价项目的特点及工作的方便性来选择。

20. 对实施效果评价表进行分析,总结经验,尤其要对未达到预定目标的项目进行原因分析,并找到解决方案。

以上五个典型学习情景,如果你都能做好了,那么本任务也基本能顺利完成了。小陈在在以上引导文的引导下,完成了具体执行方案,大家帮忙分析一下,看是否还有需要改进的地方。

3.2.4 任务评价

任务完成后,需要通过自我评价与反馈,看是否达到了预定要求,如果未达到既定学习目标,请调整学习计划进行自我完善。本学习任务可根据以下几个方面进行评价与反馈。

1. 你知道策划案实施的主要内容吗?

2. 你知道策划实施的基本策略吗?

3. 你了解策划实施的关键技能吗?

4. 你了解实施效果评价的方法和主要内容吗?

5. 你会撰写效果测评的报告吗?

6. 你会进行策划方案的控制吗?

7. 你知道策划方案的控制目标吗?

8. 你了解控制的基本类型和内容吗?

9. 你知道策划控制的步骤吗?

10. 你知道如何确定控制标准吗?

11. 你知道如何鉴定偏差、采取矫正措施吗?

如果自我评价未通过,请从以下几个方面进行调整学习计划再改进:

1. 结合本任务的复习思考题进行知识点的学习。

2. 通过筹划案模拟实施的实训进行技能操作训练。

3. 搜集学习企业曾经做过的实际案例。

复习思考题

1. 营销策划方案实施的主要工作内容有哪些?

2.营销策划方案实施有哪些技能要求?

3.市场营销控制的基本类型有哪些?

4.市场营销控制的内容有哪些?

5.请阐述营销策划控制的步骤。

6.在控制过程中可采取的矫正措施有几种?

 **项目实训**

实训课题:福特信贷购车策划书撰写

某省会城市有7家福特经销店,现为了提升销售目标,决定利用福特金融的信贷优势开展全车系有竞争力的信贷活动。为了使活动能有序开展,现需要你帮忙拟定一份营销策划案。

下面就以该任务为依据,组织学生进行营销策划案的撰写。

一、实训目的及基本要求

(一)实训的目的

理论联系实际,使学生进一步熟悉和巩固所学知识,以便能很好地完成策划案的撰写。

(二)实训的基本要求

1.能快速地界定问题和市场分析。

2.能准确分析市场构成要素,进行营销组合策略的选择。

3.能采用合理的促销方法。

4.能掌握营销策划书的结构和内容。

5.能进行合理的行动方案设计。

6.能独立或与他人合作完成策划书撰写的全过程。

7.能按格式要求撰写策划书。

二、实训内容

1.进行市场环境分析。

2.进行营销活动整体设计。

3.设计行动方案。

4.进行费用预算。

5.撰写完整的策划案。

三、实训流程

1.进行市场环境分析,明确活动主题;

2.界定问题、市场分析;

3.设计有创意的整体方案;

4.选择有效的营销组合策略,选择合适的促销方法;

5.费用预算;

6.可行性分析;

7.撰写策划案。

同学们可以参考前面两个任务的实施过程,按步完成实训项目。

四、实训组织

1.学生以小组为单位进行分组实训,每个小组配备一位指导老师。

2.实训时间根据学校安排执行。

3.实训地点在多媒体教室。

其他根据具体情况安排。

五、实训考核

学生实训成绩将根据平时成绩(占 30%)、市场分析报告(占 30%)和答辩成绩(占 40%),按优秀、良好、中等、及格、不及格五级制评定。

 项目评价

开心时刻! 项目完成后,我们来开个研讨会,大家一起来总结一下,对自己的工作与学习过程进行评价反馈,看看是否达到了预定要求。

学习评估是收集教学系统各个方面的信息,并根据一定的客观标准对学习过程和学习效果做出客观的衡量和判定过程。

1.各小组分别制定一个标准策划案的评价标准,经讨论后,形成全班的标准。

制定项目评价标准时重点考虑以下几个方面:

(1)学习态度:包括出勤、回答问题、作业提交、学习主动性等方面。

(2)知识掌握程度:包括作业正确率、知识考核情况。

(3)实训考核情况。

(4)职业习惯与素养:职业化程度、团队合作情况。

2.根据以上标准,每个学生对自己的工作进行一个自我评价,并填入表 3.8 中。

表 3.8 汽车营销活动策划项目学生自我评价表

指导老师:

项目 姓名	评价标准一	评价标准二	评价标准三	评价标准四	评价标准五	总得分
王五						
评分理由						

注:总得分为各评价标准得分之和;评分理由不得空白。

组长(签名): 日期:

3.按照这一标准,对本小组其他成员的工作进行评价,并将评价结果填入表3.9中。

表3.9　汽车营销活动策划项目小组评价表

组别:

指导老师:

项目　　姓名	评价标准一	评价标准二	评价标准三	评价标准四	评价标准五	总得分
张三						
李四						
王五						
……						
平均分						

注:总得分为各评价标准得分之和;平均分可以对比用。

组长(签名):　　　　　　　　日期:

4.指导老师对你的项目工作完成情况进行评价了吗?

指导老师根据任务的完成情况、学生工作责任心等方面,再结合学生的评价标准制定相应的评价标准,并按小组评价表的格式制作评价表,把学生的评分结果填入表3.10中。

表3.10　汽车营销活动策划项目教师评价表

班级:

指导老师:

项目　　姓名	评价标准一	评价标准二	评价标准三	评价标准四	评价标准五	总得分
张三						
李四						
王五						
……						
平均分						

注:总得分为各评价标准得分之和;平均分可以用来对比分析用。

5.对学生的学习成绩进行总评。

根据一定的比例计算得到学生完成本项目的总得分,并记录在册。记录表格如表3.11所示。建议按以下比例进行总评:总评分＝学生自评分×10％＋小组评分×20％＋指导老师评分×70％。

表 3.11 汽车营销活动策划项目学生评价得分总表

班级：

项目 姓名	学生自我评价得分 （10%）	小组评价得分 （20%）	指导老师评价得分 （70%）	总得分
张三				
李四				
王五				
……				
平均分				

指导老师(签名)：　　　　　　　　日期：

参考文献

[1] 叶志斌,李云飞.汽车营销.北京:人民交通出版社,2009

[2] [美]菲利普·科特勒,凯恩·莱恩·凯勒著.营销管理(第13版).上海:格致出版社,上海人民出版社,2009

[3] 孙路弘著.汽车销售的第一本书.北京:中国人民大学出版社,2008

[4] 韩宏伟著.汽车销售实务—销售流程篇.北京:北京大学出版社,2006

[5] 李世杰.刘全文.市场营销与策划.北京:清华大学出版社,2011

[6] 叶志斌.汽车营销原理与实务.北京:机械工业出版社,2007

[7] 人力资源和社会保障部教材办公室组织编写.汽车营销师.北京:中国劳动社会保障出版社,2008

[8] 范晓平.市场营销学.杭州:浙江大学出版社,2004

[9] 王娜玲.营销策划.上海:上海财经大学出版社,2008

[10] 杨劲祥.营销策划失误.沈阳:东北财经大学出版社,2009

[11] 陈放.策划学.北京:蓝天出版社,2005

[12] 腾讯网—汽车频道:http://auto.qq.com/

[13] 企业管理学习网:http://www.5ixue.com/

[14] 大旗网:http://fast.daqi.com/21515561.html

[15] 东风本田内部培训资料

[16] 一汽丰田内部培训资料

[17] 一汽奥迪内部培训资料